现货石油交易实战宝典

张耿豪 饶斌/编著

中国宇航出版社
· 北京 ·

图书在版编目（CIP）数据

现货石油交易实战宝典 / 张耿豪，饶斌编著. -- 北京 : 中国宇航出版社，2017.1
ISBN 978-7-5159-1253-0

Ⅰ. ①现… Ⅱ. ①张… ②饶… Ⅲ. ①石油市场一期货交易一基本知识 Ⅳ. ①F746.41

中国版本图书馆CIP数据核字(2016)第294498号

责任编辑 田芳卿
责任校对 白希国　　**装帧设计** 宇星文化

出版发行 **中国宇航出版社**
社　址 北京市阜成路8号　　**邮　编** 100830
(010)60286808　　(010)68768548
网　址 www.caphbook.com
经　销 新华书店
发行部 (010)60286888　　(010)68371900
(010)60286887　　(010)60286804(传真)
零售店 读者服务部
(010)68371105
承　印 三河市君旺印务有限公司
版　次 2017年1月第1版　　2017年1月第1次印刷
规　格 787×960　　**开　本** 1/16
印　张 18　　**字　数** 233千字
书　号 ISBN 978-7-5159-1253-0
定　价 38.00元

本书如有印装质量问题，可与发行部联系调换

前　言

距离写完《现货白银实战操作教程》一书已经三年了，我国现货市场发展异常迅猛，现货交易额已经达到了万亿元的规模。达到这个规模除了有保证金比较低（相当于加杠杆）的因素外，更主要的原因在于现货交易所的大量涌现和产品的大规模推广。快速扩张背后的动力自然源于经济利益的驱动，这也不免让人感叹“天下熙熙皆为利来，天下攘攘皆为利往”。现货市场的迅猛发展，必然带来监管方面的漏洞，国家早已意识到现货市场发展中存在的问题，每隔一段时间都会下发相关的指导文件来整顿规范现货市场，其中包括采取了关闭一批不合规或不具备资质的交易所等措施。

没有什么事情能一蹴而就，最近有更多的新交易所开始交易，新的监管又需要继续完善。就像刚建立的股票市场和期货市场，一边发展一边完善，在发展中发现问题，在发展中解决问题。相信再过五年时间，现货市场将会变得与股票市场、期货市场一样规范，一样被公众所接受。

普通投资者怎样参与现货交易呢？是不是要等到市场基本规范了再参与进去？参与进去如何保护自身的利益、获取合理的利润呢？

《现货白银实战操作教程》上市后得到了比较好的反馈，借助微信公众号和微博等平台，笔者与读者建立了互动的渠道，在这个过程中，一些读者不断询问现货石油投资的可行性和操盘技巧，于是就有了撰写《现货石油交易实战宝典》这本书的动力。

市面上已有的投资类书籍，更多地是针对股票或期货交易的。在某种程度上，技术分析具有相通性，应用于股票、期货交易的技术，同样适用于现货交易。然而进一步分析，就会发现它们之间还存在本质的区别，股票对应的是企业的所有权，期货对应的是未来的商品，现货对应的是现在的商品。股票没有时效性，期货则有明显的时效性，现货介于两者之间。本质不同决定了它们之间必然存在差别。

本书共分为八章，第一章和第二章主要介绍现货交易基础知识，只有了解了基础知识，才能知道自己是否适合做现货投资。第三章和第四章讲述市场分析的工具和应用方法。第五章到第八章层层深入，详细介绍具体方法的实战应用。相比《现货白银实战操作教程》，《现货石油交易实战宝典》介绍了更新的分析方法和交易技巧，并在讲解方式上做了改进，以便读者更容易把握书中介绍的方法。

最后要说的重点是，技术分析方法始终要为我所用，有用而长久的方法越简单越好。简单有效的方法重复去做，财富之门就会向您开启。如果读者能从本书中受到启发，或者得到自己需要的东西，并能在交易的道路上稳步前行，那么笔者就感到很满足了。

张耿豪　饶斌

2016 年 11 月 16 日

目　录

第一章
石油基础知识

第一节 石油的重要性

石油也叫做原油，在一个国家的生存和发展中，石油资源占有极其重要的位置，石油也是人类生存和发展中不可缺少的自然资源。即使今天发展出了新的替代能源，但目前还远远代替不了石油在现代文明社会中的重要作用。如果没有能源，一切现代物质文明将会随之而消失。自从冷战结束以来，全球各国面临经济发展与能源紧缺的双重压力。随着全球工业的迅速发展、人口的增长及人民生活水平的提高，越来越多的国家重视能源补给和能源安全。

石油被形容为“工业生产的血液”，是各国的重要战略物资。世界石油资源地区分布不均衡，由此引发许多国际矛盾和冲突。1960 年 9 月成立的石油输出国组织（简称欧佩克，英文缩写 OPEC），就是世界主要产油国为了维护自身利益成立的。欧佩克现有 13 个成员国，分别是伊拉克、伊朗、科威特、沙特阿拉伯、委内瑞拉、阿尔及利亚、厄瓜多尔、安哥拉、印度尼西亚、利比亚、尼日利亚；卡塔尔及阿拉伯联合酋长国，总部设在奥地利首都维也纳（见图 1-1）。欧佩克石油储藏量估算达到 1 133 亿吨，占世界总储量近 80%。

资源战略是大国地缘政治经济战略的重要组成部分，主要西方发达国家对石油资源和市场的控制及争端不断加剧。经历过石油危机的西方大国通过立法方式确保石油战略储备，如德国的《石油及石油制品储备法》，法国的《关于工业石油储备库存结构的 58-1106 号法》，美国的《能源政策与保护法》，日本的《石油储备法》等，都明确规定了石油储备的目标和规模。政府储备加上民间储备，美、日、德、法四国石油储备量分别相当于本国 158 天、169 天、117 天和 96 天的石油消费量。

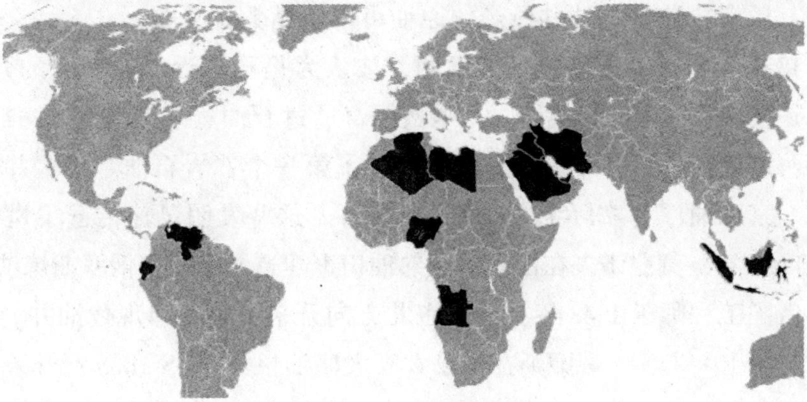

图 1-1　欧佩克成员国分布图

借鉴发达国家的石油储备政策，中国也在加快战略石油储备的立法工作，争取经过若干年的努力，国内石油储备能够达到 180 天的安全消费量。

一、石油的开采历史

公元 977 年，中国北宋编著的《太平广记》最早提出“石油”一词。北宋杰出科学家沈括（1031—1095）在所著的《梦溪笔谈》中，根据这种油“生于水际砂石，与泉水相杂，惘惘而出”的特点，将其命名为“石油”。

中国在公元 4 世纪或更早时期钻探出第一口油井。当时人们用竹竿绑上钻头，打出的洞深达 245 米。石油曾被用来蒸发盐水并生产盐。公元 10 世纪，人们用竹管来连接油井和盐泉。古代波斯人的碑文上记载，上层社会主要把石油用于制药和照明。

公元 8 世纪，伊拉克新建的巴格达（伊拉克首都）这座城市，是采用柏油来铺设街道的，这些柏油从该地域天然易采的石油中获得。公元 9 世纪，人们在阿塞拜疆首都巴库开发油田来生产石脑油。公元 10 世纪地理学家马苏迪和 13 世纪的马可·波罗，都曾记载了这些油田的情况，后者描述这些油井所产的原油可以装满数百艘船。

1853 年，石油蒸馏工艺的发明，被认为是石油近代发展史的开始。煤油是波兰科学家阿格纳斯·卢卡西维奇通过石油蒸馏得到的。第二年，卢卡西维奇在波兰南部的克罗斯诺发现了第一个“岩石油”矿，并建造了第一家炼油厂（实际上是一家酿酒厂）。这些发明迅速传遍了世界各地，1861 年，莫兹诺夫在巴库的成熟油田上建造了第一家俄罗斯炼油厂。

俄国工程师于 1848 年在巴库东北方向开采了第一口现代油井。1858 年，詹姆士·米勒·威廉斯在加拿大安大略油泉（Oil Springs）开采出北美第一口商用油井。1859 年，埃德温·德雷克在宾夕法尼亚州台塔斯维尔附近首次发现石油，美国的石油工业由此开始起步（见图 1–2）。

图 1–2　美国第一口油井

19 世纪，石油工业的主要需求是煤油和油灯的需求。20 世纪早期，石油工业开始成为各国关注的焦点，由内燃机带动的石油需求至今仍没有发生太大的变化。由于早期发现的石油资源消耗殆尽，引发了对石油勘探开发的热潮，从而出现了得克萨斯州、俄克拉荷马州和加利福尼亚州的“石油繁荣”。很多具有重大意义的油田是在 1910 年发现的，这些油田的所在地有加拿大（特别是在阿尔贝塔省）、荷兰的东印度群岛（1885，在苏门答腊岛）、伊朗（1901，在胡齐斯坦省）、秘鲁、委内瑞拉和墨西哥。

直到 21 世纪，大约 90%的汽车燃料需求仍然通过石油来满足。石油占美国全部能源消费的 40%，但却仅占电力生产的 2%。

石油是世界上最重要的商品之一，也是大量交通工具的便捷能源和许多工业化学品的基础。为了获取石油和石油控制权，直接引发了多次军事冲突。

世界上约 80%的易开采石油储备分布在中东地区，其中 5 个阿拉伯国家就占了 62.5%，它们是沙特阿拉伯（12.5%）、阿拉伯联合酋长国、伊拉克、卡塔尔和科威特。

二、石油的物理化学性质

石油一般是流动或半流动状的黏稠液体，是从地下开采出来的油状可燃物。从颜色看，石油绝大多数都是黑色的，但也有暗黑、暗绿、暗褐色，甚至呈赤褐、浅黄乃至无色的石油。从密度上来分析，绝大多数石油介于 0.9~0.98 之间，但也有个别相对密度大于 1.02 或低于 0.71 的。石油的流动性差别也很大，有的 50℃运动黏度高达 20 392mm^2/s，有的低至 1.46mm^2/s。许多石油具有浓烈的气味，这是因为其中含有有臭味的含硫化合物的缘故。

由于油品蒸发，导致石油在输送和储存中存在很多问题。例如，石油中轻组分大量蒸发增加了蒸发损耗；油蒸汽容易引起火灾，也会使人呼吸困难，甚至窒息死亡；油品蒸发造成管路气阻，这些都与油品的蒸发性能有密切关系。通常用蒸气压和馏程两个性质来表示油品的蒸发性能。

从化学成分上来看，石油主要由碳、氢两种元素构成，两种元素约占石油总量的 95%~99%，其中氢占 12%~14%，碳占 84%~85%，此外还含有少量的微量元素。石油中这些无机元素并不是呈游离态，它们结合成同化物的形式存在，其中以烷烃类为主。

由于石油产地不同，其物理化学性质存在很大的差异。未经加工过的石油称为原油，原油经加工后可以制成汽油、喷气燃料、煤油、柴油等。除此之外，还可提取润滑油、润滑脂等，它们是石油化工的重要基础原料。

原油经过一系列石油炼制过程和石油产品精制加工（见图 1-3），可以得到多种产品。按其主要用途，石油制品通常分为如下几类。

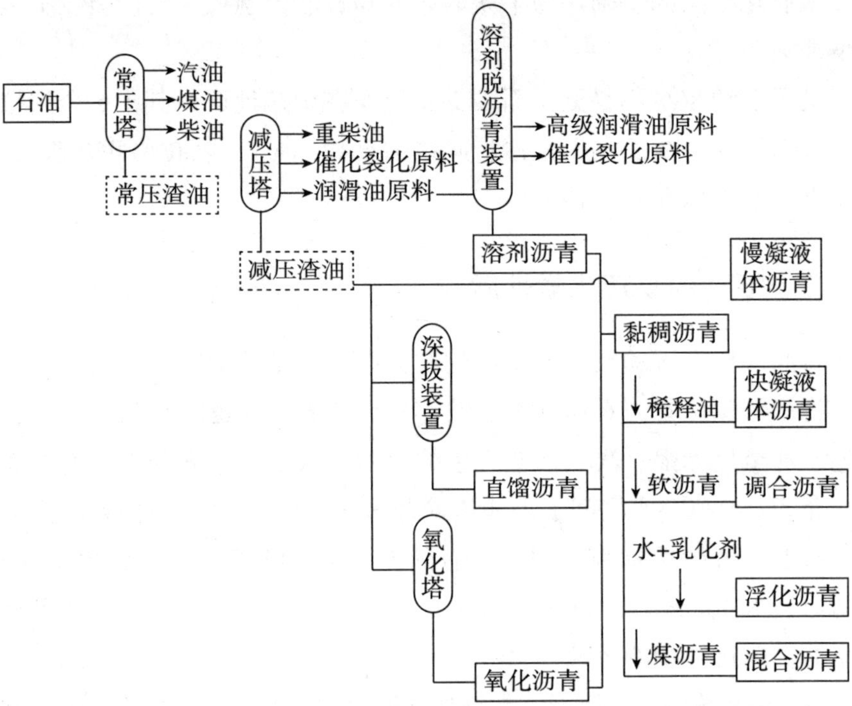

图 1-3　石油沥青生产工艺流程示意图

（1）石油燃料，如液化石油气、汽油喷气燃料、煤油、柴油、燃料油等。

（2）石油溶剂和化工原料，如汽油型溶剂、煤油型溶剂、纯芳烃和化工原料。

（3）润滑剂和有关产品，如各种润滑油和润滑脂等。

（4）其他有关石油产品，如石油蜡、石油沥青、石油焦等。

每类产品还可以按应用领域再细分为若干组。中国的石油产品数量达到 600 多个。

三、全球石油产量及分布

作为全球最重要的工业材料和能源燃料，石油对全球经济增长起到非常重要的作用。石油在全球的地区分布并不均衡，全球最主要的石油来源地为中东波斯湾沿岸，世界石油探明储量近 1/2 位于中东地区。北美洲的加拿大、美国和墨西哥也有丰富的石油储量。欧洲及欧亚大陆探明的石油储量为 157. 1 亿吨，约占世界总储量的 9. 1%。

中南美洲是世界重要的石油生产和出口地区之一，也是世界石油储量和石油产量增长较快的地区之一。非洲则是近几年石油探明储量和石油产量增长最快的地区，被誉为“第二个海湾地区”。亚太地区石油探明储量约为 45. 7 亿吨，也是目前世界石油产量增长较快的地区之一（见图 1-4）。

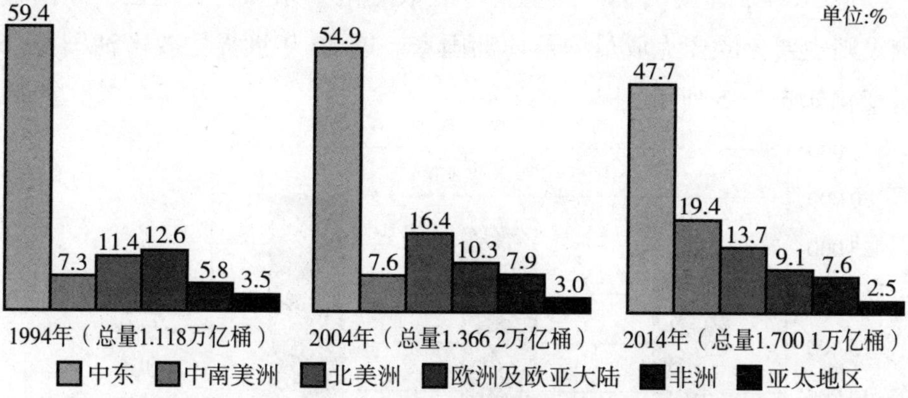

图 1-4　1994、2004 与 2014 年石油探明储量分布图

注：数据来源为《BP 能源统计年鉴》，2015. 6。

美国石油从 2011 年日产 786. 1 万桶增长至 2014 年的 1 164. 4 万桶，成为有史以来第一个连续 3 年保持产量增速高于 100 万桶/日的国家，并取代沙特阿拉伯成为全球第一大石油生产国。2014 年，同为美洲国家的加拿大的石油产量增加至 429.2 万桶/日，巴西的石油产量达到 234.6 万桶/日，创下了历史新高。

欧佩克石油产量相对比较平稳，2014 年其全球生产份额下跌至 41%，产量为 2003 年以来的最低点。2014 年利比亚和安哥拉的产量下降幅度最大，分别下降 49.0 万桶/日和 8.7 万桶/日，利比亚石油产量的急剧下滑主要受内战影响。但欧佩克其他成员国的石油产量大都在上涨，从而很大程度上低消了利比亚、安哥拉等国石油下降的产量。其中，伊拉克每日增产石油 14.4 万桶、沙特阿拉伯每日增产 11.2 万桶、伊朗每日增产 8.9 万桶（见表 1-1）。

2011 年，中东地区石油出口 8.79 亿吨，石油产品 1 亿吨，其中沙特阿拉伯和伊朗产量逐年上升；前苏联地区石油出口 3.19 亿吨，石油产品 1.09 亿吨；西非地区石油出口 2.24 亿吨，石油产品 740 万吨。

近 30 年，全球石油产品主要产区依然是中东和北美地区，净出口国家则主要为欧佩克成员国及非洲国家。近 20 年世界主要产油国及产量变化如图 1-5 所示。

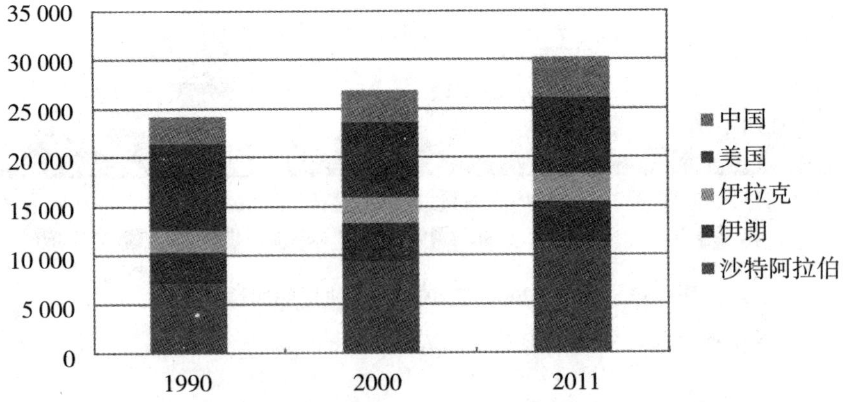

图 1-5　近 20 年世界主要产油国及产量变化（千桶/日）

注：数据来源为《BP 能源统计年鉴》，2012.6。

表 1-1　2004—2014 年全球石油产量及分布*

单位：千桶/日	2004	2005	2006	2007	2008	2009	2010	2011	2012	2013	2014	2013-2014 变化情况	2014 年占总量比例
美国	7 250	6 897	6 827	6 860	6 784	7 260	7 556	7 861	8 904	10 069	11 644	15.9%	12.3%
加拿大	3 080	3 041	3 208	3 290	3 207	3 202	3 332	3 515	3 740	3 977	4 292	7.9%	5.0%
墨西哥	3 830	3 766	3 689	3 479	3 165	2 978	2 959	2 940	2 911	2 875	2 784	-3.3%	3.2%
北美洲总计	14 160	13 704	13 724	13 629	13 156	13 441	13 847	14 316	15 555	16 921	18 721	10.5%	20.5%
阿根廷	868	839	838	813	772	716	705	650	644	635	629	-1.2%	0.7%
巴西	1 543	1 713	1 809	1 833	1 899	2 029	2 137	2 193	2 149	2 114	2 346	11.2%	2.9%
哥伦比亚	528	526	529	531	588	671	786	915	944	1 004	990	-1.4%	1.2%
厄瓜多尔	528	534	538	513	507	488	488	501	505	527	556	5.6%	0.7%
秘鲁	86	92	97	96	99	107	113	110	107	104	110	7.3%	0.1%
特立尼达和多巴哥	165	181	193	166	174	153	148	140	120	116	112	-3.4%	0.1%
委内瑞拉	3 305	3 308	3 336	3 230	3 222	3 033	2 838	2 734	2 704	2 687	2 719	1.1%	3.3%
其他中南美洲国家	144	146	140	139	138	129	134	137	143	148	149	0.4%	0.2%
中南美洲总计	7 166	7 339	7 479	7 322	7 398	7 326	7 350	7 379	7 317	7 335	7 613	3.9%	9.3%
阿塞拜疆	309	445	646	856	895	1 014	1 023	919	872	877	848	-3.3%	1.0%
丹麦	390	380	346	311	287	265	249	225	204	178	167	-6.4%	0.2%
意大利	113	127	120	122	108	95	106	110	112	116	121	4.7%	0.1%
哈萨克斯坦	1 248	1 294	1 368	1 413	1 485	1 609	1 672	1 684	1 662	1 720	1 701	-1.2%	1.9%
挪威	3 180	2 961	2 772	2 551	2 466	2 349	2 136	2 040	1 917	1 838	1 895	2.9%	2.0%

续表

单位：千桶/日	2004	2005	2006	2007	2008	2009	2010	2011	2012	2013	2014	2013-2014 变化情况	2014 年占总量比例
罗马尼亚	120	114	105	100	99	94	90	89	83	86	85	-2.1%	0.1%
俄罗斯	9 335	9 598	9 818	10 044	9 950	10 139	10 366	10 516	10 640	10 777	10 838	0.6%	12.7%
土库曼斯坦	194	193	187	199	208	211	217	217	222	231	239	3.8%	0.3%
英国	2 064	1 843	1 666	1 659	1 555	1 477	1 361	1 116	949	867	850	-2.3%	0.9%
乌兹别克斯坦	138	115	114	104	102	95	78	77	68	68	67	-1.8%	0.1%
其他欧洲及欧亚大陆国家	482	454	445	442	420	409	394	394	390	398	387	-2.4%	0.5%
欧洲及欧亚大陆总计	17 572	17 524	17 587	17 799	17 576	17 757	17 692	17 385	17 119	17 155	17 198	0.2%	19.8%
伊朗	4 201	4 184	4 260	4 303	4 396	4 249	4 352	4 373	3 742	3 525	3 614	2.0%	4.0%
伊拉克	2 030	1 833	1 999	2 143	2 428	2 452	2 490	2 801	3 116	3 141	3 285	4.6%	3.8%
科威特	2 523	2 668	2 737	2 663	2 786	2 511	2 562	2 915	3 172	3 135	3 123	-0.5%	3.6%
阿曼	783	777	738	710	757	813	865	885	918	942	943	0.3%	1.1%
卡塔尔	1 082	1 149	1 241	1 279	1 449	1 416	1 655	1 850	1 968	1 998	1 982	-0.9%	2.0%
沙特阿拉伯	10 458	10 931	10 671	10 268	10 663	9 663	10 075	11 144	11 635	11 393	11 505	0.9%	12.9%
叙利亚	487	448	421	404	406	401	385	353	171	59	33	-44.4%	◆
阿联酋	2 836	2 922	3 099	3 001	3 026	2 723	2 895	3 325	3 406	3 648	3 712	0.9%	4.0%
也门	424	421	387	341	315	307	306	241	190	150	145	-3.7%	0.2%
其他中东国家	48	185	182	194	192	192	192	201	183	207	213	2.4%	0.2%
中东国家总计	24 873	25 518	25 734	25 305	26 417	24 727	25 777	28 088	28 502	28 198	28 555	1.1%	31.7%

续表

单位：千桶/日	2004	2005	2006	2007	2008	2009	2010	2011	2012	2013	2014	2013-2014 变化情况	2014 年占总量比例
阿尔及利亚	1 921	1 990	1 979	1 992	1 969	1 775	1 689	1 642	1 537	1 485	1 525	1.8%	1.6%
安哥拉	1 103	1 404	1 421	1 684	1 901	1 804	1 863	1 726	1 784	1 799	1 712	-4.9%	2.0%
乍得	168	173	153	144	127	118	122	114	101	83	78	-5.5%	0.1%
刚果共和国	217	239	271	221	235	269	294	302	289	281	281	0.3%	0.3%
埃及	701	672	679	698	715	730	725	714	715	714	717	0.5%	0.8%
赤道几内亚	351	358	342	350	347	307	274	252	272	267	281	5.6%	0.3%
加蓬	273	270	242	246	240	241	255	254	245	236	236	—	0.3%
利比亚	1 623	1 745	1 816	1 820	1 820	1 652	1 656	479	1 509	988	498	-49.8%	0.6%
尼日利亚	2 430	2 502	2 392	2 265	2 113	2 211	2 509	2 450	2 395	2 302	2 361	2.5%	2.7%
南苏丹	—	—	—	—	—	—	—	—	31	99	159	60.6%	0.2%
苏丹	291	294	356	483	457	475	462	291	103	115	109	-5.2%	0.1%
突尼斯	71	73	70	97	89	83	80	68	67	61	53	-13.3%	0.1%
其他非洲国家	165	172	224	193	190	183	167	232	227	254	252	-0.6%	0.3%
非洲总计	9 313	9 891	9 945	10 194	10 203	9 849	10 095	8 524	9 275	8 684	8 263	-5.0%	9.3%
澳大利亚	582	580	542	559	547	518	561	498	489	421	448	6.5%	0.5%
文莱	210	206	221	194	175	168	172	165	159	135	126	-6.4%	0.1%
中国	3 486	3 642	3 711	3 742	3 814	3 805	4 077	4 074	4 155	4 216	4 246	0.7%	5.0%
印度	773	737	760	768	803	816	882	916	906	906	895	-1.3%	1.0%

续表

单位：千桶/日	2004	2005	2006	2007	2008	2009	2010	2011	2012	2013	2014	2013-2014 变化情况	2014 年占总量比例
印度尼西亚	1 130	1 096	1 018	972	1 006	994	1 003	952	918	882	852	-3.5%	1.0%
马来西亚	776	757	713	742	741	701	718	653	671	645	666	3.6%	0.7%
泰国	241	297	325	341	362	376	388	414	449	459	453	-2.0%	0.4%
越南	424	389	355	334	311	342	312	317	348	350	365	4.3%	0.4%
其他亚太地区国家	233	284	303	319	338	328	314	298	287	272	272	1.8%	0.3%
亚太地区总计	7 854	7 988	7 947	7 970	8 097	8 049	8 428	8 288	8 382	8 286	8 324	0.5%	9.4%
世界总计	80 938	81 963	82 417	82 220	82 847	81 149	83 190	83 980	86 150	86 579	88 673	2.3%	100.0%
其中：经合组织	20 819	19 900	19 467	19 149	18 440	18 448	18 553	18 592	19 505	20 623	22 489	8.9%	24.6%
非经合组织	60 119	62 063	62 949	63 072	64 407	62 701	64 637	65 388	66 645	65 956	66 184	0.3%	75.4%
石油输出国组织	34 040	35 170	35 489	35 161	36 279	33 978	35 073	35 939	37 472	36 628	36 593	-0.3%	41.0%
非石油输出国组织*	35 521	34 994	34 645	34 297	33 787	33 957	34 625	34 501	35 087	36 161	38 278	5.7%	43.0%
欧盟	2 955	2 711	2 471	2 425	2 264	2 127	1 987	1 724	1 528	1 436	1 411	-2.1%	1.6%
前苏联	11 378	11 799	12 283	12 763	12 782	13 214	13 491	13 541	13 590	13 791	13 802	0.1%	16.0%

注：1. 数据来源为《BP 能源统计年鉴》，2015.6。

2. 本表格在计算年度变化值及各组成部分在总量中所占比例时，使用以百万吨/年为单位的数据。

*包括原油、页岩油、油砂与天然气液（从天然气中单独开采的液体产品）。不包括其他来源的液体产品，例如生物质油和其他煤制或天然气制油。

◆低于 0.05%。

❋不包括前苏联地区。

四、全球石油需求量及分布

从全球石油消费分布来看，20 世纪 60 年代以北美和欧洲地区为首的经合组织国家（OECD）为主，因为工业化带动经济快速发展，其石油消费量遥遥领先于世界其他地区。进入 21 世纪以来，经济结构和能源结构发生了一些变化，OECD 国家工业部门产值占比和不可再生能源占总能源消耗比重都呈下降趋势，使得石油在北美及欧洲地区的消耗出现了负增长。

以“金砖四国”为首的亚洲太平洋地区新兴经济国家，在人口红利和工业化初期双重刺激下，石油需求 21 世纪以来增长了近 40%。高速的经济增长带动了高能源消费，其中能源消费结构又以石油消费为主，当前全球石油消费市场的新增需求主要来自这一地区（见图 1-6、图 1-7）。

截至 2012 年，全球石油消耗前十大国家为：美国、中国、日本、印度、俄罗斯、沙特阿拉伯、巴西、韩国、德国和加拿大。其中，美国、日本、德国作为数十年来的发达国家，工业基础雄厚，消费量稳定。金砖四国中国、俄罗斯、印度和巴西均在石油消耗国排行榜前十，表明快速增长的经济对石油消耗依赖程度很高（见图 1-8）。

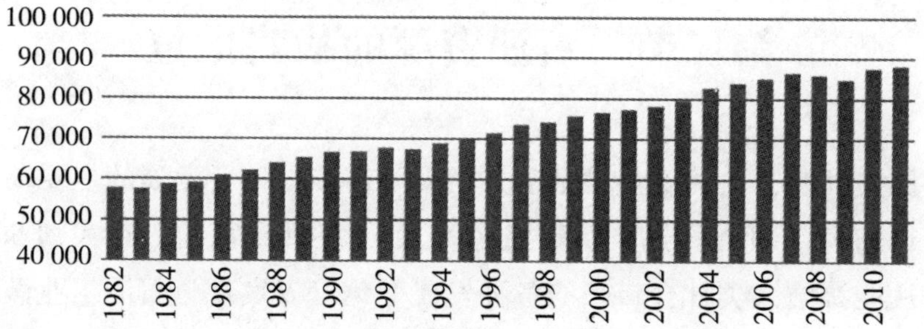

图 1-6　全球石油需求总量变化（千桶/日）

注：数据来源为《BP 能源统计年鉴》，2012. 6。

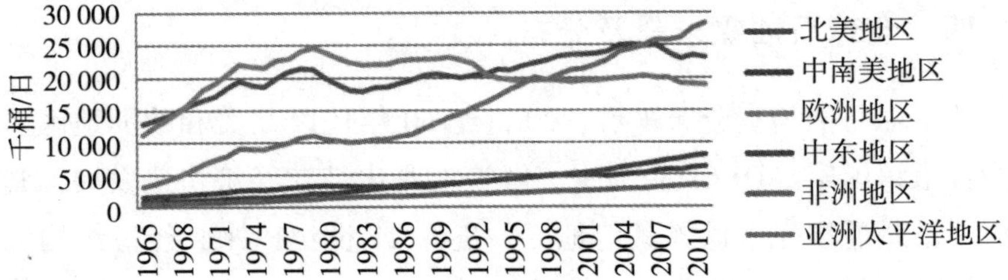

图 1-7 全球石油消费分布变化

注：数据来源为《BP 能源统计年鉴》，2012.6。

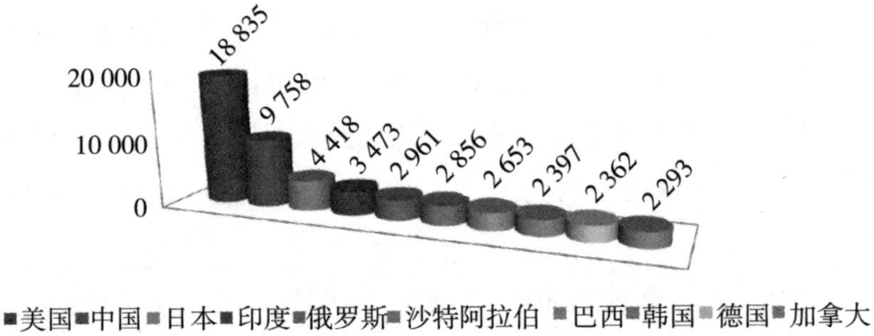

图 1-8 全球十大石油产品消耗国（千桶/日）

注：数据来源为《BP 能源统计年鉴》，2012.6。

第二节 石油资源的战略地位

历史证明，石油工业是推动人类文明进步与社会发展的主要动力之一。1930 年，世界石油产量不足 30 亿桶，发展到目前已达大约 500 亿桶。从能源给人类社会带来的各种发展变化可以发现，石油工业做出的贡献是非常巨大的。

随着市场需求的增长和新技术的出现，地缘政治等因素正在改变石油工业的作用与地位，石油已成为世界大国政治、经济、军事斗争的武器。虽然世界能源多样化是大势所趋，但是石油依然是世界经济发展中的重要能源，在很长一段时间内，仍将在世界政治、经济舞台上扮演重要的、不可替代的角色。

一、石油是世界第一大能源

能源是人类社会赖以生存和发展的重要物质基础，经济发展越快，社会发展越稳定，对能源的依赖程度越高。第二次世界大战后，几乎所有发达国家的能源消费都转向了石油和天然气。1965 年世界能源消费中，石油所占比重已达 39.4%，成为世界第一大能源。到 21 世纪，石油更是成为现代社会不可或缺的重要物质资源。

20 世纪以来，伴随着科学技术进步和工业革命的迅速发展，石油作为基础能源被广泛应用于各个领域，石油不但是重要的燃料，而且可以制成合成纤维、塑料、农药、化肥、医药等，成为人类社会生活的必需品，人们的衣食住行都离不开石油。

石油因使用方便及高效等特点，被广泛应用于诸多领域，成为社会生产力发展的主要促进因素。石油工业在国民经济中的战略地位日益提高，在促进经济可持续发展中发挥着重要作用，石油问题直接或间接地影响一国经济发展、国家安全乃至国际关系（见图 1-9）。

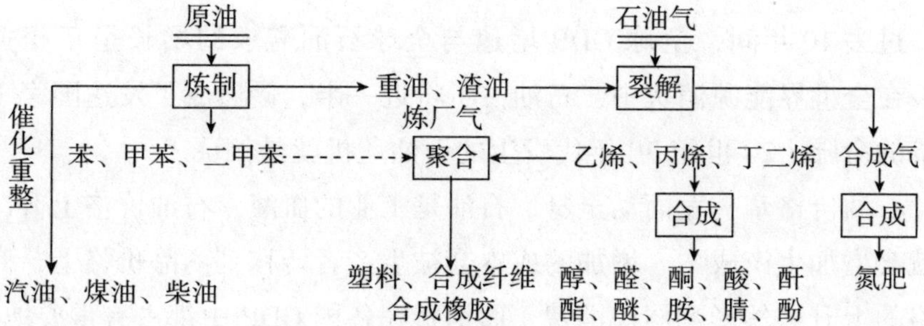

图 1-9　二次加工所得石油化工产品

1. 石油对地区安全的影响

石油的分布从总体上来看极不平衡。被誉为“世界油库”的中东海湾地区，地处欧、亚、非三大洲的枢纽位置，蕴含着非常丰富的石油资源。全球已探明石油储量的70%分布在中东地区，其产量占全球总产量的33%。

中东石油资源一直以来是发达国家争夺的焦点，20世纪90年代初发生的海湾战争，其爆发的根源就是争夺石油控制权。美国在全球的各种战略布局，都是围绕争夺石油控制权展开的。美国经常用诬蔑或是以种种借口武力侵略一些不合作或敌视的产油国，目的明显是针对这些国家的石油资源。

2. 石油折射出的国际竞争态势

世界上大部分产油国会借助石油争取更多的政治和经济利益，这对其他非产油国来说显然是不公平的，典型的例子是俄罗斯。

俄罗斯为了获取政治上的话语权，充分利用本国的能源资源。能源工业占据俄罗斯国内总产值的20%，是俄罗斯经济重要的支柱产业。在政治和军事上，俄罗斯也希望通过能源来扩大其地缘政治影响力。石油和核武器是支撑俄罗斯复兴强国梦的基础，二者像两只手把俄罗斯推向了国际政治和经济的舞台。

3. 石油价格左右世界经济发展

过去10年间，全球GDP增速与全球石油需求的增长呈正相关关系。在全世界能源消费中，石油占了将近一半，俨然成了发达国家工业经济的命脉。20世纪70年代发生的石油危机就是例证。

石油价格牵一发而动全身。石油是工业的血液，石油价格上升，企业就会增加生产成本。增加的成本会被生产者转移到商品价格上，商品价格的上升必然影响居民消费，而消费在各国GDP中都占有重要地位。

据有关机构估算，如果一年内石油价格上升10美元，那么全世界经济年增长率会放缓 0.5 个百分点，对发展中国家来说，平均 GDP 更会减少 0.75 个百分点之多。

石油因其重要的经济价值和战略价值，成为各国经济发展和现代化进程中必不可少的物质基础，对石油资源的争夺也成为国际竞争的焦点。

二、石油一度被用作政治武器

石油从来就不是一个孤立的商品，它还是一种政治商品。石油不是一个国家的问题，而是世界性的问题。在战争期间，石油作为一种战略储备物资发挥着重大作用。石油作为一种战略资源，在生产和消费上的分离效应，逐渐在 20 世纪 60 年代之后显现出来。

1. *石油禁运*

1969 年 9 月，利比亚亲西方的伊德里斯国王被卡扎菲通过武力推翻，随后石油公司被要求提价，最终石油价格被提高。对伊斯兰世界来说，这是伟大的胜利，因为之前的石油价格一直被跨国石油公司垄断，各国政府是没有石油定价权的。此次利比亚政府通过强行提价手段增加财政收入，粉碎了跨国石油公司的统一阵线，把石油标价决定权夺了回来。这一胜利，鼓舞了欧佩克和阿拉伯石油输出国组织（AOPEC）各国的斗志，其他阿拉伯国家也开始夺取石油定价权。

以 1973 年爆发的“十月战争”（第四次中东战争）为例，石油由一种重要资源变成了一种号令世界、左右经济和政治的超级武器。1973 年 10 月，在阿拉伯-以色列第四次战争中，阿拉伯产油国运用石油武器，针对支持以色列的美国等西方国家实行石油减产、提价、禁运，震撼了世界，引发了一次全球性的能源危机。1973 年的石油价格仅为 2.12 美元一桶，到了 1981 年，价格大幅提高至 36~40 美元一桶（见图 1-10）。

图 1-10　石油危机中纽约商业交易所汽油交易场景

石油价格上涨加重了石油进口国的负担，造成进口国经济增长放缓，这让严重依赖中东石油的欧洲国家苦不堪言，同时引发了 1973—1975 年战后资本主义世界最大的一次经济危机。但是，油价上涨造成石油进口国对能源的需求降低，最终石油价格会因需求的降低而下降。对于石油输出国而言，没有石油出口就没有了财政收入，很快石油输出国的经济就受到了致命的伤害。1980 年后，石油输出国再也没有以石油禁运作为武器来对付石油消费国。

2. 第二次海湾战争

20 世纪 80 年代以前，美国国内的石油消费对中东地区的依赖并不严重，因此对前面提及的伊斯兰世界抢夺石油定价权的行为并没有太大的反应。但是到了 90 年代，随着国内石油需求的大幅增长，美国改变了一直沉默的作风。20 世纪 90 年代初的海湾战争，美国国内各方毫不避讳地提及石油因素。2003 年爆发的第二次海湾战争，美国动用大规模的高科技武器，以维护世界和平为借口，大举入侵伊拉克（见图1–11）。

图 1–11　海湾战争中的伊拉克死亡公路

进入 21 世纪，国际市场油价涨涨跌跌，伊拉克又传出探明了规模巨大的石油储量，使得美国为取得中东石油控制权发动第二次海湾战争的意愿越发强烈。这一点在 2011 年以美国为首的西方国家空袭利比亚进一步得到了证实，利比亚是北非石油探明储量第一的国家。

3. *石油制裁*

"伊朗石油禁运"是美国及其西方盟友以禁止石油出口来制裁伊朗的一种措施。伊朗主要的经济来源是石油，对石油禁运的目的是为了遏制伊朗的经济命脉，根本目的则是让伊朗屈服，迫使伊朗放弃研制核武器（见图 1–12）。

从世界经济和能源总体分布和政治形势看，对伊朗的经济制裁不仅会影响伊朗，也会对全球经济产生不可估量的影响。根据经济学原理，石油制裁会减少世界市场上的石油供给，从而导致石油价格上涨。石油

图 1–12　伊朗石油危机

这种产品需求的价格弹性特别小，油价上涨并不会对需求产生多少影响，这对当前遭遇欧债危机和美债危机影响的全球经济来说不是一件好事。

事实证明，石油武器是把双刃剑，战争双方都会受到伤害。石油的生产者和消费者始终彼此依赖，彼此需要，生产者需要金钱发展经济，消费者同样需要石油以保证经济良好运行，这种相互依存保证了对垒双方最终将实现某种妥协。

石油的生产和消费格局已经证明，加入石油供应链的国家越多就越安全。不远的未来，石油武器将远离我们这个世界。

第二章
现货石油交易快速入门

第一节　现货石油交易概述

现货石油交易是指买卖双方出于对实物石油的需求与销售实物石油的目的，根据商定的支付方式与交货方式，采取即时或在较短时间内进行实物石油交收的一种交易方式。在现货交易中，随着商品所有权的转移，同时完成石油实物的交换与流通，因此，现货石油交易是石油商品运行的直接表现方式。

现货石油交易在国内起步较晚，由于市场经济的建设与发展，近几年被视为最有发展潜力的领域之一。国内有关石油或类石油的现货交易还处在起步阶段，从 2012 年国内第一家现货交易所——天津贵金属交易所成立以来，由于相关的监管措施、法律法规及从业人员综合素质跟不上，造成了诸多负面影响，国家几乎每年都要花大力气进行整顿。但是每个行业的规范发展都需要一个过程，正如 20 世纪 90 年代的期货市场，发展到目前为止也仅有四个期货交易所。

借着金融改革的东风，副部级以上的地方政府也具有了审批地方现货交易所的权利。据不完全统计，2016 年初，地方性的现货交易所多达千余家。一些交易所的从业人员素质不高，交易所的技术及管理能力不足，从而对投资者选择交易所提出了挑战。所幸的是，绝大部分交易资金都由第三方银行托管，这就意味着即便交易所被整顿关闭，也不影响资金的汇出。

国内石油交易所一般的标的有汽油、石油等不同名称，由于国内并没有石油定价权，因此国内报价通常是参照国际上的布仑特原油和美国原油价格并换算成人民币得到的，价格走势与布油和美油高度相似，影响因素也与国际油价（布油和美油）一模一样。

在接下来论述影响石油价格走势的基本面因素和技术面因素时，有关例子使用的是大连大宗商品交易所的大宗汽油，该品种主要参照美原油价格。

一、现货石油交易的特点

1. 现货仓单标准化

仓单的所有条款包括商品等级、质量、数量、色泽等，这些内容都是预先已经在仓单中规定好的，具有标准化的特点（如表 2–1）。

表 2–1　现货石油标准化合约

现货品种	石油
商品代码	YDCL
报价单位（人民币）	元/吨
最小变动价位	0. 1 元/吨
手续费	不超过现货总价值的万分之八
滞纳金	暂定万分之一
保证金比例	8%（资金<3 万元），5%（3 万元≤资金<10 万元），4%（10 万元≤资金<20 万元），3%（资金≥20 万元）
最小交易量（吨）	1 吨
最大交易量（吨）	500 吨（2015 年 3 月 31 日前：50）
持仓上限（吨）	5 000 吨（2015 年 3 月 31 日前：500）
买卖差价（人民币）	前一交易日结算价的 0. 2%
报价时间（GMT+8:00）	周一8:00至周六4:00（24 小时制）（结算时间、国家法定假日及国际市场休市另行通知）
结算时间（GMT+8:00）	每交易日 4:00—6:00（夏令时）；每交易日4:00—7:00（冬令时）
交易方式	手机或客户端软件（T+0 双向交易）

续表

现货品种	石油
结算方式	每日无负债结算
风险控制	风险率小于50%，剩余持仓全部强制转让
交割申报时间	每交易日内
交割方式	实物
隔夜费	暂定为现货结算总价值的万分之一
交割仓库	交易中心指定交割仓库
存管银行	建设银行、中国银行、招商银行、兴业银行、交通银行、中信银行、平安银行、浦发银行

2. 网上交易集中化

现货交易采用先进的交易结算智能网络体系，统一在网上开展集中竞价交易，由交易市场进行统一撮合和统一资金结算，保证现货交易的公开、公平和公正。

买卖成交后，市场为买卖双方进行资金结算及实物交收，保证买卖双方的共同利益。现货商品交易市场是一个具有高度组织化的市场，买卖交易集中在网上完成。

3. 双向交易和对冲机制

因为现货仓单具有标准化的特点，所以绝大部分交易可以通过反向对冲操作解除履约责任。交易者可以在价格低时买进现货仓单，待价格上涨后卖出对冲平仓。也可以在价格高时先卖出，然后待价格下跌时再买进对冲平仓，双向都可以获利。

4. 可自由调节履约金的杠杆机制

现货商品交易市场通常提供的是100%~10%履约金制度，这样参与市场的交易者可以根据自己的实际情况选择不同的履约金方式，从而控制投入成本。

二、现货交易的优点

现货交易的基础是现货市场，现货交易也称为网上现货商品交易。我国地域辽阔，资源丰富，人口众多，商品经济的发展更是突飞猛进。不远的将来，超过一半的商品交易将在网上进行。

从1997年开始，国内已经纷纷成立各种专业的商品交易市场，各现货商品交易市场交易金额成几何级增长。这充分说明，大宗商品电子交易让我们拥有了一个无限发展的空间。

1. 参与主体众多

参与现货交易的主体众多，主要由现货生产商、现货使用商和套利投机商组成。

（1）现货生产商：大宗现货商品电子交易有利于生产商降低现货的中转成本，杜绝“三角债”，加速资金周转，是生产商最好的商品销售大渠道。

（2）现货使用商：电子交易市场指定仓库按国家标准检验商品入库，杜绝了“假冒伪劣”商品上市，同时具备完善的全国网下配送体系，是使用商最节省也最放心的购买渠道。

（3）套利投机商：电子交易市场上市的交易品种，在现货市场中有较大的价格波动幅度，完善的交易机制有利于投机者灵活买卖和控制风险，充分博取价格波动中的差价，从而获得投资回报。

2. 信息公开透明

现货交易进行集中竞价、统一撮合、在线结算和行情实时显示，这些机制对交易商准确快速判断价格波动趋势有很大的帮助。

3. 操作灵活方便

交易商可以通过交易市场服务机构委托下单，也可以通过服务机构申请交易市场会员席位直接交易。交易商只需要选择好交易品种，了解该品种近期价格波动情况，不必考虑商品质量、资金债券债务等问题。交易中可先买后卖，也可以先卖后买，投资者可长线持有现货商品进行交收，也可短线即时买卖对冲交易套取差价，正所谓投资规模和风险都小，然而回报快、收益高。

三、现货交易与股票交易的区别

（1）现货交易一般是20%履约金（保证金）交易，股票交易则是全金额交易。

现货保证金交易方式将投入资金的功能至少放大5倍（不同的交易所需要的保证金比例有差别），10 000元的股票，需要10 000元才能买到，而10 000元的现货只需要交20%即2 000元就能持有。所以在现货交易中，10 000元的资金可以当50 000元来投资。

（2）现货交易可以双向买卖，股票交易只能先买进后卖出。

现货可以买多也可以卖空，股票只有买多即上涨才能盈利。现货下跌可以卖空，如果在高价8元卖空，然后跌到5元低价再买回来，盈利就是3元的差价。

（3）现货交易实行T+0交易制度，股票交易实行T+1交易制度。

现货交易是T+0制度，当天买进之后可以当天卖出，一天之内可以根据实际情况操作多次。这样的交易制度增加了交易机会和盈利机会，同时做错了可以立即止损或反方向操作，做到量化风险控制。股票实行T+1交易制度，当天买进第二天才能卖出。一旦买错了，只能看着下跌和赔钱，无法控制损失。

（4）现货几乎全天候交易，股票交易时间只有4个小时。

主要现货品种都具有全球性，全球重要的交易所分布在各大洲，开收市时间不一，覆盖全天24小时，因此现货交易时间远远多于股票交易。国内股票市场交易时间为：每周一至周五（国家法定节假日除外）上午9:30—11:30，下午13:00—15:00。

（5）市场透明度不同。

现货石油交易市场具有国际性，现实中还没有哪一个财团或者国家具有操纵它的实力。现货石油有相对完整的价格体系，各种与石油相关的信息，比如美国经济数据、国际石油价格波动、各国央行态度、突发事件等都是公开透明的，投资者可以根据公开信息对现货石油价格走向作出判断。

股票价格反映的是公司和企业的行为，只有在公司经营较好的情况下，投资者才可以通过股票分红，或者从二级市场的交易差价中获利。一旦公司经营不佳，其股票价格可能会一落千丈，甚至被强制退市。由于大庄家操控等原因，也会导致投资者大幅亏损。目前，中国股市正处在不断的改革发展期，未来的不确定性会使股票投资风险陡增。

（6）盈利空间和交易费用差别较大。

现货石油交易没有涨跌停限制，风险随时可控，利润空间很大，手续费相对较低，短线高手在市场中操作如鱼得水。目前中国股市设有涨跌停限制，即同一天内股价最高只能涨 10%，最低只能跌 10%，而且交易必须交纳千分之三的税金。

（7）品种复杂度不同。

现货交易通常只有少数几个品种，如专注于现货石油，能深入研究其价格走势和市场特性，投资者可以很快了解价格的变化型态及可能出现的最有把握的走势。

股票市场中有几千只个股，投资者每天要在数千只股票中选择适合交易的股票，投资选择难度相当高。

四、现货石油交易的社会作用

现货交易进入市场运作的切入点是电子商务，参与经营的大宗初级原料商品包括农产品、金属类、建材类等多种交易品种，方便开展专业纵深的 B-to-B 商业模式。

现货交易采用先进的交易结算体系，借助互联网开展网上竞价交易，由交易市场进行统一撮合，统一资金结算，保证了现货交易的公开、公平和公正。

交易成交后，市场为买卖双方进行资金结算，实物交收，资金即时入账，能够保证买卖双方的合法利益，同时避免了我国企业现存较严重的“三角债”问题。

此外，现货交易还有以下优点。

（1）现货仓单的标准化，杜绝了假冒伪劣商品。

（2）完善的物流配送体系，能够满足不同交易商的需求。

（3）现货交易行业的形成，对我国现货贸易流通的发展起到了不可替代的作用。

现货交易是我国现货流通领域出现的新兴事物，在我国经济生活中尚处于起步阶段，但其先进的运作方式和特有的功能，已经引起全社会的普遍关注。

五、现货石油投资适合的人群

（1）大学生。

大学毕业生就业压力大，工资低。做石油投资，不管以后工作与否，都可以学习一些现货投资知识，不仅对未来的就业有帮助，更能让他们终身受用。更值得一提的是，大学生对新生事物的接受速度胜过任何一个群体。

（2）经理、高管、白领等阶层。

这类高端人群对于新兴事物接受度比较强，渴望获得人生中的第二职业来充分展示自己的价值。现货电子交易时间长达22小时，适合白天上班的人群晚上进行交易，并且现货价格在晚上7:00—11:00的波动较大，获利机会较多。

（3）想要创业的人。

社会中有很多的人期望实现自己创业的梦想，不过苦于资金实力不厚，这一愿望很难实现。现货交易最低只需要3%的准备金，能够给予投资人更大的自主机会。需要提醒的是，低保证金交易对投资者的自我控制能力要求非常高，不能承受压力者要三思而后行。

（4）企业老板、高级经理等顶尖阶层。

企业老板、高级经理都兼具超前的商业眼光和超常的胆略，很多企业需要实现从产业资本到金融资本的转型。近年来，大家见证了股票、现货、期货、外汇在中国的迅猛发展，认识到中国金融市场已逐步与国外接轨，其中蕴藏着巨大的投资机会。

股票市场虚假消息多，涨跌无常，期货、外汇交易风险过大，相比较而言，现货交易是一种风险自主可控且收益较大的投资产品。

（5）恐惧股市、汇市的金融投资人士。

股票市场尔虞我诈，涨跌无常，虚假消息多，庄家恶意坐庄多，而且这个市场多弱肉强食，多内幕消息，多腐败丑闻，多国家调控。现货交易作为一个新兴的行业，发展潜力巨大，而且市场自发调控，无庄家掌控。

（6）上班族。

物价猛涨，固定的工资收入已经不能够维持高于平均水平的生活，上班族迫切需要获得工资以外的收入，现货电子交易给很多上班族提供了一个机会。大家下班后可以利用吃饭时间与家人聊天，之后利用电子交易获得人生中开心愉悦的第二份收入，让自己的业余时间增加价值。

第二节　现货石油交易流程

一、选择现货石油交易平台

现货电子交易在国内变得热门，很多股民或有投资需求的新手，也加入到现货交易这一领域。由于现货电子交易持续火爆，导致各地交易所如雨后春笋般涌现。

2009 年以来，国家频频出手整顿大宗商品电子交易市场，各种文件不断，效果却不尽人意。大宗商品市场如果陷入无序发展，由于该领域吸引了大量社会资金进入，一旦交易陷入疯狂状态，可能造成区域性金融失衡，引发金融市场系统性风险。其次，各地同质化的市场重复建设，对于资源也是一种浪费。

从市场内部来说，现货市场无序发展的后果或更为严重。一方面，由于安全交易机制缺失，操纵市场、虚拟资金对赌等情况有可能发生，甚至因资金第三方监管缺位，市场方存在侵吞客户资产或携款逃跑的可能性。另一方面，若市场被恶意炒作，由于该市场对于某种商品价格的影响较大，也可能造成局部地区商品价格失控（见图 2–1）。

图 2–1　现货交易所清理整顿

现在石油交易平台很多，做现货石油投资要注意选择正规交易平台。判断现货石油交易平台是不是正规，主要看以下几点。

第一，需要商务部备案，省级金融办批准，市级政府行政许可。

第二，有银行负责资金托管，出入金自由且无限制。

第三，正规交易所不会出现带客操盘等违规行为。

第四，正规交易所都会提示操作风险，不会隐瞒交易风险。

二、专业交易网站——嘉投网

嘉投网（http：//www. jiatouwang. com）是由深圳市深圳嘉投网络科技有限公司精心打造和运营管理，为广大投资者提供股票、石油、贵金属、期货、外汇等投资咨询和沟通交流的社区网站，通过即时资讯、专家解读、实盘交流等多种形式，为投资者提供全方位立体化的专业服务。嘉投网致力于打造专业化的互联网交易平台，拥有便捷安全的资金管理系统，坚持以风险控制为前提，以服务客户为中心，不断提升客户交易体验（见图 2-2）。

图 2-2　嘉投网

三、网上开户

现货石油交易的开户方式有网下和网上两种，下面只介绍网上开户流程。随着网络的发展，网上开户已经变得越来越方便，手机开户、微信开户已经被广泛应用。

1. 注册用户

（1）登录嘉投网（http：//www. jiatouwang. com/application/kaihu）进入网上开户页面，进入下一步“填写个人信息”。

（2）填写开户信息，确认会员单位名称是否正确，然后填入正确的姓名、身份证号码（见图 2-3）。

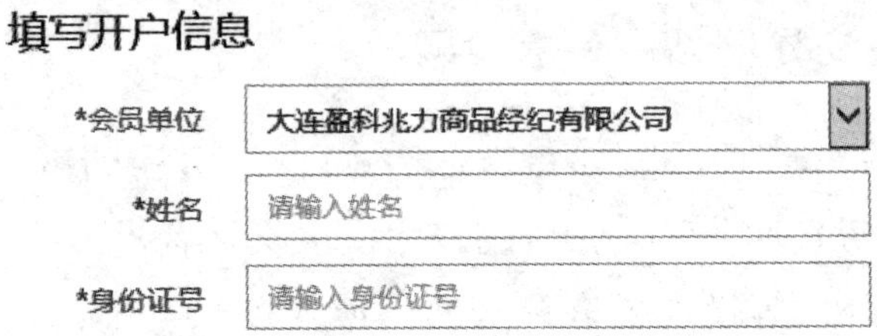

图 2-3　填写开户信息

（3）签约方式。签约方式分为仅开户不签约与网络签约绑定。

仅开户不签约是指提交资料后，系统只为投资者开立交易账号，交易账号不具备交易的功能（见图 2-4）。

图 2-4　合利宝支持 10 家银行账户

（4）签署入市协议。

协议书包括《风险提示书》《交易确认函》《交易商入市协议书》《交易商须知》《合利宝委托代扣服务协议》（见图 2-5、图 2-6、图 2-7、图 2-8、图 2-9、图 2-10）。

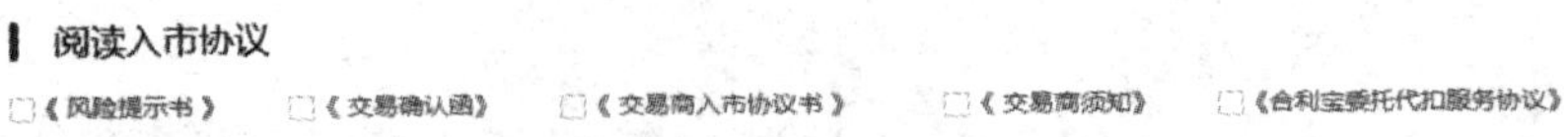

图 2-5　阅读入市协议

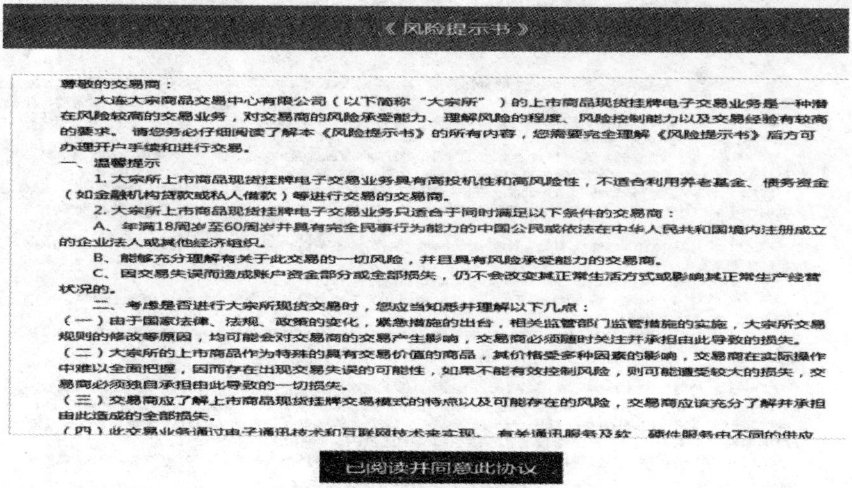

《风险提示书》

尊敬的交易商：

大连大宗商品交易中心有限公司（以下简称“大宗所”）的上市商品现货挂牌电子交易业务是一种潜在风险较高的交易业务，对交易商的风险承受能力、理解风险的程度、风险控制能力以及交易经验有较高的要求。 请您务必仔细阅读了解本《风险提示书》的所有内容，您需要完全理解《风险提示书》后方可办理开户手续和进行交易。

一、温馨提示

1. 大宗所上市商品现货挂牌电子交易业务具有高投机性和高风险性，不适合利用养老基金、债务资金（如金融机构贷款或私人借款）等进行交易的交易商。

2. 大宗所上市商品现货挂牌电子交易业务只适合于同时满足以下条件的交易商：

A、年满18周岁至60周岁并具有完全民事行为能力的中国公民或依法在中华人民共和国境内注册成立的企业法人或其他经济组织。

B、能够充分理解有关于此交易的一切风险，并且具有风险承受能力的交易商。

C、因交易失误而造成账户资金部分或全部损失，仍不会改变其正常生活方式或影响其正常生产经营状况的。

二、考虑是否进行大宗所现货交易时，您应当知悉并理解以下几点：

（一）由于国家法律、法规、政策的变化，紧急措施的出台，相关监管部门监管措施的实施，大宗所交易规则的修改等原因，均可能会对交易商的交易产生影响，交易商必须随时关注并承担由此导致的损失。

（二）大宗所的上市商品作为特殊的具有交易价值的商品，其价格受多种因素的影响，交易商在实际操作中难以全面把握，因而存在出现交易失误的可能性，如果不能有效控制风险，则可能遭受较大的损失，交易商必须独自承担由此导致的一切损失。

（三）交易商应了解上市商品现货挂牌交易模式的特点以及可能存在的风险，交易商应该充分了解并承担由此造成的全部损失。

（四）此交易业务通过电子通讯技术和互联网技术来实现，有关通讯服务及软、硬件服务由不同的供应

已阅读并同意此协议

图 2-6 风险提示书

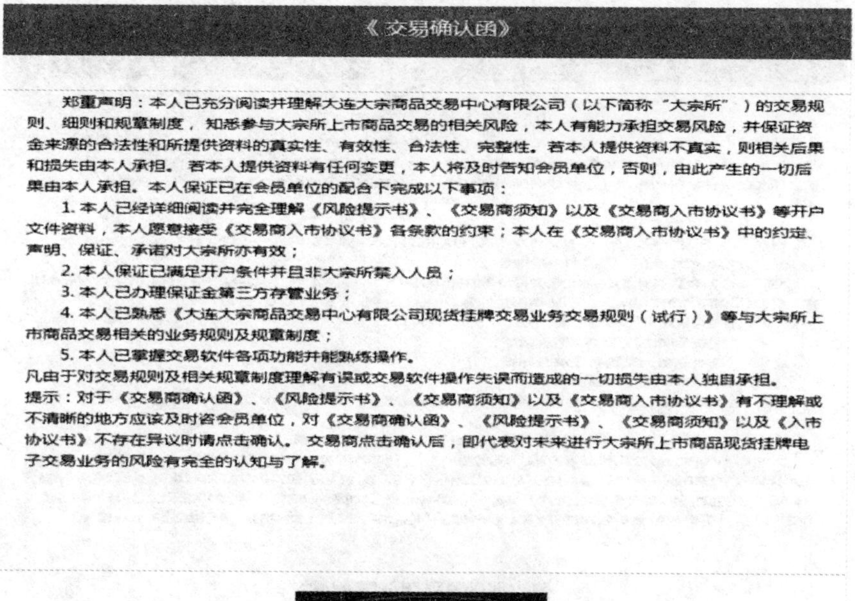

《交易确认函》

郑重声明：本人已充分阅读并理解大连大宗商品交易中心有限公司（以下简称“大宗所”）的交易规则、细则和规章制度，知悉参与大宗所上市商品交易的相关风险，本人有能力承担交易风险，并保证资金来源的合法性和所提供资料的真实性、有效性、合法性、完整性。若本人提供资料不真实，则相关后果和损失由本人承担。 若本人提供资料有任何变更，本人将及时告知会员单位，否则，由此产生的一切后果由本人承担。本人保证已在会员单位的配合下完成以下事项：

1. 本人已经详细阅读并完全理解《风险提示书》、《交易商须知》以及《交易商入市协议书》等开户文件资料，本人愿意接受《交易商入市协议书》各条款的约束；本人在《交易商入市协议书》中的约定、声明、保证、承诺对大宗所亦有效；

2. 本人保证已满足开户条件并且非大宗所禁入人员；

3. 本人已办理保证金第三方存管业务；

4. 本人已熟悉《大连大宗商品交易中心有限公司现货挂牌交易业务交易规则（试行）》等与大宗所上市商品交易相关的业务规则及规章制度；

5. 本人已掌握交易软件各项功能并能熟练操作。

凡由于对交易规则及相关规章制度理解有误或交易软件操作失误而造成的一切损失由本人独自承担。

提示：对于《交易商确认函》、《风险提示书》、《交易商须知》以及《交易商入市协议书》有不理解或不清晰的地方应该及时咨会员单位，对《交易商确认函》、《风险提示书》、《交易商须知》以及《入市协议书》不存在异议时请点击确认。 交易商点击确认后，即代表对未来进行大宗所上市商品现货挂牌电子交易业务的风险有完全的认知与了解。

已阅读并同意此协议

图 2-7 交易确认函

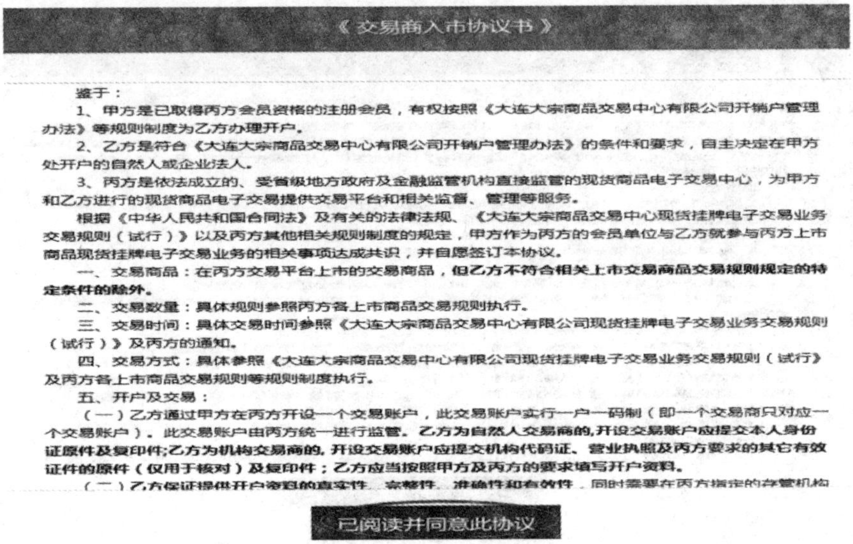
《交易商入市协议书》

鉴于：

1、甲方是已取得丙方会员资格的注册会员，有权按照《大连大宗商品交易中心有限公司开销户管理办法》等规则制度为乙方办理开户。

2、乙方是符合《大连大宗商品交易中心有限公司开销户管理办法》的条件和要求，自主决定在甲方处开户的自然人或企业法人。

3、丙方是依法成立的、受省级地方政府及金融监管机构直接监管的现货商品电子交易中心，为甲方和乙方进行的现货商品电子交易提供交易平台和相关监督、管理等服务。

根据《中华人民共和国合同法》及有关的法律法规、《大连大宗商品交易中心现货挂牌电子交易业务交易规则（试行）》以及丙方其他相关规则制度的规定，甲方作为丙方的会员单位与乙方就参与丙方上市商品现货挂牌电子交易业务的相关事项达成共识，并自愿签订本协议。

一、交易商品：在丙方交易平台上市的交易商品，**但乙方不符合相关上市交易商品交易规则规定的特定条件的除外。**

二、交易数量：具体规则参照丙方各上市商品交易规则执行。

三、交易时间：具体交易时间参照《大连大宗商品交易中心有限公司现货挂牌电子交易业务交易规则（试行）》及丙方的通知。

四、交易方式：具体参照《大连大宗商品交易中心有限公司现货挂牌电子交易业务交易规则（试行》及丙方各上市商品交易规则等规则制度执行。

五、开户及交易：

（一）乙方通过甲方在丙方开设一个交易账户，此交易账户实行一户一码制（即一个交易商只对应一个交易账户）。此交易账户由丙方统一进行监管。**乙方为自然人交易商的,开设交易账户应提交本人身份证原件及复印件;乙方为机构交易商的,开设交易账户应提交机构代码证、营业执照及丙方要求的其它有效证件的原件（仅用于核对）及复印件；乙方应当按照甲方及丙方的要求填写开户资料。**

（二）乙方保证提供开户资料的真实性、完整性、准确性和有效性，同时需要在丙方指定的存管机构

已阅读并同意此协议

图 2-8　交易商入市协议书

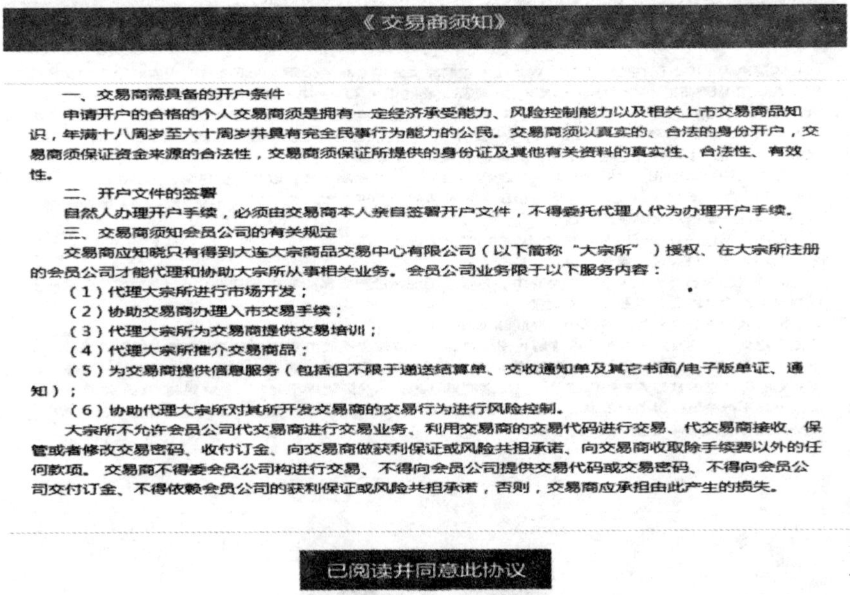
《交易商须知》

一、交易商需具备的开户条件

申请开户的合格的个人交易商须是拥有一定经济承受能力、风险控制能力以及相关上市交易商品知识，年满十八周岁至六十周岁并具有完全民事行为能力的公民。交易商须以真实的、合法的身份开户，交易商须保证资金来源的合法性，交易商须保证所提供的身份证及其他有关资料的真实性、合法性、有效性。

二、开户文件的签署

自然人办理开户手续，必须由交易商本人亲自签署开户文件，不得委托代理人代为办理开户手续。

三、交易商须知会员公司的有关规定

交易商应知晓只有得到大连大宗商品交易中心有限公司（以下简称"大宗所"）授权、在大宗所注册的会员公司才能代理和协助大宗所从事相关业务。会员公司业务限于以下服务内容：

（1）代理大宗所进行市场开发；

（2）协助交易商办理入市交易手续；

（3）代理大宗所为交易商提供交易培训；

（4）代理大宗所推介交易商品；

（5）为交易商提供信息服务（包括但不限于递送结算单、交收通知单及其它书面/电子版单证、通知）；

（6）协助代理大宗所对其所开发交易商的交易行为进行风险控制。

大宗所不允许会员公司代交易商进行交易业务、利用交易商的交易代码进行交易、代交易商接收、保管或者修改交易密码、收付订金、向交易商做获利保证或风险共担承诺、向交易商收取除手续费以外的任何款项。交易商不得委会员公司构进行交易、不得向会员公司提供交易代码或交易密码、不得向会员公司交付订金、不得依赖会员公司的获利保证或风险共担承诺，否则，交易商应承担由此产生的损失。

已阅读并同意此协议

图 2-9　交易商须知

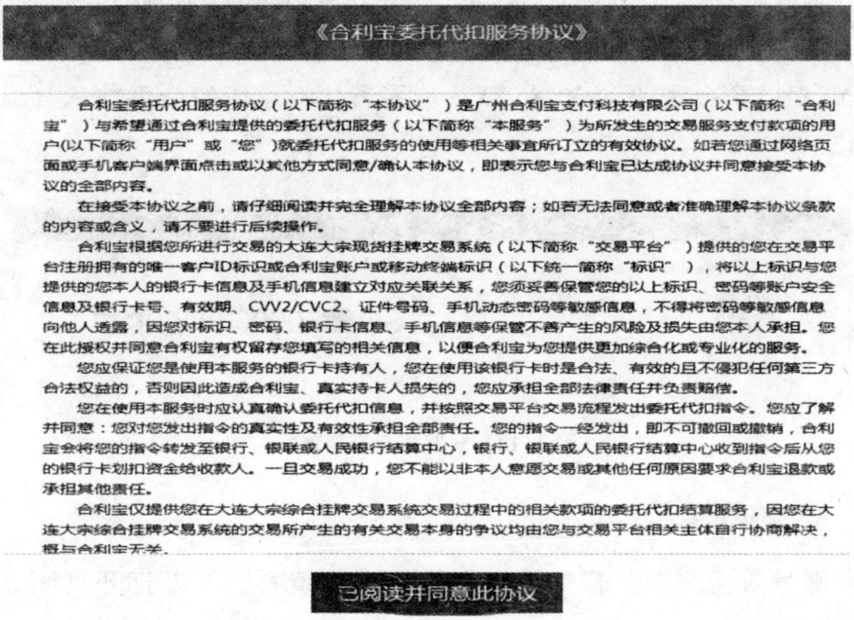

《合利宝委托代扣服务协议》

合利宝委托代扣服务协议（以下简称“本协议”）是广州合利宝支付科技有限公司（以下简称“合利宝”）与希望通过合利宝提供的委托代扣服务（以下简称“本服务”）为所发生的交易服务支付款项的用户(以下简称“用户”或“您”)就委托代扣服务的使用等相关事宜所订立的有效协议。如若您通过网络页面或手机客户端界面点击或以其他方式同意/确认本协议，即表示您与合利宝已达成协议并同意接受本协议的全部内容。

在接受本协议之前，请仔细阅读并完全理解本协议全部内容；如若无法同意或者准确理解本协议条款的内容或含义，请不要进行后续操作。

合利宝根据您所进行交易的大连大宗现货挂牌交易系统（以下简称“交易平台”）提供的您在交易平台注册拥有的唯一客户ID标识或合利宝账户或移动终端标识（以下统一简称“标识”），将以上标识与您提供的您本人的银行卡信息及手机信息建立对应关联关系，您须妥善保管您的以上标识、密码等账户安全信息及银行卡号、有效期、CVV2/CVC2、证件号码、手机动态密码等敏感信息，不得将密码等敏感信息向他人透露，因您对标识、密码、银行卡信息、手机信息等保管不善产生的风险及损失由您本人承担。您在此授权并同意合利宝有权留存您填写的相关信息，以便合利宝为您提供更加综合化或专业化的服务。

您应保证您是使用本服务的银行卡持有人，您在使用该银行卡时是合法、有效的且不侵犯任何第三方合法权益的，否则因此造成合利宝、真实持卡人损失的，您应承担全部法律责任并负责赔偿。

您在使用本服务时应认真确认委托代扣信息，并按照交易平台交易流程发出委托代扣指令。您应了解并同意：您对您发出指令的真实性及有效性承担全部责任。您的指令一经发出，即不可撤回或撤销，合利宝会将您的指令转发至银行、银联或人民银行结算中心，银行、银联或人民银行结算中心收到指令后从您的银行卡划扣资金给收款人。一旦交易成功，您不能以非本人意愿交易或其他任何原因要求合利宝退款或承担其他责任。

合利宝仅提供您在大连大宗综合挂牌交易系统交易过程中的相关款项的委托代扣结算服务，因您在大连大宗综合挂牌交易系统的交易所产生的有关交易本身的争议均由您与交易平台相关主体自行协商解决，概与合利宝无关。

已阅读并同意此协议

图 2-10　合利宝委托代扣服务协议

全部协议书同意之后，点击进入下一步。

（5）注册。填写真实的手机号码，点击获取验证码。手机验证码短信内容为：“此次的验证码为 XXXXXX，有效时间 30 分钟，请您尽快填写，切勿告诉他人！【大连大宗所】”输入手机验证码和数字验证码，点击提交（见图 2-11）。

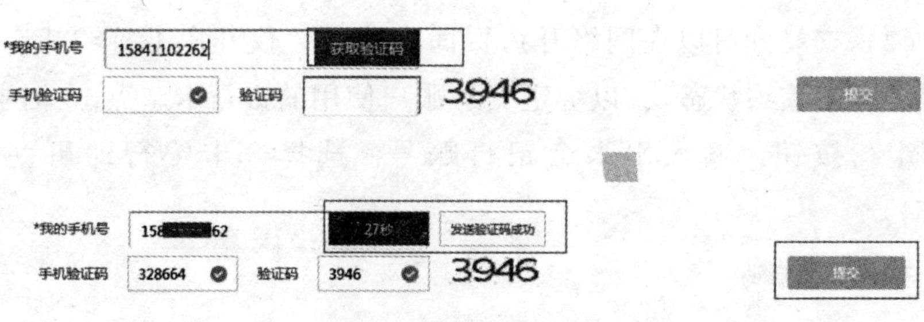

图 2-11　填写手机号和验证码

点击提交之后，开户签约完成，获得 15 位数字的交易账号。提交后投资者会收到手机短信：尊敬的客户 xxx000000000xxx，您的交易密码为 XXXXXX，资金密码为 XXXXXX，请妥善保存，切勿告诉他人（见图 2-12）！

图 2-12　获取实盘交易账号

2. 修改资料

账号激活之前，若交易商想修改个人资料，可以打开页面点击“登录”（见图 2-13）。

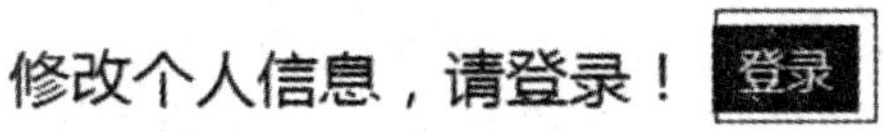

图 2-13　登录修改个人信息

输入交易账号、密码、验证码，点击登录（见图 2-14）。

（1）在该页面可以更改个人姓名、身份证号码。

（2）交易商可以在网络开户页面直接由“仅开户不签约状态”切换到“网络签约状态”，以绑定交易账户使用的银行卡。点击“网络签约绑定”按钮，输入出入金银行账号，选择开卡银行即可（见图 2-15）。

3. 修改密码

点击主页面“登录”，点击“忘记密码”，输入交易账号、手机号码、验证码，单击完成，预留的手机号码即可收到登录密码短信。短信内容为：xxx000000000000xx，密码修改为 XXXXXX，请您妥善保管您的交易密码（见图 2-16、图 2-17）。

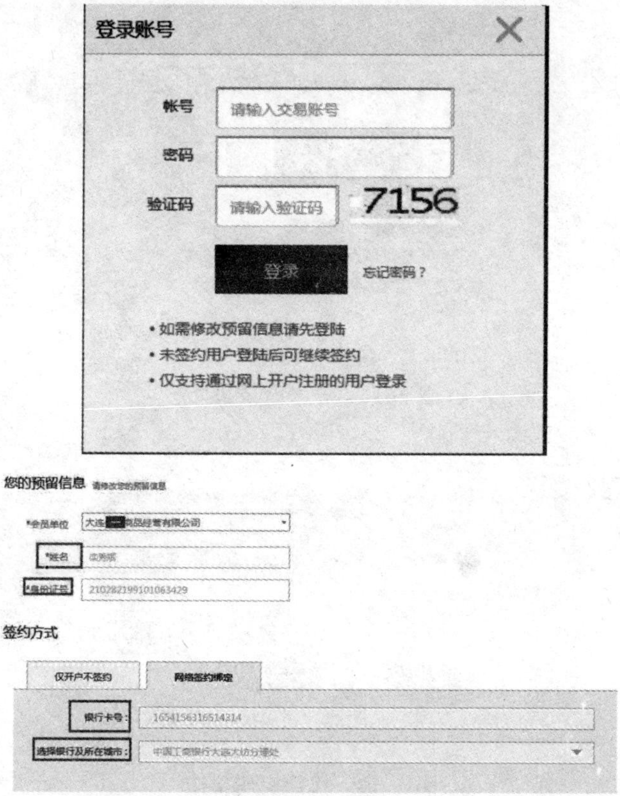

图 2-14　账号登录页面

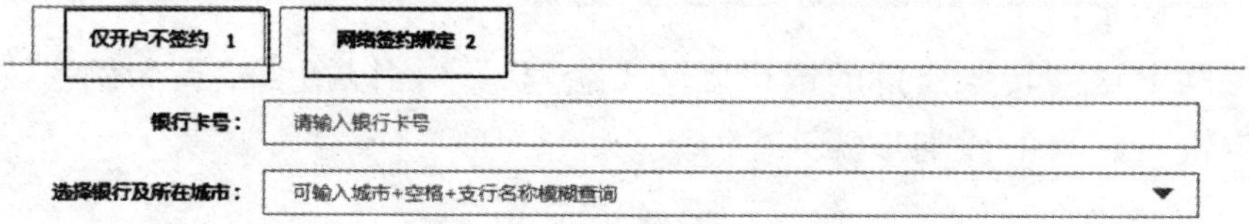

图 2-15　网络签约绑定页面

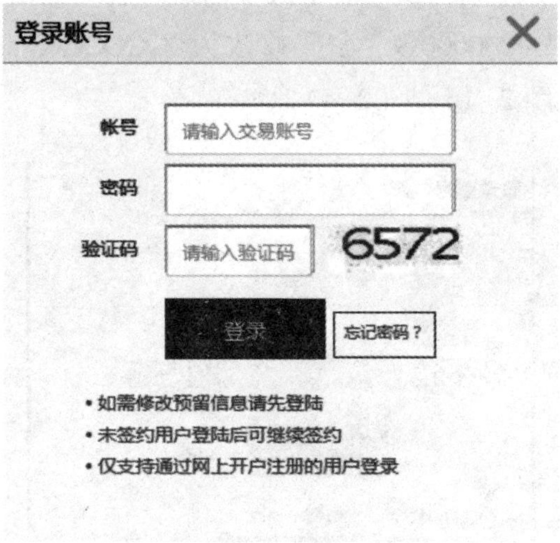

图 2-16　账号登录页面

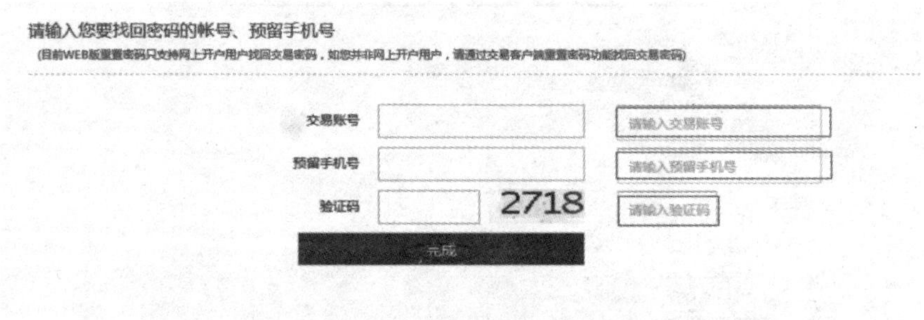

图 2-17　找回密码页面

四、网上银商转账

网上银商转账支持的银行多达十余家，下面以招商银行为例，说明绑定银行账号的详细步骤。

1. 登录招行个人银行大众版

第一步：登录招商银行官网，点击右侧“个人银行大众版（与专业版流程区别不大）”（见图 2-18）。

图 2-18　招商银行官网主页

第二步：填写卡号等信息（见图 2-19）。

第三步：进入界面后，可进行签约、解约、出入金、调整支付限额、查询余额等功能。

2. 网银端签约

第一步：登陆个人银行大众版（见图 2-19）。

第二步：登录招商银行网上银行首页后，选择“自助缴款”，弹出下拉菜单，点击“大宗商品”→“银商转账”，进入相应界面（见图 2-20）。

第三步：找到大连大宗商品交易中心有限公司一栏，席位号为“999323”，交易所名称为“大连大宗商品交易中心有限公司”，点击“开通协议”，进入“招商银行银商转账业务规则”界面（见图 2-21）。

第四步：仔细阅读《招商银行银商转账阅读业务规则》，阅读完成后，点击“我同意”及“确定”按钮，进入自助绑定界面（见图 2-22）。

图 2-19　登录界面

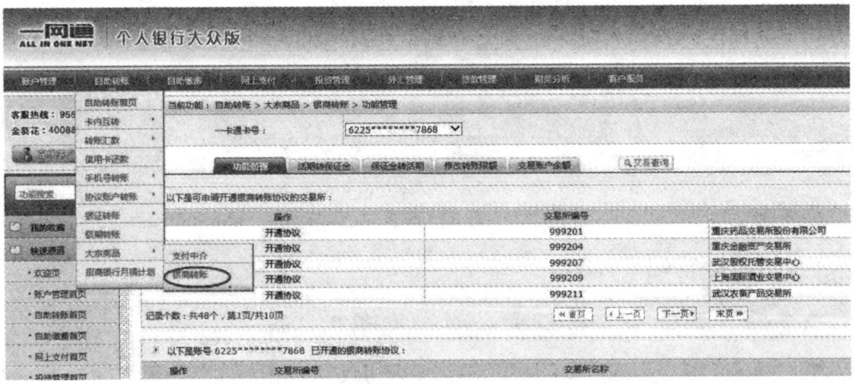

图 2-20　招商银行投资理财页面

图 2-21　招商银行银商转账业务界面

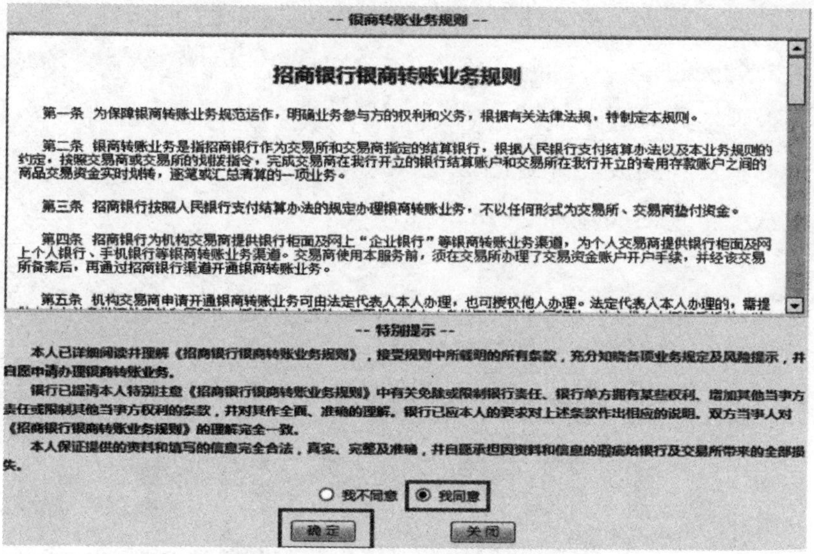

图 2-22　招商银行银商转账业务规则

第五步：填写交易商个人信息，完成后点击"确定"按钮，完成网上银行绑定流程（见图 2-23）。

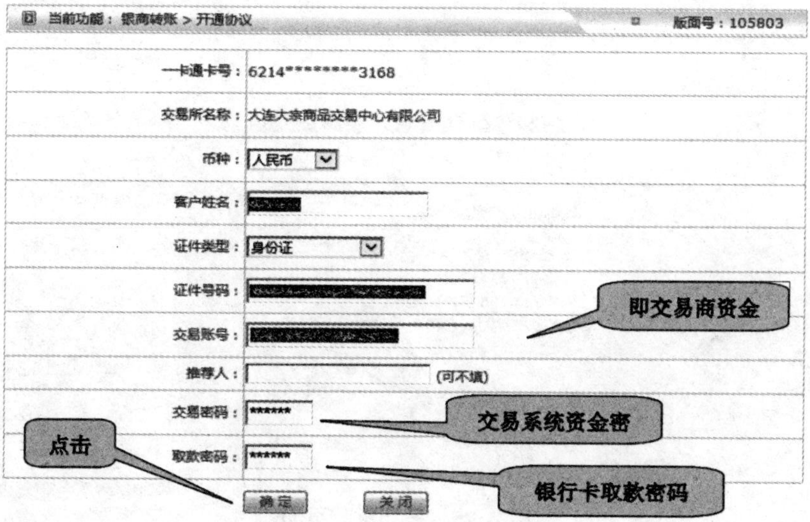

图 2-23　填写个人信息

第六步：确认信息无误后，点击“确定”（见图 2-24）。

需要提醒的是，签约时必须确保开户时后台身份证信息、交易密码正确，否则签约时会审核不过。

第七步：签约成功（见图 2-25）。

第八步：查询（见图 2-26）。

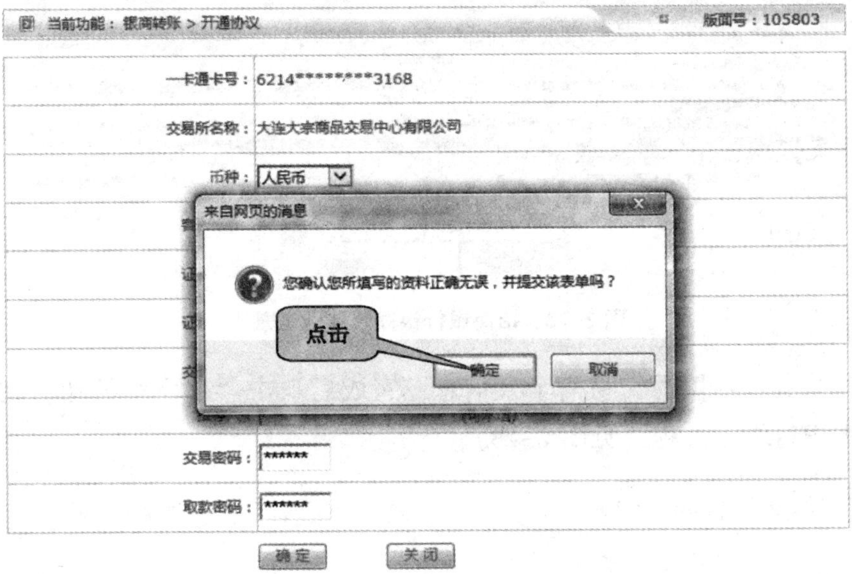

图 2-24 确认信息无误后提交信息

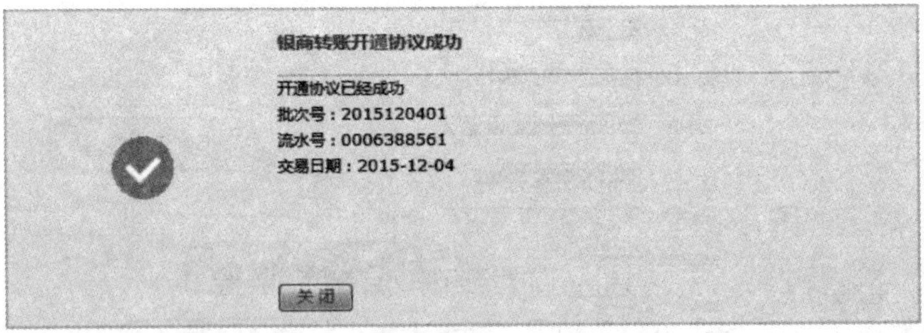

图 2-25 签约成功页面

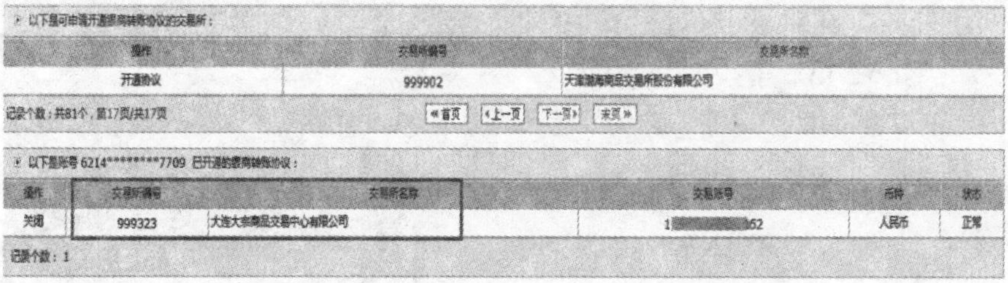

图 2-26　查询交易账号情况

3. 招行网页出入金操作

(1) 招行网页入金。

第一步：登录招商银行网上银行大众版首页后，选择“自助缴款”，弹出下拉菜单，点击“大宗商品”→“银商转账”，进入相应界面（见图 2-27）。

图 2-27　银商转账页面

第二步：选择第二栏“活期转保证金”后，在操作中点击“活期转帐保证金”（见图 2-28）。

图 2-28　入金操作页面

第三步：在弹出的对话框中输入转账金额、取款密码后点击“确认”（见图 2-29）。

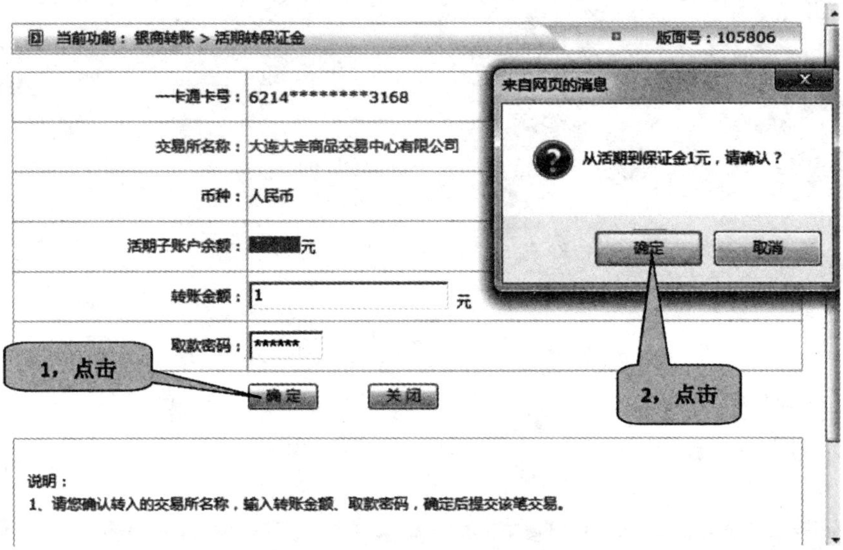

图 2-29　填写入金信息页面

第四步：入金成功（见图 2-30）。

图 2-30　入金成功提示

（2）招行网页个人银行大众版出金。

第一步：点击“保证金转活期”后，在操作中点击“保证金转活期”（见图 2-31）。

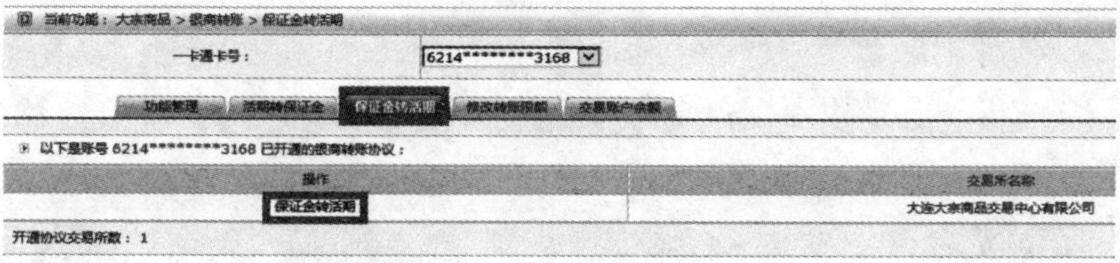

图 2-31　网上出金操作页面

第二步：在弹出的对话框中输入转账金额、取款密码后点击“确认”（见图 2-32）。

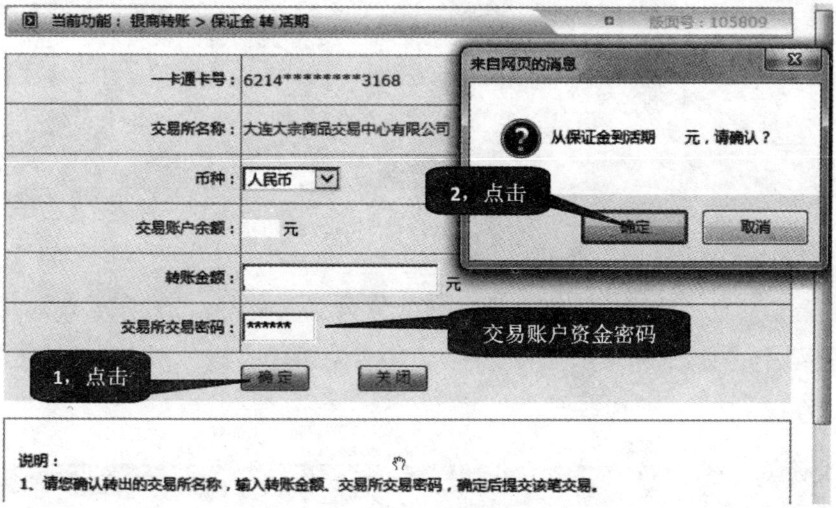

图 2-32　输入出金信息页面

第三步：成功出金（见图 2-33）。

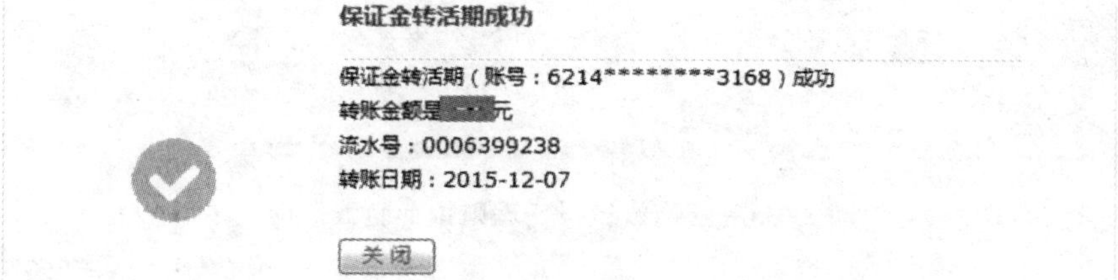

图 2-33　出金成功提示页面

4. 交易商招商银行解约

第一步：登录招商银行个人银行大众版（见图 2-34）。

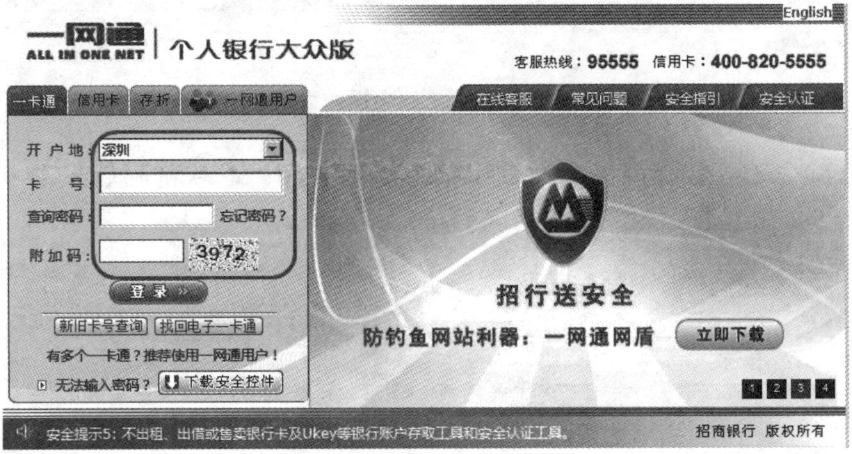

图 2-34　招商银行网上银行页面

第二步：登录招商银行网上银行首页后，选择“自助缴款”，弹出下拉菜单，点击“大宗商品”→“银商转账”，进入相应界面（见图 2-35）。

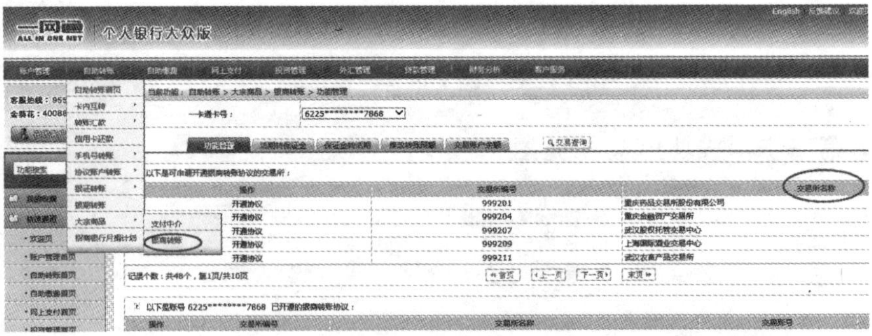

图 2-35　招商银行投资理财银商转账页面

第三步：确认要解约的商户，点击关闭（见图 2-36）。

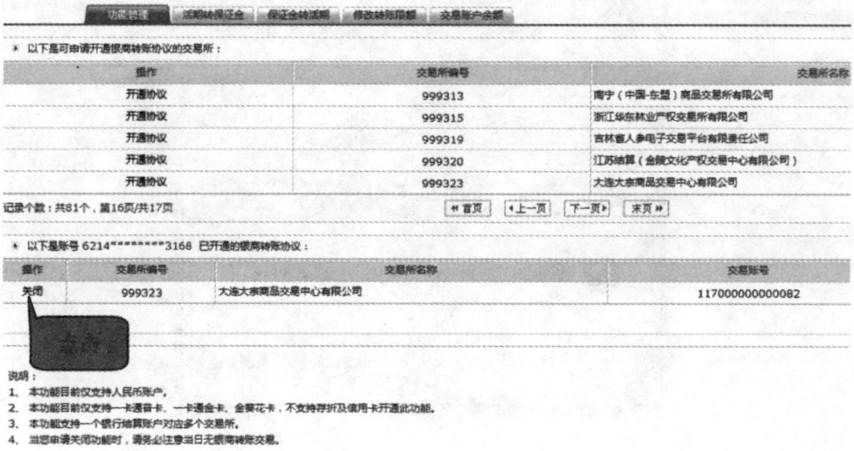

图 2-36　点击“关闭”

第四步：在弹出窗口填写客户姓名、证件号码，输入交易账号资金密码、取款密码，点击“确认”（见图 2-37）。

图 2-37　关闭协议账号页面

第五步：确认信息无误后，点击“确认”（见图 2-38）。

第六步：关闭协议成功，关闭窗口（见图 2-39）。

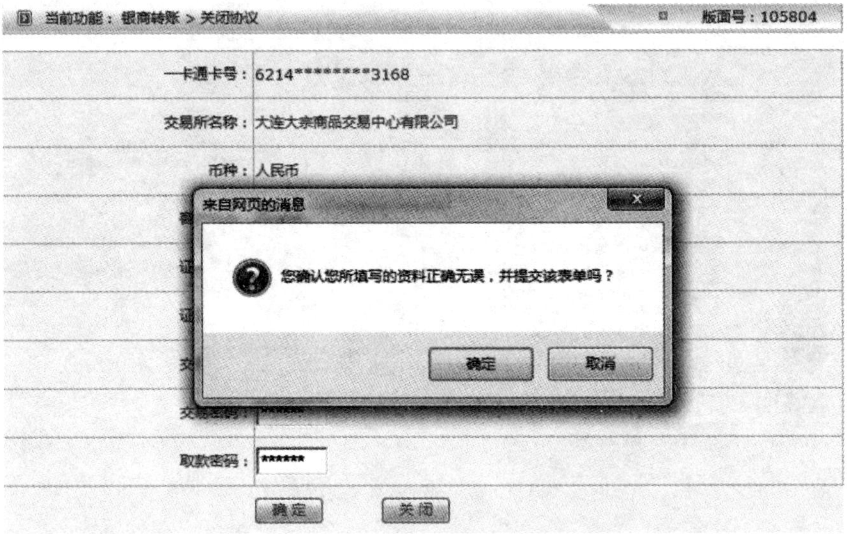

图 2-38　确认关闭协议账号页面

图 2-39　成功关闭银商转账提示页面

第三节　现货实盘交易软件

一、安装现货实盘交易软件

行情分析软件可以通过嘉投网（http：//www. jiatouwang. com/application/download）下载，打开软件下载页面，点击相应图标开始下载（见图 2-40）。

图 2-40　行情分析软件下载页面

下载完成后，打开软件所在位置，找到大连大宗交易软件图标，双击后按提示步骤操作。完成安装后，将会在桌面生成相应图标（见图 2-41）。

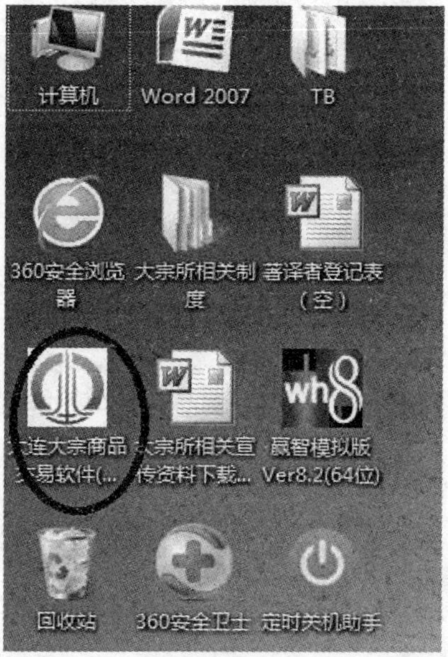

图 2-41　安装行情分析软件

完成安装后就可以登录。双击打开桌面软件图标，您会看到它的登录界面。大连大宗客户交易系统给客户提供游客登录功能，针对未注册用户，给予其访问实盘、了解商品价格和行情的功能（见图 2-42）。

图 2-42　登录大连大宗客户交易系统

商品价格与行情分析见图 2-43、图 2-44。

如果是实盘用户，在登录界面上直接输入账户名称和密码就可以使用。点击退出，可以直接退出当前页面（见图 2-45）。

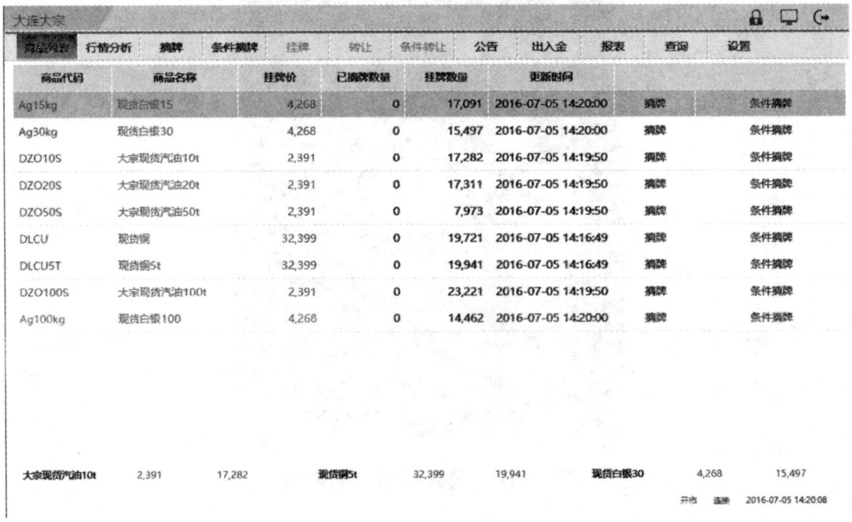

大连大宗

商品列表　行情分析　摘牌　条件摘牌　挂牌　转让　条件转让　公告　出入金　报表　查询　设置

商品代码	商品名称	挂牌价	已摘牌数量	挂牌数量	更新时间		
Ag15kg	现货白银15	4,268	0	17,091	2016-07-05 14:20:00	摘牌	条件摘牌
Ag30kg	现货白银30	4,268	0	15,497	2016-07-05 14:20:00	摘牌	条件摘牌
DZO10S	大宗现货汽油10t	2,391	0	17,282	2016-07-05 14:19:50	摘牌	条件摘牌
DZO20S	大宗现货汽油20t	2,391	0	17,311	2016-07-05 14:19:50	摘牌	条件摘牌
DZO50S	大宗现货汽油50t	2,391	0	7,973	2016-07-05 14:19:50	摘牌	条件摘牌
DLCU	现货铜	32,399	0	19,721	2016-07-05 14:16:49	摘牌	条件摘牌
DLCU5T	现货铜5t	32,399	0	19,941	2016-07-05 14:16:49	摘牌	条件摘牌
DZO100S	大宗现货汽油100t	2,391	0	23,221	2016-07-05 14:19:50	摘牌	条件摘牌
Ag100kg	现货白银100	4,268	0	14,462	2016-07-05 14:20:00	摘牌	条件摘牌

大宗现货汽油10t　2,391　17,282　现货铜5t　32,399　19,941　现货白银30　4,268　15,497

开市　连接　2016-07-05 14:20:08

图 2-43　商品报价页面

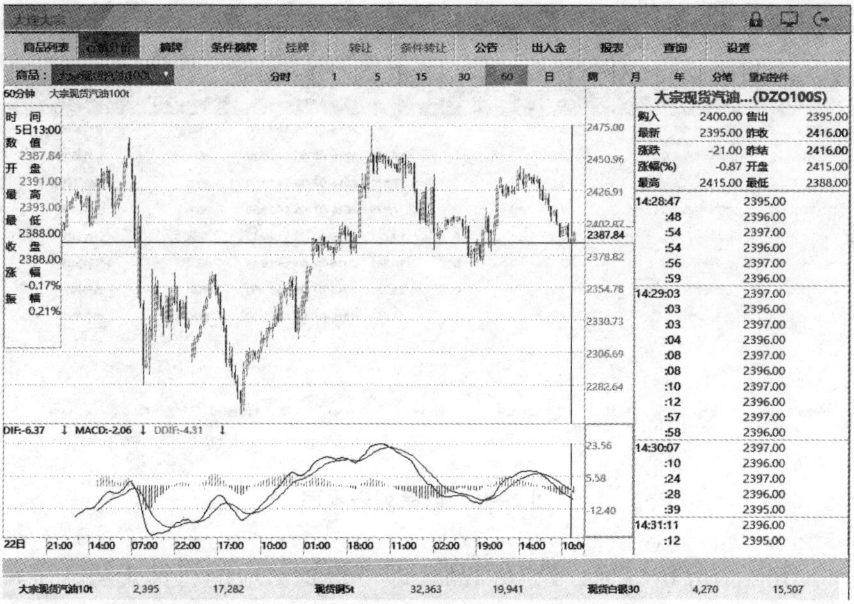

图 2-44　价格走势分析页面

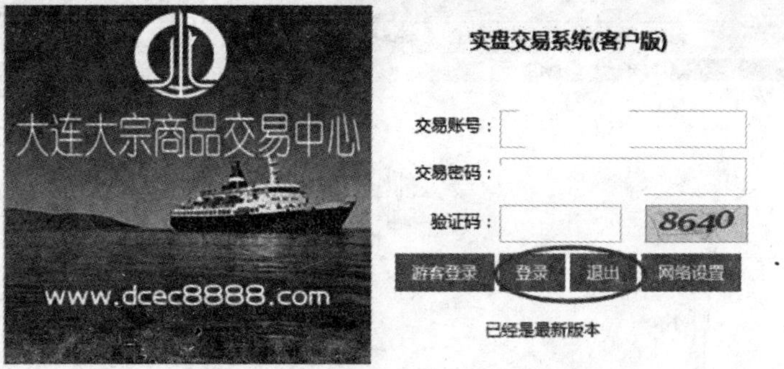

图 2-45　行情软件登录界面

二、实盘交易软件的使用操作

进入行情软件系统，在商品列表界面，客户可以查询商品代码、商品名称、即时挂牌价、客户已摘牌数量、当前总挂牌剩余数量、最新价格更新时间、摘牌以及条件摘牌快捷入口（见图 2-46）。

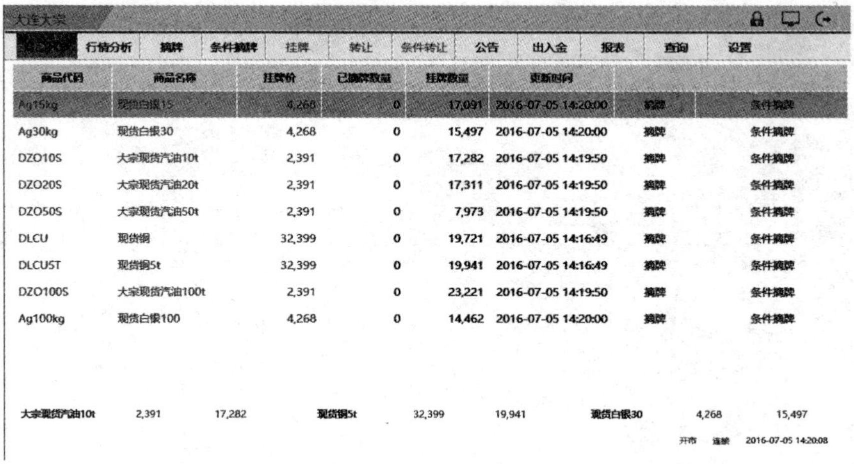

图 2-46　商品列表界面

点击行情分析界面，选择商品，即可得到对应的行情走势，下面以大宗现货汽油 100t 为例进行讲解（见图 2-47）。

图 2-47　行情分析界面

1. 摘牌

点击“摘牌”，选择要交易的商品，进行摘牌操作。以大宗现货汽油 100t 买升为例，点击确认进入下一菜单，该菜单显示商品名称、当前价格、摘牌数量、摘牌方式，最后进行交易确认，即完成此次交易（见图 2-48）。

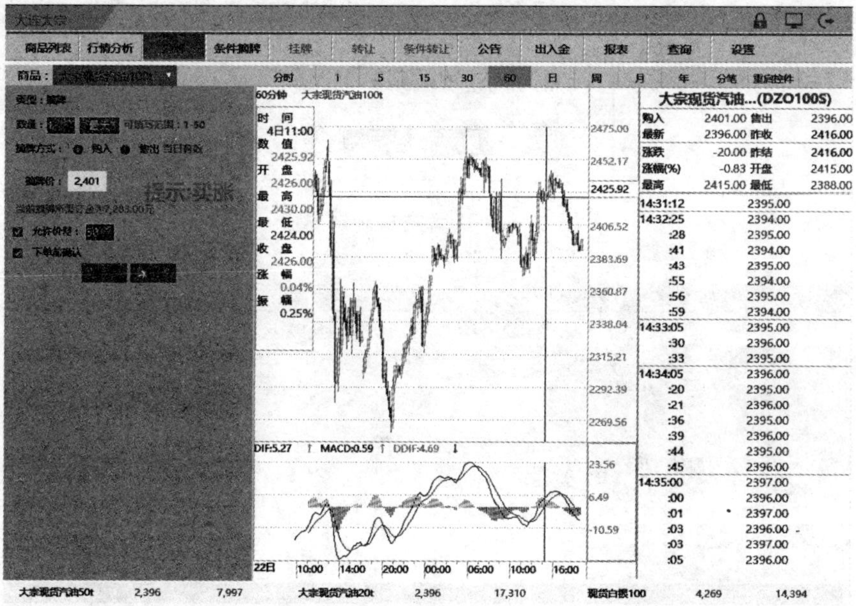

图 2-48　摘牌操作界面

点击“确认”进入下一菜单，该菜单显示商品名称、当前价格、摘牌数量和摘牌方式，在此进行最后的交易确认（见图 2-49）。

2. 转让

点击“转让”，选择已经持有的商品进行转让操作，以大宗现货汽油 100t 转让操作为例（见图 2-50）。

当前界面可以查询已有持牌的持有均价、持有数量以及实时盈亏。用户可以输入想要转让的持牌数量、设置允许的最大差价以及是否在转让后自动反向摘牌。设置完毕后，点击“确认”，弹出最后确认信息，确认后即完成操作（见图 2-51）。

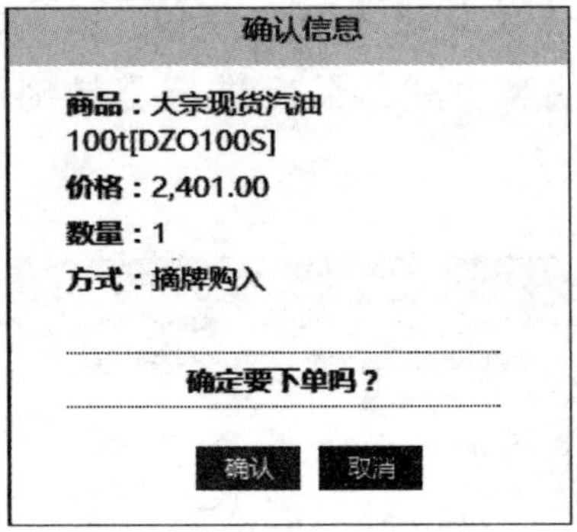

图 2-49　摘牌交易确认界面

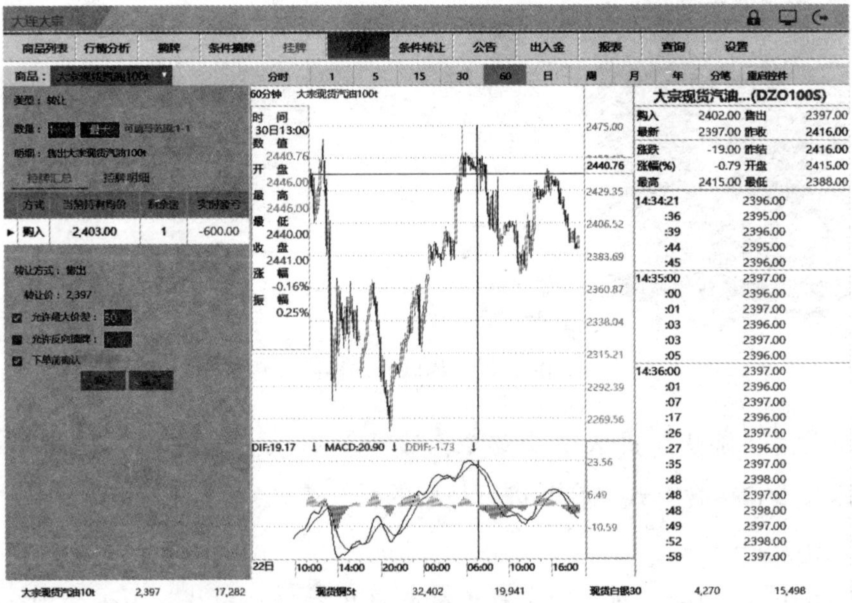

图 2-50　转让操作界面

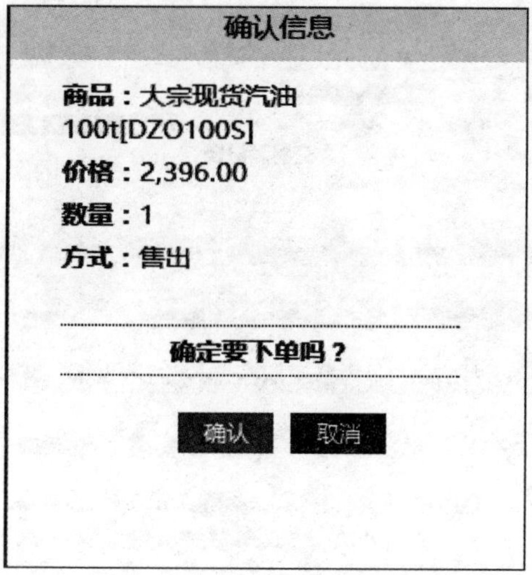

图 2-51　转让交易确认界面

3. 公告

公告中，用户可以通过输入查询的日期，进行历史有效公告与过期公告的筛选（见图 2-52）。

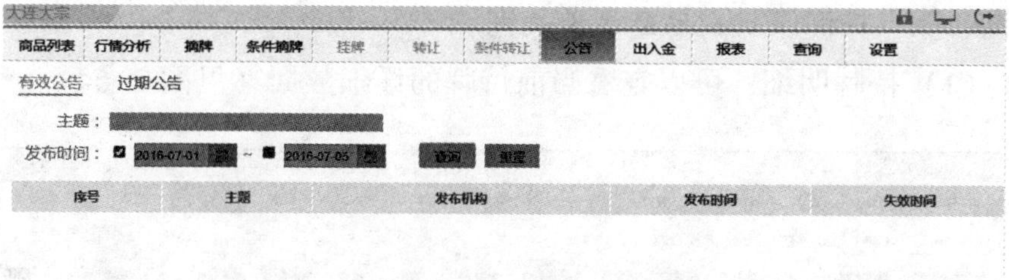

图 2-52　查询公告页面

4. 报表

在报表页面中，用户可以查看转让明细、成交明细、持牌明细、资金流水与资金状态，并可进行打印与下载（见图 2-53）。

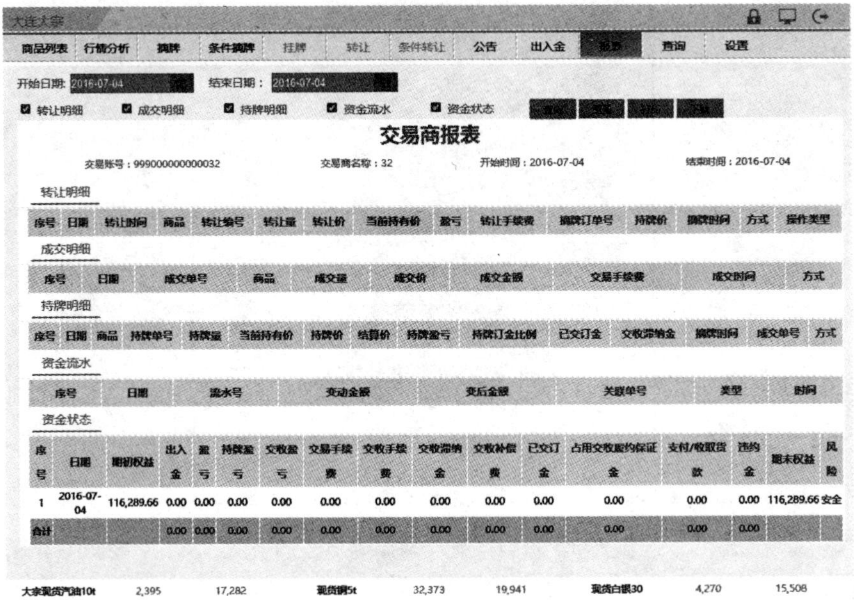

图 2-53 报表页面

5. 查询

查询页面可以进行持牌明细查询、持牌汇总查询、订单查询、成交查询、账户查询以及交易商下单查询。

（1）持牌明细，可以查看当前持牌的详细数据（见图 2-54）。

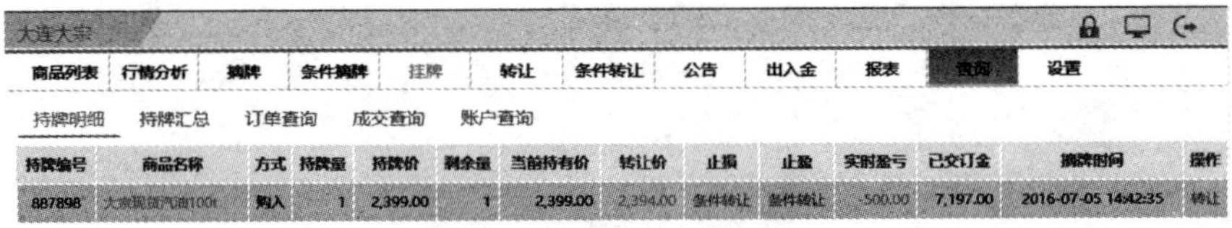

图 2-54 持牌明细查询页面

（2）持牌汇总，可以查看当前的持牌汇总（见图 2-55）。

（3）订单查询，可以查询每一笔订单与订单的详细设置情况（见图 2-56）。

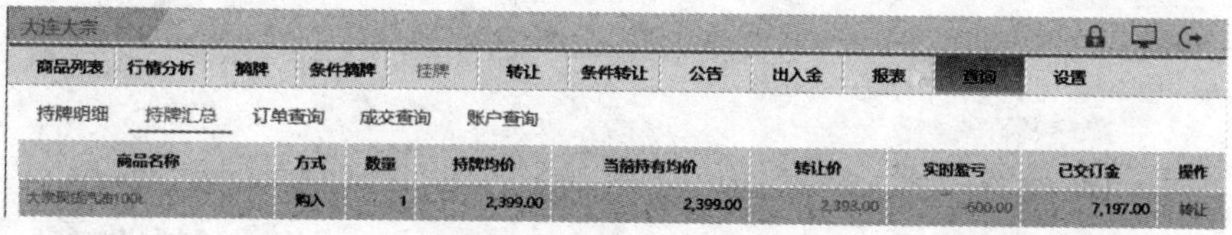

图 2-55　持牌汇总页面

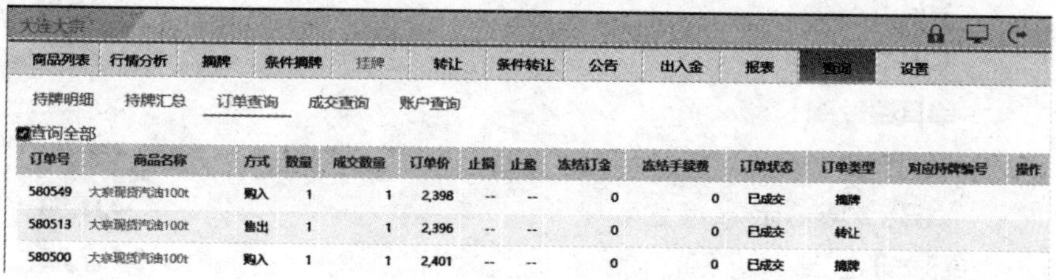

图 2-56　订单查询页面

（4）成交查询，显示已成交的订单（见图 2-57）。

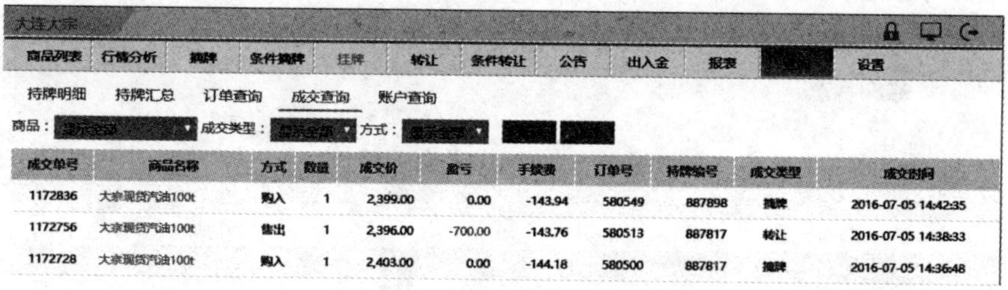

图 2-57　成交查询页面

（5）账户查询，可以查看当前账户的各种权益、资金明细、账户风险以及状态（见图 2-58）。

6. 设置

在设置页面时，可以对交易选项进行设置，修改交易密码，设置查询热键，特别是设置交易预警。

（1）预警设置。在设置页面可以设置预警的条件，选择预警的类型、时段、预警项，也可以设置预警的方式（见图 2-59）。

项目	项目值
账户名称	32
账户信息	999000000000032
期初权益	116,289.66
当前权益	114,657.78
当日出入金	0.00
实时盈亏	-500.00
当日盈亏合计	-700.00
可用资金	107,460.78
当日手续费合计	-431.88
已交订金	7,197.00
上日交收滞纳金	0.00
冻结订金	0.00
风险	1,593.13%
冻结手续费	0.00
冻结资金	7,197.00
账户状态	正常

图 2-58　账户查询页面

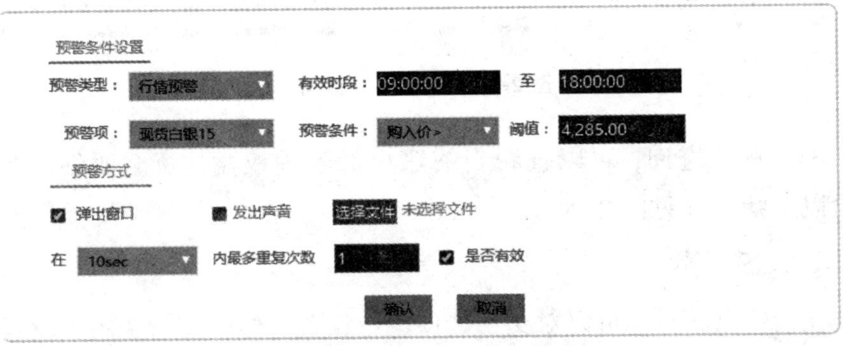

图 2-59　预警条件设置页面

（2）修改密码，可以对登录密码进行修改（见图 2-60）。

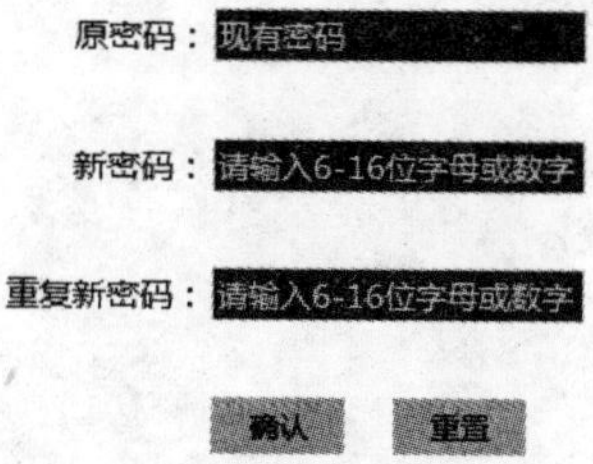

图 2-60　修改密码页面

（3）热键查询，可以查询一些操作快捷键（见图 2-61）。

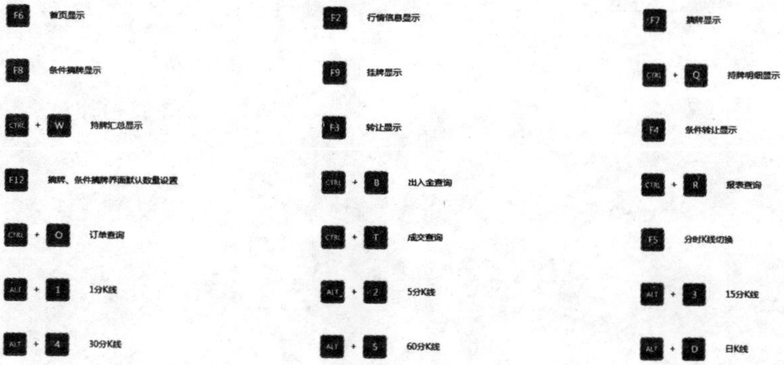

图 2-61　热键查询页面

（4）交易设置。交易设置页面可以对多久自动锁定交易客户端、设置下单后是否弹出对话框，以及成交后是否弹出成交回报提示对话框等进行设置（见图 2-62）。

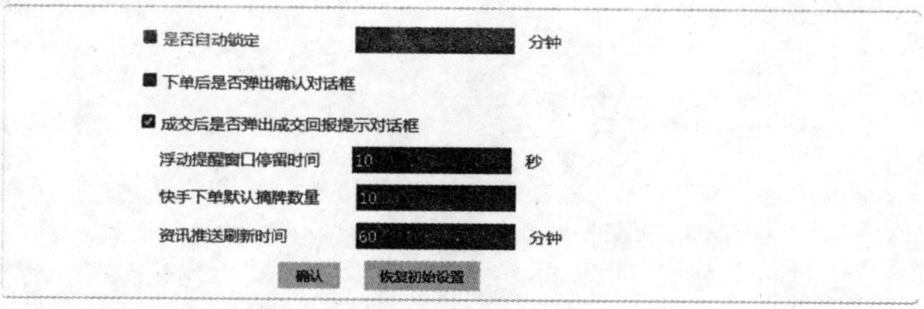

图 2-62　交易设置页面

第三章 现货石油投资分析方法

第一节 基本面分析

投资分析一共有三种类型，即技术分析、基本面分析和情绪分析。九成以上投资者都会选择基本面分析和技术分析中的一种或两种。

基本面分析究其市场运动的原因，技术分析则是研究市场运动的结果。技术派理所当然地认为“结果”就是所需的全部资料，而产生结果的理由和原因无关紧要。基本面分析派则相反，他们对于市场运动的原因非得刨根问底不可。大部分投资者认为自己是技术分析派或基本面分析派的一员，实际上不少投资者两者兼而有之。

绝大部分基本面分析者对图表分析的基本立场有实际的了解，而绝大部分技术分析者对经济基本面至少也有个走马观花的印象。不过也有技术分析者不遗余力地拒绝知道任何经济信息，人称“技术癖”。对于情绪分析，则往往通过一些情绪指标来确立后市运行观点。

基本面分析主要考察导致价格涨跌或持平的供求关系，包括宏观经济形势、行业状况和公司经营状况等，评估标的的投资价值和合理估值，与市场价格进行比较，然后形成相应的买卖建议。

基本面分析者为了确定某投资标的的内在价值，需要考虑影响价格的所有相关因素。所谓内在价值，就是根据供求规律确定的某标的的实际价值，它是基本面分析派的基本概念。如果某商品内在价值低于市场价格，称为价格偏高，就应该卖出这种商品。如果市场价格低于内在价值，即为价格偏低，就应买入。

一、供求关系对石油价格的影响

有史以来，由于石油储备和消费的不均衡，国际上石油价格受欧美地区需求的影响较大。在影响石油价格的因素中，供求关系的影响是投资者最看重的因素，也是影响石油长期价格走势的根本（见图 3-1）。

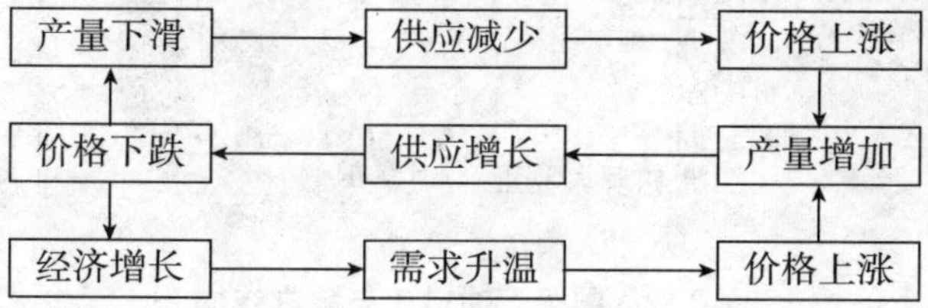

图 3-1 供求与价格关系图

石油需求主要由世界经济发展水平及经济结构变化、替代能源的发展和节能技术的应用决定。全球石油消费与全球经济增长速度明显呈正相关，全球经济增长或超预期增长，均会带动国际石油市场价格上涨。

以中国、印度为代表的发展中国家，经济强劲增长使得对石油的需求急剧增加，导致世界石油价格震荡走高。其中，中国的石油需求带动了全球石油消费增长 1/3。反过来，高企的油价势必阻碍世界经济的发展，全球经济增长速度放缓又会影响石油需求的增加。

替代能源的成本决定石油价格的上限。当石油价格高于替代能源成本时，消费者倾向于使用替代能源，节能将使世界石油市场的供需矛盾趋于缓和。

影响石油价格的供给因素，主要包括世界石油储量、石油供给结构以及石油生产成本。与较为充分的需求数据相比，石油供应数据相对较为缺乏。主要原因在于，与需求方相比，石油供应相对集中，这让投资者在判断未来石油的供应状况时心存疑虑。

石油供给主要来自于欧佩克国家和非欧佩克国家，相关数据可以通过多个机构提供的数据整理获得，最重要的是国际能源署和美国能源部公布的供需数据（见图 3-2）。

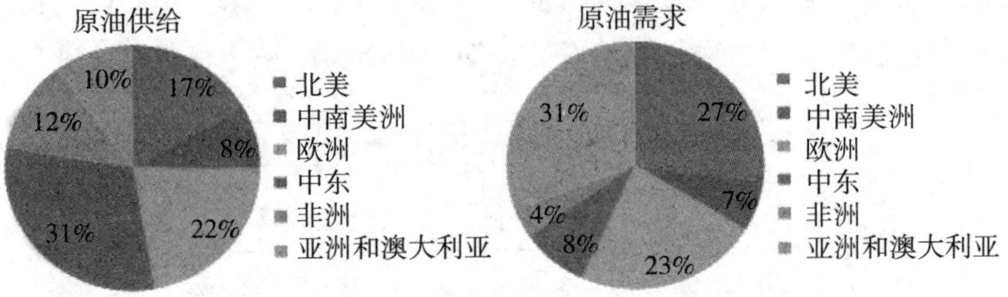

图 3-2 国际石油供应与需求结构

注：图片来源于新浪财经。

美国作为全球最大的石油消费国，对全球石油市场具有显著的影响。随着美国国内页岩油革命的推进，页岩油开采技术不断进步，石油开采量持续上升，能源自给率不断提升，在石油消费基本保持稳定的情况下，其对外部的石油依赖呈现下降趋势。

以页岩气、页岩油为代表的新能源革命开启后，美国石油产能剧增，2014 年 6 月，美国超过沙特成为世界第一大产油国。从石油供应端看，美国页岩油产量爆发式增长，对全球石油市场供应形成显著冲击（见图 3-3）。

生产技术进步是美国页岩油企业生产效率提升、开采成本下降的主要原因。此外，大规模生产形成的规模效应，也有利于降低开采成本。美国油田服务商金丝雀公司首席执行官 2014 年 12 月称，得益于美国页岩油开采效率的大幅提升，当前石油生产企业的开采成本已从 2012 年的高位下降至 30~50 美元/桶。

沙特主导的欧佩克对全球石油市场价格走势具有较强的话语权，它能通过改变全球石油市场的供求态势，对石油市场施加显著影响。然而，面对美国石油企业的强势侵袭，以沙特为代表的欧佩克国家放弃了限产保价策略，转而选择增加石油供给以抢夺市场份额，意图通过价格手段压制美国页岩油开采企业，实现市场“挤出效应”，这显著加剧了当前石油供应过剩的态势（见图 3-4）。

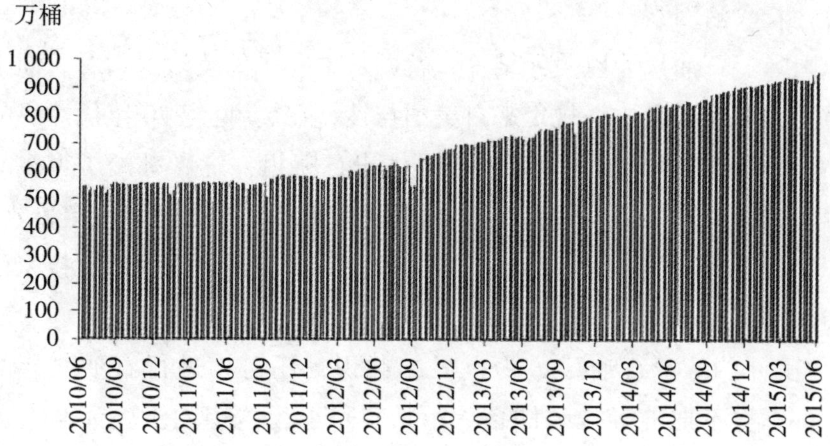

图 3-3　美国石油产量走势图

注：资料来源于 Bloomberg、方正中期研究院。

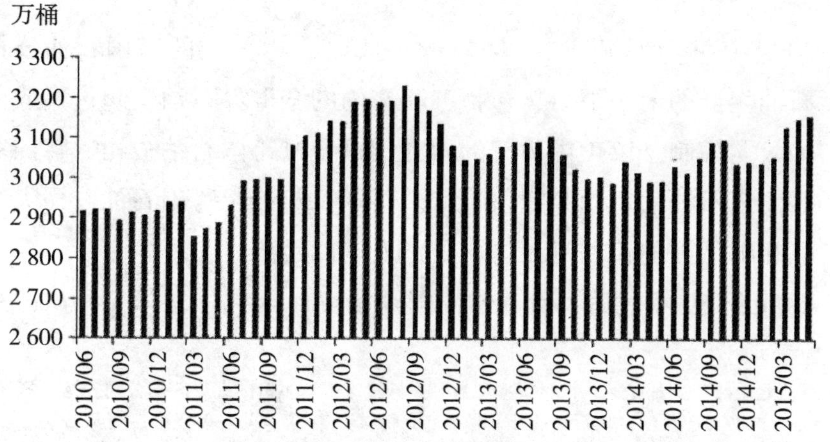

图 3-4　欧佩克石油产量走势图

注：资料来源于 Bloomberg、方正中期研究院。

二、政治和政策因素对石油价格的影响

除了供需原因，政治因素毫无疑问是影响石油价格走势的一个重要因素。作为一种国际性大宗商品，石油在全球市场流通，它的定价体系

中蕴含着政治因素。

国际上石油只能以美元结算，就可从中感受到政治因素对石油市场的重要影响，据说这一规定来自美国与沙特在20世纪70年代达成的一项“不可动摇的协议”。这项协议具体出自哪里，笔者翻阅了很多文献也没有查到，协议内容大致是沙特同意用美元作为石油唯一定价货币。由于沙特是世界第一大石油出口国，因此欧佩克其他成员国也接受了这一协议。

“美元约等于石油”成为世界的共识，任何想进行石油交易的国家，都不得不把美元作为储备货币。实际上，这等同于美元与石油挂钩。对美国来说，以美元作为国际石油交易的计价货币，重要的不是美元汇率的高低，而是美元作为交易媒介的垄断地位，这从另一方面巩固了美元的霸权地位。

20世纪40年代以前，以“石油七姐妹”① 为主的跨国石油公司掌控了石油生产的上中下游，包括苏联在内的全世界石油，超过六成由美国石油公司控制。以美国为首的西方国家通过跨国石油公司，将国家政治因素注入石油大宗商品定价领域。美国每年给予跨国石油公司大笔补贴，以相对低廉的价格满足国内经济发展的需要。

20世纪50年代后，石油输出国开始实行国有化政策，并试图打破

---

① “石油七姐妹”指的是第二次世界大战后，主导全球石油生产的七家跨国公司。这七家公司主导着全球石油产业链：从石油的开采和生产到炼油、销售，这七家公司在国际石油工业占有优势地位。这七家公司分别是：(1) 新泽西标准石油公司（Standard Oil of New Jersey），即后来的埃克森（Exxon）石油公司；(2) 纽约标准石油公司（Standard Oil of New York），即后来的美孚（Mobil）石油公司，1998年与埃克森（Exxon）合并组成埃克森美孚（Exxon Mobil）石油公司；(3) 加利福尼亚标准石油公司（Standard Oil of California），后来成为雪佛龙（Chevron）石油公司，2001年吞并了七姐妹中的另外一家公司——德士古（Texaco），名字仍叫雪佛龙（Chevron）；(4) 德士古（Texaco），在一次经济危机中垮掉，被雪佛龙公司吞并；(5) 海湾石油公司（Gulf Oil），1984年被雪佛龙公司收购；(6) 英国波斯石油公司（Anglo-Persian Oil Company，即现在的BP），它当时主要的经营范围在伊朗，伊朗革命后撤走，然后全力经营北海油田，即后来的英国石油公司（British Petrleum，“BP”）；(7) 壳牌公司（Royal Dutch Shell），为英荷合资公司。

跨国石油公司的定价体系。第一次石油危机始于 1973 年 10 月爆发的第四次中东战争，当时石油输出国单方面提高石油价格，石油价格从每桶 3. 011 美元提高到 10. 651 美元。

第二次危机则源于伊朗政局的变化，石油价格从 1979 年的每桶 13 美元猛增至 1980 年的 34 美元，这种状态持续了半年多。此次危机成为 20 世纪 70 年代末西方经济全面衰退的一个主要原因。

第三次危机源于 1990 年 8 月初伊拉克攻占科威特。由于国际经济制裁，伊拉克石油供应中断，国际石油价格急升至 42 美元的高点（见图 3-5）。

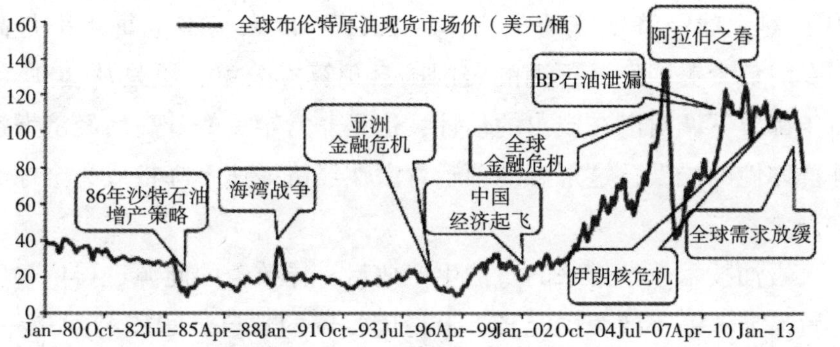

图 3-5 布伦特油价走势

注：资料来源于 IMF，海通证券研究所。

三、经济波动周期对石油价格的影响

石油价格与世界经济有着千丝万缕的联系，石油价格的高低影响世界经济的发展。石油价格直接影响原材料和消费价格，并最终影响投资等经济活动。同时，世界经济好坏也决定着石油的需求量，进而影响石油的价格走势。

国际金融危机已经过去 7 年多时间，但全球经济依然不平静，各类潜在风险相互交织。全球已由国际金融危机前的快速发展期进入深度结构调整期，全球经济复苏步伐远低于预期，产出缺口依然保持高位，一些国家仍然在消化包括高负债、高失业率在内的金融危机的后续影响。由于劳动力人口老龄化、劳动生产率增长缓慢，导致全球经济潜在增速下降，大多数经济体仍需将“保增长”作为首要任务。

相比之下，全球贸易增长则更为缓慢。根据世界贸易组织（WTO）发布的全球贸易增长最新预测，2014 年和 2015 年全球贸易额增长预期分别下调为 3.1%和 4%，远低于 2008 年金融危机前 10 年平均贸易年增长率 6.7%的水平。

各大国际经济组织和部门也很可能再次高估全球经济增速，实际上，2014 年已经不是第一次高估经济增速了。国际货币基金组织（IMF）对全球经济增速的预测，从 2011 年以来基本上每年都是高估的。专门负责美国经济预测的美国国会预算办公室，更是从 2007 年以来每年都要下调对潜在产出的估计，这是非常罕见的。高估经济增速是全球群体性的失误，这很可能预示着潜在经济增速下降将成为全球经济的“新常态”。

页岩油技术革新带来的石油生产放量，导致美国能源进口依赖度下降，贸易逆差缩小使美国经济走上稳健复苏的轨道。2015 年第三季度，美国经济增长率大幅上调至 5.0%，创下了过去 11 年之最，10 月份失业率回落至 5.8%，为 6 年来新低。欧元区和欧盟三季度 GDP 环比增长 0.2%和 0.3%，虽然比二季度稍有改善，但仍处于衰退边缘。欧洲经济很大程度上依然受到货币周期驱动，内生增长动力严重不足。日本经济 4—6 月的产出按年化计算，季度环比大幅萎缩了 7.1%，“安倍经济学”几乎宣布破产（见图 3-6）。

四、美元因素对石油价格的影响

20 世纪 70 年代，美国与世界上最大的产油国沙特阿拉伯达成一项“不可动摇”的协议，双方确定把美元作为石油唯一的定价货币，并得

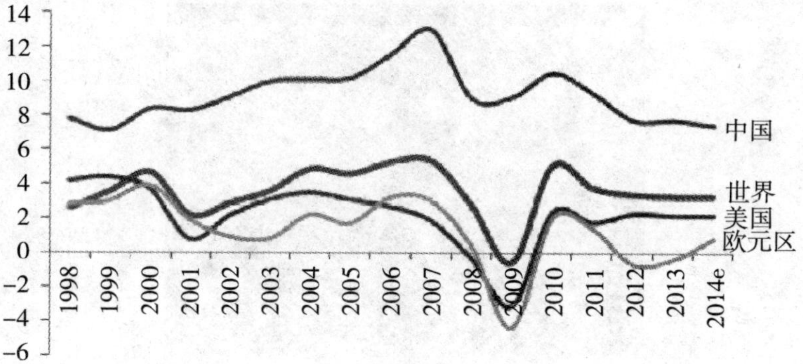

图 3-6 1998—2014 年世界及主要经济体经济发展走势

到石油输出国组织（OPEC）其他成员国的同意。也就是说，要买入石油，就必须拥有足够的美元储备，即必须抛售美元来购买石油，所以美元强弱始终影响着国际油价的走势。

由于国际石油交易几乎 100%是以美元计价，因此，即使国际石油市场上的需求与供给没有变化，美元贬值也会造成石油价格上涨。国际石油交易以美元计价，在世人看来是习以为常的事情，只有当石油美元这一格局受到挑战时，才能从美国的反应中发现，美国是非常重视石油美元计价机制的。

到目前为止，敢于公开挑战石油美元计价机制的国家有三个。

第一个是伊拉克。萨达姆执政期间，伊拉克在 2000 年 11 月石油销售改用欧元计价。抛去政治方面的因素不谈，事实证明，这一举动在经济方面是巨大的成功。伊拉克转换石油计价机制的时候，欧元对美元汇率是 1 欧元兑换 83 美分，而目前 1 欧元可以兑换 1.05 美元。一些观察家认为，美国发动伊拉克战争，很大程度上源于伊拉克将石油出口的结算货币由美元改为欧元。美国打仗的深层次目的是为了打击欧元，维护美元的霸权地位（见图 3-7）。

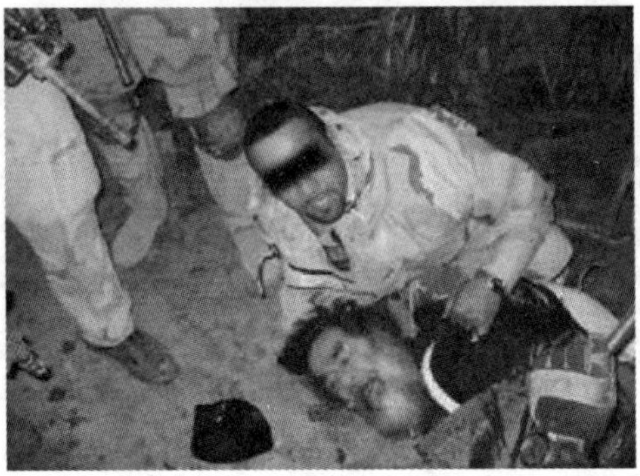

图 3-7 伊拉克前总统萨达姆在提克里特附近被美军逮捕

第二个国家是伊朗。伊朗早在 1999 年就开始宣称准备采用石油出口欧元计价机制。2006 年 3 月，伊朗建立了以欧元作为交易和计价货币的石油交易所。美国在伊拉克战争结束后，以伊朗发展核武器为由，采取各种制裁措施，甚至以“先发制人”的打击相威胁，千方百计压制伊朗。

第三个国家是委内瑞拉。在查韦斯的领导下，委内瑞拉用石油和 12 个拉美国家（包括古巴）建立了易货贸易机制。

美元指数是用来衡量美元对一揽子货币汇率变化程度的指标，它直接反映了美元的相对强弱程度。国际油价与美元指数一直具有很高的负相关性，但有时却又呈正相关。据专家估算，石油价格和美元汇率之间的相关系数是-0.7。也就是说，高油价往往和弱势美元同时出现。

一般而言，当美国经济表现强劲时，国际油价上涨，美元升值。但美元升值并不意味着美元指数一定走强。如果此时美元相对其他货币走弱，那么美元指数会呈下降趋势。在这种情况下，美元指数和国际油价的走势恰好是相反的。反过来，如果此时美元相对其他货币走强，那么美元指数会呈上升趋势，此时美元指数和国际油价的走势会是同向的。

油价和美元价格是一种互动的关系。油价上涨，世界经济都会受到影响，包括美国这个世界最大的石油消费国。油价上涨带来的通涨压力，会给美元带来贬值压力。美元贬值带来的直接后果，就是以美元计价的油价随之上调。当然，反过来说，油价下降对经济是个利好信号，人们对美国经济恢复信心又会推高美元汇率，导致油价进一步下调（见图 3-8）。

图 3-8 国际油价与美元指数月线走势对比图

注：图片来源于和讯网。

五、美国经济数据对石油价格的影响

美元作为“世界货币”，国际油价的计价单位绝大部分是美元，美元上涨意味着持有石油的美元成本上涨，持有者将抛出手中的石油，进而导致油价下跌；相反，美元下跌通常油价上涨，两者负相关的百分率在 70%~80%。同时，美国作为最大的能源需求国，它的经济发展情况在很大程度上影响石油需求。关注美国定期公布的经济数据，是把握美国经济变化的最好途径。

美国几乎每天都会公布一些经济数据，下面详细介绍美国的重要经济数据及其对油价的影响机制。

（1）国内生产总值（GDP）。GDP 是宏观经济中最受关注的经济统计数据，因为它被认为是衡量国民经济发展情况最重要的一个指标。

GDP 越高，意味着经济发展越好，利率趋升，汇率趋强，油价相应趋弱。

投资者应考察该季度 GDP 与前一季度及上年同期数据对比的情况，增速提高或者高于预期，均可视为利好美元，利空油价，反之，则利好油价。此数据每季度由美国商务部经济分析局（BEA）进行统计，分为初值、修正值、终值三种。每年 1 月、4 月、7 月、10 月最后一周公布初值，以后有两次修正，每次修正间隔为一个月。

例如，2016 年 4 月 28 日晚上20:30公布的美国一季度实际 GDP 数据为 0.5%，低于预期的 0.7%和前值 1.4%。按照正常逻辑，数据应该是利空美元，利多油价，但是金融市场是由错综复杂的诸多因素影响的，数据对市场的影响有可能是暂时的，也有可能市场已经提前反映了预期，导致数据公布后油价走势往相反的方向运行，而且后者经常发生（见表 3-1）。

表 3-1　美国 2016 年一季度 GDP 初值数据

时间	重要性	地区	内容	前值	预测值	公布值
20:30	▲▲▲	美国	一季度实际 GDP 年化季环比初值	0.50%	0.70%	1.40%
20:30	▲▲	美国	一季度个人消费支出（PCE）年化季环比初值	1.90%	1.70%	2.40%

当美国 GDP 数据公布后，油价略有上涨后跌回均线，随后震荡上行。很多投资人不了解这种走势的原因，包括笔者在内。实际上，短期影响大多为投机心理预期。不过，只要按照原则或计划出牌，通常会取得不错的交易成绩，比如以 60 分钟周期均线确定价格运行方向，或者采用“分时战法”指导交易（均线支撑法，后面有详解）（见图 3-9、图 3-10）。

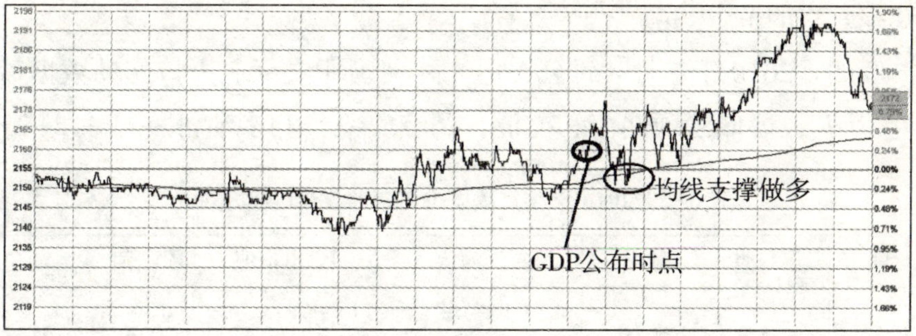

图 3-9　美国公布 GDP 数据后的油价分时走势

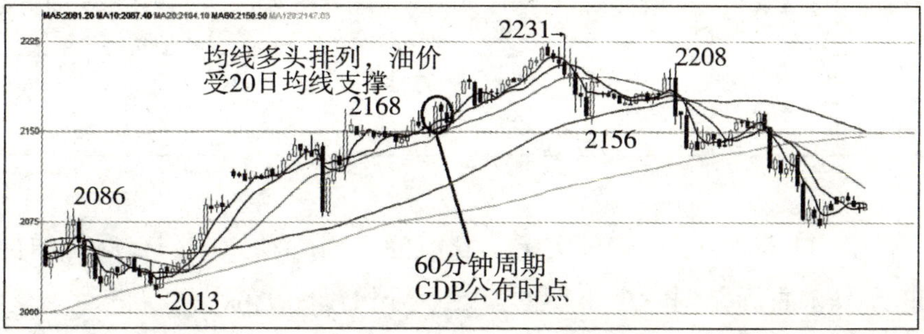

图 3-10　美国公布 GDP 数据后的油价 60 分钟 K 线走势

（2）非农就业数据。非农就业数据包括与美国就业情况相关的信息，分别由两个独立的调查得出，即企业调查和家庭调查。其中企业调查提供有关非农业部门的就业情况、平均每小时工作和总小时指数；家庭调查提供有关劳动力、家庭就业和失业率的情况。

非农就业衡量在所有非农业部门中有收入人员的数据，如制造业和服务业。美国产业结构中第一产业占比不足 GDP 的 2%，所以非农就业人数成为经济好坏的风向标。由于每月非农就业报告公布的时间是下月初，因而一般用来当作当月经济指针的基调。

非农业就业人口增加，表示景气转好，利率可能调升，对美元有利，利空油价；反之，则对美元不利，利多油价。

非农就业数据公布时间通常为每月第一个周五美国东部时间8:30，

也就是北京时间20:30。

例如：2016 年 5 月 6 日公布的 4 月美国非农就业人口变动数据显示为 16 万人，远低于预期值和前值，利空美元，利多油价（见表 3-2）。

表 3-2　2016 年 4 月美国非农就业人口变动数据

时间	重要性	地区	内容	公布值	预测值	前值
20:30	▲▲▲	美国	4 月非农就业人口变动	160K	200K	215K
20:30	▲▲	美国	4 月私营部门就业人口变动	171K	195K	195K
20:30	▲▲	美国	4 月制造业就业人口变动	4K	-5K	-29K

图 3-11 是 2016 年 4 月美国非农就业人口变动数据公布后的油价分时走势图。油价先创一个小新低，之后开始震荡上涨。

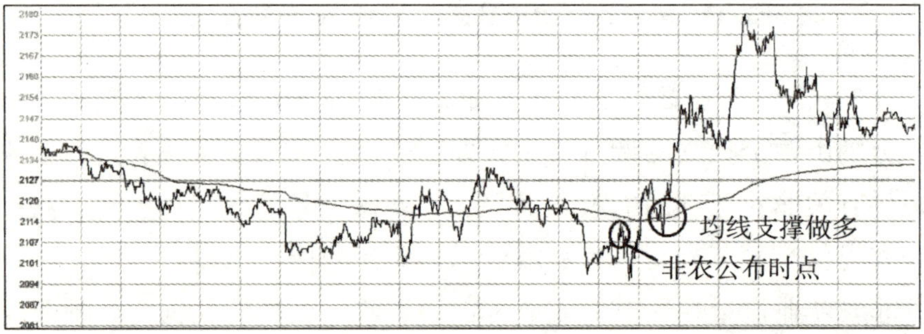

图 3-11　2016 年 5 月 6 日美国公布 4 月非农数据后的油价分时走势图

上面提到，消息市的操作思路是：第一，要有逆向思维；第二，分析大市走势；第三，还要看数据公布时的价格在当天所处的位置。如果当时价格处于当天低位，数据公布后，往往行情随后向上，反之向下。

在重要数据公布后，最好等待半小时左右再入市，这样能够避免剧烈震荡行情的冲击。一个重要数据公布后，一般明确的行情走势会出现明显的两波。从图 3-11 可以看到，非农数据公布约半小时后，价格重新回落到均线并得到支撑，这时就可以适时进场建立多单。

如图 3-12 所示，在 60 分钟周期的 K 线走势图上，由于油价处在调整周期，均线比较混乱，暂时分不清油价变动的方向，这时可以不必参考该周期的 K 线走势。

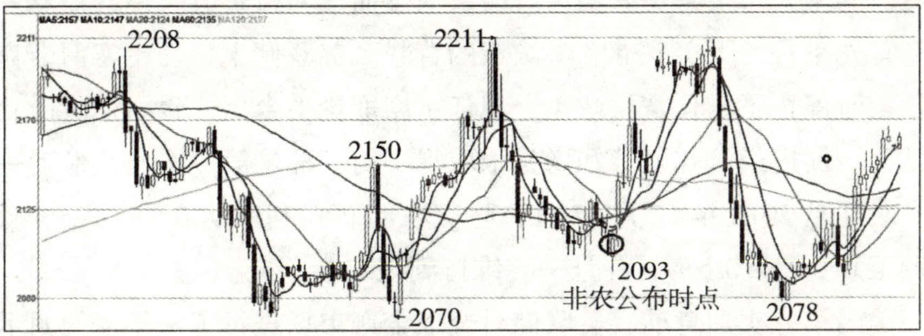

图 3-12　2016 年 5 月 6 日美国公布非农数据前后的 60 分钟 K 线走势图

（3）失业率。失业率是经济发展的晴雨表，与经济周期密切相关。数据上升说明经济发展受阻，反之则看好。对于大多数西方国家来说，失业率在 5%左右为正常水平，如果超过 9%，则说明经济进入衰退。

此数据由美国劳工部编制，每月第一个周五20:30公布。失业率与非农就业人数一起公布，通常失业率变动很少，市场焦点集中在失业人口变动上。因此，该数据以解读失业人口为主。

表 3-3 是与上例中非农就业人数同时公布的失业率，公布值为 5%，高于预期的 4.9%，利空美元，利多油价。

表 3-3　2016 年 4 月美国失业率数据

时间	重要性	地区	内容	公布值	预测值	前值
20:30	▲▲▲	美国	4 月失业率	5.00%	4.90%	5.00%
20:30	▲▲	美国	4 月劳动力参与率	62.80%	63.00%	63.00%

（4）联邦利率。利率是借出资金的回报或使用资金的代价，一国利率的高低对货币汇率有直接的影响。美国的联邦基金利率由美联储议息会议决定，提高利率，利多美元，利空油价；反之，则是利空美元，利多油价。

美联储一般每隔6个星期的星期二召开一次议息会议，星期四凌晨2:00公布议息结果。利率调整并不频繁，美国2016年1—6月维持利率不变，利率公布后，美联储主席的讲话反而成为投资者关注的焦点。

首先来看一下美联储利率政策的背景。美联储上一任主席伯南克最后任期时停止了量化宽松政策，现任主席耶伦上台后，致力于货币政策正常化，促进经济在复苏和增长中取得平衡。耶伦第一次也是最近一次加息时间是2015年12月17日，将美联储联邦利率从0%~0.25%微幅上调至0.25%~0.5%，并且一直维持到现在。

美国第一次加息前，美联储对全球金融市场进行了一年多的明示或暗示，导致整个金融市场大幅动荡，大宗商品和新兴市场股市及汇市大幅下挫甚至崩盘，各国政府竞相抱怨，催促美国尽快加息。当美联储第一次加息后，市场反而稳定下来，可见金融市场预期的重要性。

美联储计划2016年加息四次，但由于中国及世界经济的不确定性风险上升（特别是前者），美联储不得不推迟了加息，使得大宗商品在2016年1月份持续反弹，国际油价站上了50美元一桶。接着英国举行脱欧公投，美国经济数据时好时坏，令外界猜测美联储加息的时点会再次推迟，甚至可能要到12月份才会加息。

每一次利率会议后公布的结果，都证实了这一猜测，也使大宗商品和黄金、白银的价格随之上涨。

图3-13是2016年4月27日2:00美联储宣布利率维持不变后的油价分时走势图。从图中可以发现油价在分时均价线处受到了支撑，同时油价所处位置在当天的中间价附近（所处位置不具参考价值）。

再看60分钟周期的K线走势图，如图3-14所示。图中看到上涨

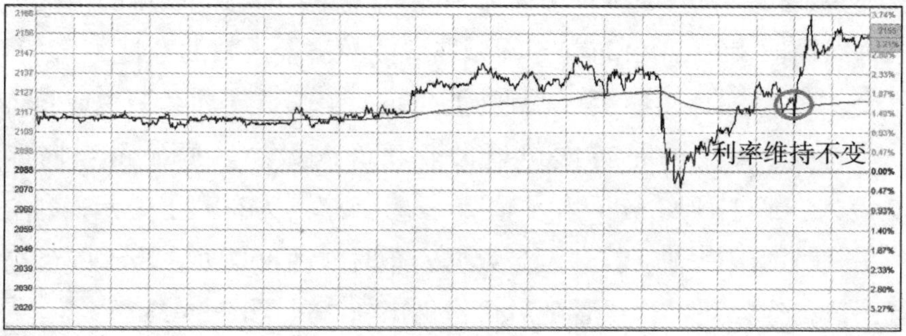

图 3-13　2016 年 4 月 27 日美联储宣布利率维持不变后的油价分时走势图

走势明显，进一步加大了投机者做多的信心。如果要介入消息市，也要提前做好功课，并做出操作方案，当出现意料之外的走势时宁愿放弃操作。

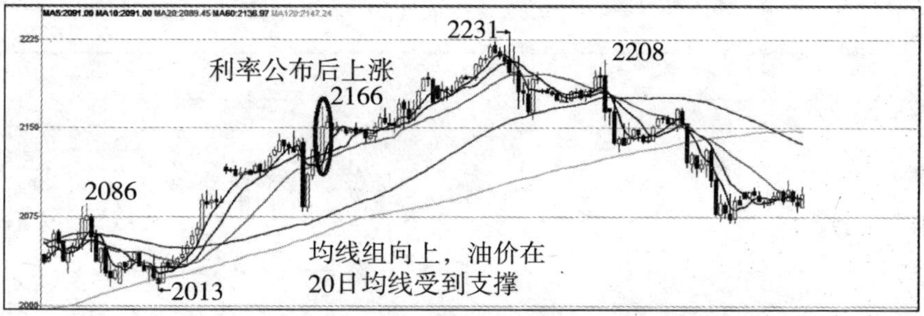

图 3-14　2016 年 4 月 27 日美联储宣布利率政策前后 60 分钟油价 K 线走势图

（5）每周申请失业金人数。每周申请失业金人数分为两类：首次申请和持续申请。除了每周数字外，美国还会公布四周的移动平均数，以减少数字的波动性。申请失业金人数变化是市场最瞩目的经济指标之一。

美国社会是一个完全消费型社会，消费欲是经济的最大动力。如果每周申请失业救济金的人数增加，会严重抑制消费信心，相对美元是利空，利多油价。如果该数据很低，说明劳动力市场改善，经济前景乐观，利多美元，利空油价。同样需要注意的是美国经济衰退的情况。

每周周四晚20:30公布前一周领取失业救济金人数的数据。

表3-4为2016年4月14日晚上公布的美国首次和续请失业救济人数。我们重点关注的是首次申请失业救济人数，数据显示当周申请25.3万人，低于预期27万和前值26.7万。解读为有利于美元，利空油价。在分时图中也可以看到，当数据公布时，油价是处在当天的最高价位置，适合逆势建空，尽管随后价格创出新高（见图3-15）。

表3-4 美国公布的每周申请失业金人数数据

时间	重要性	地区	内容	公布值	预测值	前值
20:30	▲▲▲	美国	4月9日当周首次申请失业救济人数	253K	270K	267K
20:30	▲▲	美国	4月2日当周续请失业救济人数	2 171K	2 183K	2 191K

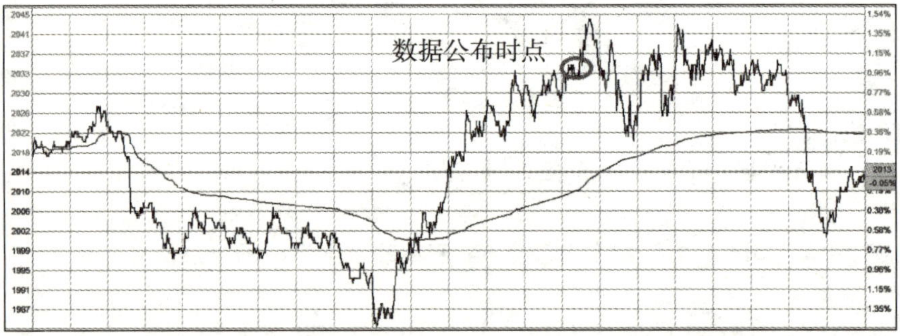

图3-15 2016年4月14日美国公布申请失业金人数前后油价分时走势图

（6）工业生产指数。工业生产指数是相对指标，用于衡量制造业、矿业与公共事业的实际产出，衡量的基础是数量而非金额。该指数能够反映某一时期工业经济的景气状况和发展趋势。指数上扬，代表经济好转，利率可能会上调，对美元偏向利好，对油价则是偏向利空；反之，对美元则偏向利空，对油价则偏向利多。

需要注意的是，如果美国经济衰退，美元成为世界避险市场的时候，工业生产指数上扬将会激发风险偏好情绪上升，使避险资金流出美国市场，从而利好油价。该指数下降将有可能助长避险资金流入美国市场，令油价承压。

此数据由美联储统计并在每月 15 日左右晚间21∶15或22∶15发布。

（7）采购经理人指数（PMI）。采购经理人指数用以衡量制造业在生产、新订单、商品价格、存货、雇员、订单交货、新出口订单和进口八个范畴的状况，以百分比来表示，常以 50%作为经济强弱的分界点。

当指数高于 50%时，被解释为经济扩张的信号，利多美元，利空油价；当指数低于 50%，尤其是非常接近 40%时，则有经济萧条的忧虑，一般预期联邦储备局可能调低利率以刺激经济，这样会利空美元，利多油价。同样需要注意的是美国经济衰退的特殊情况。

该数据由美国供应商管理协会（ISM）编制，每月初某日23∶00公布。

（8）耐用品订单。耐用品订单代表未来一个月内对不易耗损的物品的订购数量，该数据反映制造业活动的情况。就定义而言，订单泛指有意购买而预期马上交运或者未来交运的商品交易。

若该数据增长，表示制造业情况有所好转，利好美元，利空油价；反之，若数据降低，则表示制造业出现萎缩，对美元是利空，利多油价。同样需要注意的是美国经济衰退的特殊情况。

耐用品订单由美国商务部统计，一般在每月的 22—25 日晚上21∶30或23∶00公布。

（9）生产者物价指数（PPI）。生产者物价指数主要用于衡量各种商品在不同生产阶段的价格变化情况，与消费者物价指数一样，通常被作为观察通货膨胀水平的重要指标。

一般而言，当生产者物价指数增幅很大而且持续加速上升时，该国央行相应的反应是采取加息对策，阻止通货膨胀快速上涨。美国生产者物价指数上扬对美元来说大多偏向利多，利空油价；反之，利空美元，利多油价。同样需要注意的是美国经济衰退的特殊情况。

该数据由美国劳工局编制，每月第二个周五的21:30公布。

（10）零售销售指数。该指数是零售销售数额的统计汇总，包括所有主要从事零售业务的商店以现金或信用形式销售的商品价值总额，服务业发生的费用不包括在零售销售指数中。

若零售额提升，代表个人消费支出增加，经济情况好转，预期利率升高，对美元有利，利空油价；反之，如果零售额下降，则代表景气趋缓或不佳，利率可能调降，对美元偏向利空，利多油价。同样需要注意的是美国经济衰退的特殊情况。

该数据由美国商务部统计，通常在每月 11—14 日21:30公布前一个月的数据。

（11）消费者物价指数（CPI）。该指数是反映与居民生活有关的产品及劳动价格的物价变动指标，通常作为观察通货膨胀水平的重要指标。消费者物价指数上升，有通货膨胀的压力，此时中央银行可能借由调高利率来加以控制，对美元来说是利多，利空油价；反之，消费者物价指数下降，利空美元，利多油价。不过，由于与生活相关的产品多为最终产品，其价格只涨不跌，因此，消费者物价指数也未能完全反映价格变动的实际情况。

该数据由美国劳工局编制，每月第三个星期某日23:00公布。

（12）新屋开工及营建许可建筑类指标。住宅建设的变化直接指向经济衰退或复苏。新屋开工与营建许可增加，从理论上来说对于美元是利好因素，将推动美元走强，利空油价。新屋开工与营建许可下降或低于预期，将对美元形成压力，利多油价。

该数据每月 16—19 日间公布。

（13）贸易账。贸易账反映了国与国之间的商品贸易状况，是判断宏观经济运行状况的重要指标。如果进口总额大于出口，便会出现

“贸易逆差”的情形；如果出口大于进口，便称为“贸易顺差”；如出口等于进口，就称为“贸易平衡”。

如果一个国家经常出现贸易逆差现象，国民收入便会流出国外，使国家经济转弱。政府若要改善这种状况，就必须将该国的货币贬值。因为币值下降，即变相降低出口商品价格，提高出口产品的竞争能力。国际贸易状况是影响外汇汇率十分重要的因素，当外贸赤字扩大时，就会利空美元，令美元下跌，从而利多油价；反之，当出现外贸盈余时，则是利好美元，利空油价。

该数据由美国商务部编制，每月中下旬某日晚间21:30公布前一个月数据。

（14）净资本流入。它是指减去了美国居民对国外证券的投资额后，境外投资者购买美国国债、股票和其他证券而流入的净额，被视为衡量资本流动状况的一个大致标志。

资本净流入处于顺差（正数）状态，好于预期，说明美国外汇净流入，对美元是利好，利空油价；反之，处于逆差（负数）状态，说明美国外汇净流出，利空美元，利好油价。

该数据每月中上旬21:30公布。

（15）设备使用率（也称产能利用率）。它是指工业总产出对生产设备的比率，代表产能利用程度。当设备使用率超过95%以上时，代表设备使用率接近满点，通货膨胀压力将因产能无法应付而升高。在市场预期利用率可能升高的情况下，对美元是利多，利空油价；反之，如果设备利用率在90%以下且维持下降，表示设备闲置过多，经济有衰退的迹象，在市场预期利用率可能降低的情况下，对美元是利空，利多油价。同样需要注意的是美国经济衰退的特殊情况。

每月中旬公布前一个月的数据。

（16）新屋销售。它是指签订出售合约的房屋数量。由于购房者通常都是通过抵押贷款、按揭贷款形式认购房屋，因此对当前的抵押贷款利率比较敏感。房地产市场状况体现出居民的消费支出水平，若消费支出强劲，则表明该国经济运行良好，一般来说，新屋销售会增加，理论上对美元是利好因素，将推动美元走强，利空油价；反之，如果销售数量下降或低于预期，将对美元形成压力，利多油价。

该数据每月16—19日公布。

(17) 消费者信心指数。消费者支出占美国经济的2/3，对于美国经济有举足轻重的影响。市场分析人士追踪消费者信心指数，以寻求将来消费者支出情况的线索。

消费者信心指数稳步上扬，表明消费者对未来收入预期看好，消费支出有扩大的迹象，从而有利于经济走好，利多美元，利空油价；反之，则是利空美元，利多油价。同样需要注意的是美国经济衰退的特殊情况。

该数据由美国咨询商协会编制，每月公布两次，一次是在月初，另一次是在月末。

(18) 领先指标（ECRI）。它是由价格、消费品订单、周均失业救济金索求、建筑批则、消费者预期、制造厂商交货订单变动、货币供应、销售业绩、敏感原料价格变动、厂房设备订单、平均工作周等项目构成，是观察未来6~12个月内经济走向的指标。数据好，表明经济向好，利多美元，利空油价；反之，则利空美元，利好油价。

该数据由美国商务部编制，在每月最后一个工作日22:30公布。

(19) EIA原油库存数据。原油库存数据对石油价格波动影响较大。美国能源信息署（EIA）是美国能源部下属的官方机构，市场交易员和国际权威能源咨询机构都采用EIA的库存数据，但该数据不包括战略石油储备。

该数据对石油价格的影响不亚于非农数据。每星期石油市场都会出现比较大的波动，库存增加，表明供应增加，利空油价；库存减少，表明供应减少，利多油价。

该数据每周公布一次，每周三22:30公布。

表3-5为2016年4月27日晚公布的EIA数据，包括原油库存、汽油及精炼油等库存，其中需要重点关注的是原油库存。数据显示当周原油库存增加199.9万桶，高于预期的150万桶，但低于前值208万桶，从而利空油价。

表3-5　2016年4月27日晚美国公布的EIA原油库存数据

时间	重要性	地区	内容	公布值	预测值	前值
22:30	▲▲▲	美国	4月24日当周EIA原油库存（万桶）	199.9	150	208
22:30	▲▲	美国	4月24日当周EIA汽油库存（万桶）	160.8	-100	-11
22:30	▲▲	美国	4月24日当周EIA精炼油库存（万桶）	-169.5	-100	-355.4
22:30	▲▲	美国	4月24日当周EIA库欣地区原油库存（万桶）	174.6	120	-24.8
22:30	▲▲	美国	4月24日当周EIA精炼厂设备利用率	0.881	0.899	0.894

这里提醒大家注意，市场预期比前值更重要。在金融市场，无论投资还是投机，大家都是看的预期，因此可以解读为数据利多油价。

图3-16是2016年4月27日晚美国公布EIA原油库存数据前后石油价格分时走势图。从图中可以发现，数据公布后，石油价格加速下跌。然而不久后重新开始回升，并创下了当天新高。

为什么会出现这样的走势呢？结合60分钟周期的石油价格K线走势图来判断，就会一目了然（见图3-17）。从这里也可以看出，炒作现货石油，做好事前功课必不可少。

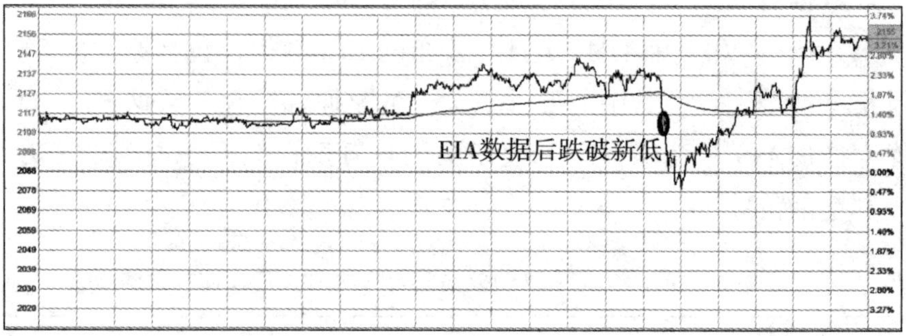

图 3-16　美国公布 EIA 原油库存数据前后石油价格分时走势图

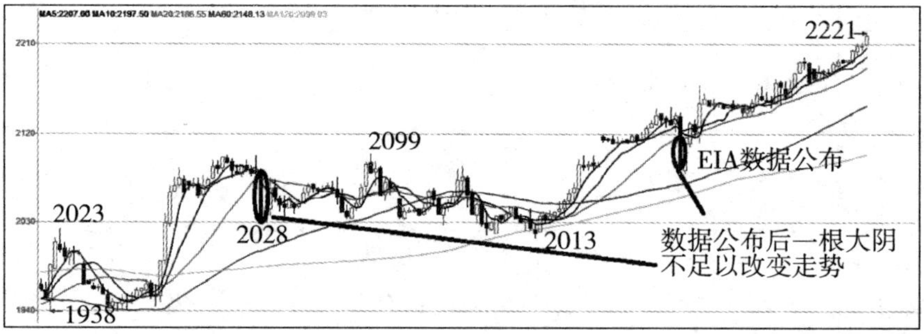

图 3-17　美国公布 EIA 原油库存数据前后石油价格 60 分钟 K 线走势图

美国经济数据是大宗商品包括石油等交易需要重点关注的周期性因素，这些数据对石油价格具有短期的冲击力。一些重要的数据（就业数据、国内消费价格指数）出现异常的时候，甚至会在一定时期内持续影响油价走势。

解读美国经济数据时，最重要的不是数据本身的数值大小，而是数据的相对变化幅度，这就需要比照该数据的前值、预期值和历史走势。

数据的前值和预期值会对油价形成短期的、明显的冲击，数据的历史走势对油价形成较长期的、持续的影响。数据的历史走势在统计方面比较困难，而且还需要考虑一系列数据的综合影响，一般投资者难以把握，也不符合分析的效率要求。

这里重点讲解一下数据的前值和预期值影响石油价格走势的分析技巧。

每周或者每月公布的经济数据以及展开的经济事件都是预先确定的，比如公布 GDP 数据、召开利率会议等。在重要的经济数据公布之前，或者经济事件带来的政策调整公布之前，市场都会形成一定的“主流偏向”，这个倾向的具体体现就是“市场预期”。这些预期往往会成为市场的焦点，也是驱动因素和心理因素分析的要点。

随着经济数据公布日期临近，油价一般都会逐渐向预期影响靠拢，而这个预期是可知的，这是难得的依据。在数据公布、经济事件发生当天或公布前几个小时，市场就会出现观望或者调整情绪。

当实际结果公布之后，根据实际值与预期值的差异情况，油价会有以下三种反应。

一是行情预期走过了头，预期值超过实际值，这种情况下油价往往会出现折返。

二是行情预期没有走到位，预期值不及实际值，这种情况下油价会保持原来的方向继续前进。

三是行情预期基本走到位，预期值与实际值相差不多，那么市场将转向下一个关注的焦点。

特别要注意的是，当主流参与者对某一经济数据或事件的预期开始显得强劲，但油价仍未朝该方向运行的话，那么油价后市的运行空间将会非常大。

除了美国的经济数据，其他对石油市场影响较大的大国经济数据也值得重点关注，例如英国的 GDP 及工业产出数据，欧元区的 GDP 及消费者物价指数，德国的 IFO（德国经济信息研究所注册协会）经济景气指数等。这些数据对油价走势的影响，在不同的环境下影响程度也不尽相同。

每一个时期，市场都会有一个关注的焦点。把握市场关注的焦点，才能找到对市场最有影响的数据。比如市场关注的焦点是某国的经济衰退问题，那么最有影响力的就是该国消费者信心指数等反映经济前景的经济数据。

再比如，市场关注的焦点是某国或者某地区央行加息的问题，那么最有影响力的就是该国或者该地区的消费者物价指数等反映通货膨胀水平的经济数据。

第二节　技术分析

技术分析是借助心理学、统计学等学科的研究方法和手段，通过对以往标的物价格的研究，预测其未来走势。技术分析法自 19 世纪产生以来，经过不断充实、完善和发展，逐渐形成一套颇为复杂的体系。

所有的技术分析方法都建立在三大假设之上。

一是市场行为包容消化一切。这句话的含义是指：所有的基础事件，包括但不限于经济事件、社会事件、战争、自然灾害等作用于市场的因素，都会反映到价格变化中来。

二是价格以趋势方式演变。

三是历史会重演。

一、技术分析的前提

1. 市场行为包容消化一切

“市场行为包容消化一切”是技术分析的基石。技术分析者认为，任何可能影响股票、期货市场价格的因素——基础的、政治的、心理的或其他——实际上都反映在价格之中，而价格变化必定反映供求关系。

技术分析者只研究价格变化就足够了，不必研究造成价格变动的内在原因。技术分析者使用的图表等工具之所以产生作用，是因为这些工具本身如实地描述了市场参与者的行为，使我们能够把握市场参与者对市场的反应，从而把握市场的未来趋势。

这个前提的实质含义，其实是价格变化必定反映供求关系，如果需求大于供给，价格必然上涨；如果供给大于需求，价格必然下跌。供求规律是所有经济预测方法的出发点。把它倒过来，只要价格上涨，不论是因为什么具体的原因，需求一定超过供给，从经济基础上来说必定看好；如果价格下跌，从经济基础上说必定看淡。归根结底，技术分析者不过是通过价格面判断该商品的看涨或者看跌。图表本身并不能导致市场涨跌，只是简明地显示了市场上流行的乐观或悲观心态。

图表派基本不理会价格涨跌的原因，通常在价格趋势形成早期，或者市场正处在关键转折点的时候，往往没人确切了解市场为什么会如此这般古怪地动作。恰恰是在这种至关重要的时刻，技术分析者常常独辟蹊径，一语中的。随着投资者市场经验日益丰富，遇到的这种情况会越来越多，“市场行为包容消化一切”这句话就越发显出不可抗拒的魅力。

顺理成章，既然影响市场价格的所有因素最终必定通过市场价格反映出来，那么研究价格就足够了。实际上，图表分析者只不过是通过研究价格图表及大量的辅助技术指标，让市场自己揭示它最可能的走势，并不是分析人员凭借他的精明“征服”了市场。今后讨论的所有技术工具，都不过是市场分析的辅助手段。技术派当然知道市场涨跌肯定有其缘故的，但他们认为这些因素对于分析预测无关痛痒。

另外，市场行为包容消化一切，一方面表明市场价格的变化反映了外在信息的变化；另一方面，外在信息的变化在价格变化上是否完全体现或过度体现，也需要重点思考。一条或多条利多信息在被市场知晓时，价格可能已经上涨了一段，那么就需要去理解和分析这种利多信息是完全被价格的上涨消化了，还是未被完全消化，即能继续推动价格上涨，或是已经被透支，即价格涨过了头，会进行反向回落，也即通常意义上的利多变利空（见图 3-18）。

图 3-18 市场行为包容消化一切

注：图片来源于中国证券投资者保护基金投资者手册。

2. 价格以趋势方式演变

“趋势”是技术分析的核心。技术分析者认为，市场的确有趋势可循，而且当前的市场趋势有势能或惯性，只有当价格走到趋势的尽头，它才会掉头运行。研究价格图表的全部意义，就是辨识趋势发展的早期形态，以便顺应趋势，进行投机交易。事实上，大多数技术分析理论在本质上都是顺应趋势，即以判定、追随市场的既成趋势为目的。

趋势终有转变的时刻。在趋势转变的时期，技术分析者可能仍以原来的趋势方式对价格进行预判，这正是导致在前一轮牛市中获胜而在后面的熊市中失败的原因！这一点提醒我们，在研究分析价格变化的时候，不能以主观上的多空预测后市的多空，否则技术分析将失去客观性，从而陷入主观唯心主义的泥潭（见图 3-19）。

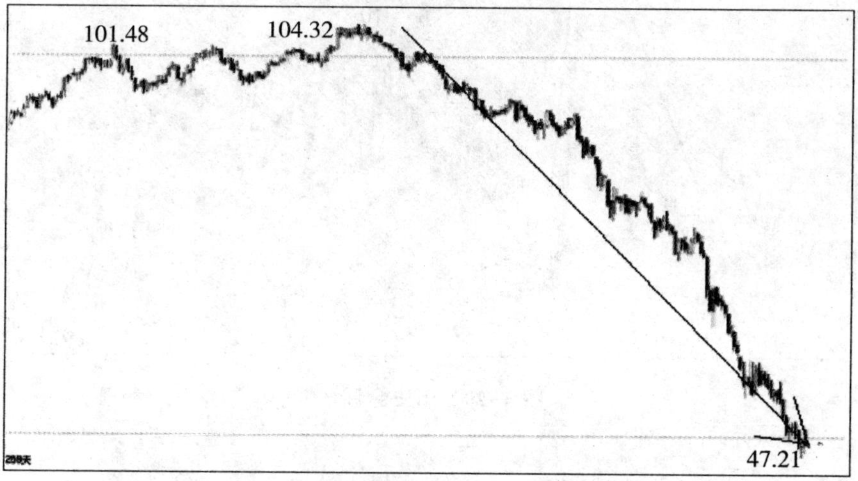

图 3-19　价格以趋势方式演变

3. *历史会重演*

技术分析和市场行为与人类心理有关。证券投资不过是一种追求利润的行为，不论是昨天、今天或明天，这个目的都不会改变。在这种心理状态下，市场交易行为将趋向于一定的模式，由此导致历史不断重演，即过去出现过的价格趋势和变动方式，以后还会不断出现。由于这些图表型态在过去表现良好，就假设它在将来一样表现良好，投资者就可以通过分析过去的价格变动资料来预测未来的价格走势。

历史会重演，但却以不同的方式“重演”，现实中没有完全相同的两片树叶。投资者经常在相似的历史变化中寻求投资“真理”，但最后却伤痕累累，这也说明市场是变幻无穷的。阴阳两种 K 线，能够构造出华尔街百年来的风风雨雨，就是因为 K 线形似却神不似，历史重演却不重复（见图 3-20）。

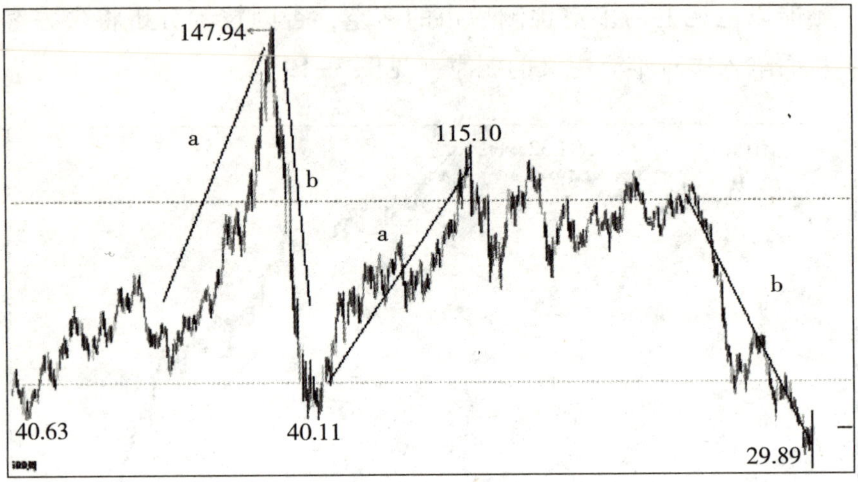

图 3-20　历史会重演

二、技术分析的优缺点

技术分析是完善的交易系统中的一部分，它分析市场价格的走向和位置，提高交易成功概率，是交易行为的最初出发点和切入点，同时也是交易系统中最基础、最重要的起点。

1. 技术分析的优点

与基本分析相比，技术分析见效快，获得收益的周期短。此外，技术分析对市场的反应比较直接，分析的结果也更接近实际市场的局部现象。通过市场分析得到的进出场位置，相比基本分析，往往比较准确，具体表现为以下几点。

（1）提高交易的成功概率。

（2）分析趋势的通道层次和共振动力出现后的目标价格空间。

（3）计算点位。确立盈亏的固定点位后，为交易技巧中的资金管理提供依据。

（4）寻找交易信号。通过指标工具的数字量化加以确认，为交易策略提供执行依据。

（5）技术分析理论可以把交易行为中的复杂执行心理问题，进行理论程序的整理归类。

2. 技术分析的缺点

所有技术分析都是对历史数据进行分析统计，具有一定的滞后性，不可能准确地预测未来的行情。技术分析相对于基本分析来说，更适用于短期的行情预测。要进行周期较长的分析，则必须参考基本分析，这是技术分析应用中应该注意的问题。

技术分析是经验的总结而非科学体系，所以通过技术分析得到结论并依此进行的交易操作，只能以概率的形式为投资者带来收益。

技术分析的基本要素是量（成交量。外汇、现货交易量难以统计）、价（价格）、时（时间）、空（空间或幅度），四大要素千变万化的排列组合，形成了价格走势特定的技术形态和趋势。事实上，技术分析中经典的技术形态，仅仅是 K 线组合形状的描绘；技术分析经典的技术指标，或绘制成曲线，或绘制成柱状图，基本上也是单一要素演变形成的。因此，单一或单纯的技术形态和技术指标，不可避免地存在先天缺陷。

三、技术分析分类

在历史资料基础上进行统计、数学计算、绘制图表，是技术分析方法的主要手段。从这个意义上讲，技术分析方法可以有多种。不管技术分析方法是如何产生的，投资者最关心的是它的实用性，因为投资者的目的是用它来预测未来价格走势，为投资决策服务。

一般说来，技术分析可以分为五大类，分别是指标类、形态类、K 线类、切线类、波浪类。

1. 指标类

指标类要考虑市场行为的各个方面，建立一个数学模型，给出数学上的计算公式，得到一个体现市场某个方面内在实质的数字，这个数字叫指标值。指标值的具体数值和相互关系，直接反映市场所处的状态，为操作方向提供指导。

指标反映的东西大部分无法从行情报表中体现出来，例如相对强弱指标（RSI）、随机指标（KD）、趋向指标（DMI）、指数平滑异同移动平均线（MACD）、能量潮（OBV）、心理线（PSY）、乖离率（BIAS）等，这些都是很著名的技术指标。随着时间的推移，新的技术指标还在不断涌现。

2. 形态类

形态类是根据价格图表中过去一段时间走过的轨迹形态来预测价格未来趋势的方法。技术分析第一条假设是市场行为包容消化一切信息。价格走过的形态是市场行为的重要部分，是市场对各种信息消化之后的具体表现，因此用轨迹或者说形态来推测价格的未来走势是有道理的。

从价格轨迹和形态中，可以推测市场处在一个什么样的大环境之中。经过投资者的不懈努力和总结，现在发现的主要形态有 M 头、W 底、头肩顶、头肩底等十几种。

3. K 线类

K 线类的研究侧重于若干天的 K 线组合分析，用以推测市场多空双方力量的对比，进而判断多空双方谁占优势，优势是暂时的，还是决定性的。

K 线图是进行各种技术分析最重要的图表。单独一天的 K 线形态有十几种，若干天的 K 线组合种类则无法计算。经过不断地总结经验，人们发现了一些对买卖有指导意义的组合，例如早晨之星组合、黄昏之星组合、日出东方组合、乌云盖顶组合，等等。

4. 切线类

切线类是按一定方法和原则，在价格图表中画出一些直线，然后根据这些直线的情况推测价格未来的运行趋势，这些直线就叫切线。切线的主要作用是分析市场中的支撑和压力。

支撑线和压力线的延伸位置对价格趋势起到一定的制约作用。一般说来，价格从下向上抬升的过程中，一旦触及压力线，甚至远未触及压力线，就会掉头向下。同样，价格从上向下跌落的过程中，在支撑线附近就会转头向上。

另外，如果价格触及切线后没有转向，而是继续向上或向下，这就叫突破。突破之后，这条切线仍然具有实际作用，只是名称和作用变了，原来的支撑线变成压力线，原来的压力线变成支撑线。

目前，画切线的方法有很多种，主要有趋势线、通道线等，此外还有黄金分割线、甘氏线、角度线等。

5. 波浪类

波浪理论起源于1978年美国人查尔·J. 柯林斯发表的专著《波浪理论》。波浪理论的实际发明者和奠基人是艾略特，艾略特在20世纪30年代就有了波浪理论最初的想法。

波浪理论把价格的上下变动和不同时期的持续上涨、下跌看成是波浪的上下起伏，波浪的起伏遵循自然界的规律，股票的价格运动也遵循波浪起伏的规律。简单地说，上升是5浪，下跌是3浪。

数清楚了各个浪，就能准确地预见到跌势已接近尾声，牛市即将来临，或是牛市已到了强弩之末，熊市即将来到。波浪理论是公认的较难掌握的技术分析方法。

四、技术分析注意事项

五类技术分析流派从不同的方面理解和思考市场，有的有相当坚实的理论基础，有的就没有很明确的理论基础。但它们都有一个共同特点，即都经过市场的实践考验。这五类技术分析方法尽管考虑的方式不同，但目的是相同的，彼此并不排斥，使用中可以相互借鉴。比如，在进行指标分析时，经常使用切线和形态学派中的一些结论和手法。

这五类技术分析方法考虑的方式不同，这样就导致它们在指导操作时使用的方式不同：有的注重长线，有的注重短线；有的注重价格的相对位置，有的注重绝对位置；有的注重时间，有的注重价格。

第四章
现货石油技术分析

第一节 K线基础理论

一、认识K线

1. K线的起源

所谓K线图，就是将市场每日、每周、每月的开盘价、收盘价、最高价、最低价等涨跌变化情况用图形的方式表示出来，因其形状如同两端有灯芯的蜡烛，故在西方称为蜡烛图。

K线图起源于日本德川幕府时代的1710年前后。那时日本大阪的堂岛大米会所开始经营世界最早的期货合约，K线图就是为记录大米价格每天的涨跌变化发明的（早期为条形图和锚形图）。最早为日本分析技术著书的是日本著名商人本间宗久，他可能是使用K线图技术分析法的先驱。

从K线图中，人们可以比较明显地看出买卖双方力量的消长，市场主力的动向以及股市中上涨、下跌、盘整等三种基本行情的变化。K线图经过国外许多专家的统计、分析、整理后，发现其中蕴含着一定的规律性，即某种图形可能代表着某种市场行情，在出现了某种图形组合后，有可能会出现某种特定的走势。

经过近300年的演化，特别是经过西方社会近20年的推广，K线图技术被广泛应用于全世界的证券市场、期货市场、外汇市场等领域，成为技术分析中最基本的方法之一。

2. K线的构成

K线根据计算周期的不同，可分为分钟K线、日K线、周K线、月 K 线、年 K 线等。K 线形状取决于每一计算单位中的四个基本数据：开盘价、最高价、最低价、收盘价。

在日 K 线图中，开盘价就是某地交易所在白天开始进行交易时的第一笔成交价格，收盘价是当天结束交易时的最后一笔成交价格。在分钟 K 线图里，则是指每分钟的开盘价和收盘价。在周 K 线图里，则是指每周的开盘价和收盘价。由于现货市场是 24 小时都可以交易，且往往不通过交易所，所以日 K 线的计算并不是从白天上午开始的。

当收盘价高于开盘价时，K 线为阳线，一般用红色或空心线表示；当收盘价低于开盘价时，K 线为阴线，一般用绿色或实心线表示；当收盘价等于开盘价，且有新的最高价和最低价时，K 线称为十字星。

当 K 线为阳线时，最高价与收盘价之间的细线部分称为上影线，最低价与开盘价之间的细线部分称为下影线，开盘价与收盘价之间的柱状体称为实体。在国外市场中，阴线为红色，为了方便黑白打印机打印或复印，阳线则为白色（见图 4–1）。

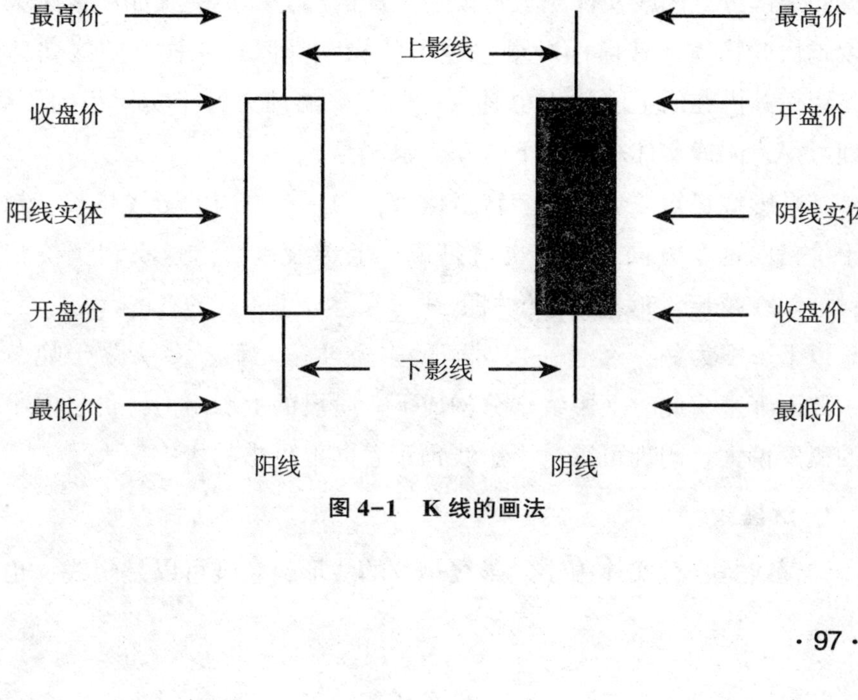

图 4–1　K 线的画法

图 4-1 的阳线中，市场价格在开盘后曾下跌过一段时间，直到探出最低价位，后来曾经涨到了最高价处，然后又返回到收盘价附近，形成一根上涨的阳线。

图 4-1 的阴线中，市场价格在开盘后曾一度涨到了最高价，然后一直跌到了最低价，最后稍微上升到收盘价附近，形成一根下跌的阴线。

这里只是举例，实际的价格变化顺序可能与这里描述的不一致。

二、K 线基本形态

K 线形态是多空力量经过一轮轮搏杀最终形成的，它的基本形态主要有下面讲解的几种。在分析判断 K 线形态时，主要从以下两个方面着手。

一是看实体大小。实体大小代表内在动力，实体越大，上涨或下跌的趋势越明显，反之则趋势不明显。以阳线为例，其实体就是收盘高于开盘的那部分，阳线实体越大，说明上涨的动力越足。犹如质量越大与速度越快的物体，其惯性冲量也越大的物理学原理一样，阳线实体越大，代表其内在的上涨动力也越大，其上涨的动力大于实体小的阳线。同理可得，阴线实体越大，下跌动力也越足。

二是影线长短。影线代表转折信号，向一个方向的影线越长，越不利于价格向这个方向变动。也就是说，上影线越长，越不利于价格上涨；下影线越长，越不利于价格下跌。

以上影线为例，经过一段时间的多空斗争之后，多头终于晚节不保，败下阵来。此时上影线部分构成下一阶段的上涨阻力，价格向下调整的概率偏大。同理可得，下影线预示着向上攻击的概率偏大。

1. 纺锤线

纺锤线是一种实体很小、影线很长的线形，它既可以是阴线，也可以是阳线。较小的实体，无论阴阳，表明收盘价离开盘价非常近；较长的影线表明买卖双方都力图成为胜者，但没有哪一方占据上风。

在此 K 线交易时段内，价格虽然有显著的变化，但最终又归于原有水平附近。多空双方都没能取胜，收盘时处于一个僵持的局面（见图 4-2）。

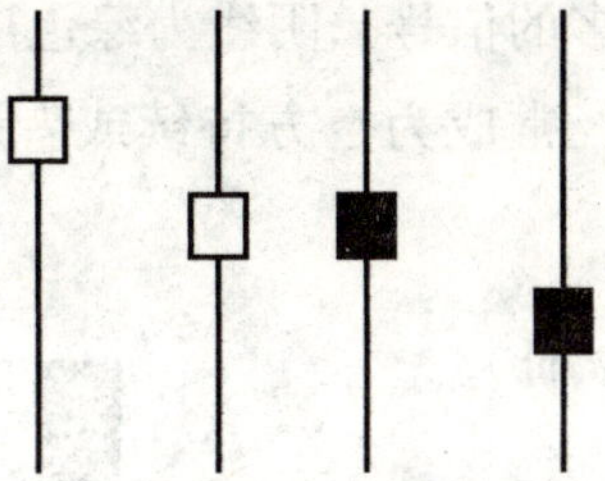

图 4-2　阴阳纺锤线示意图

在一波急涨之后出现纺锤线，代表多头后继乏力，先前的涨势因此停顿。在一波急跌之后出现纺锤线，代表空头后继乏力，先前的跌势因此停顿，但是否反转还需要市场走势进一步证明。带有巨大成交量的纺锤线，市场意义更加重要（见图 4-3）。

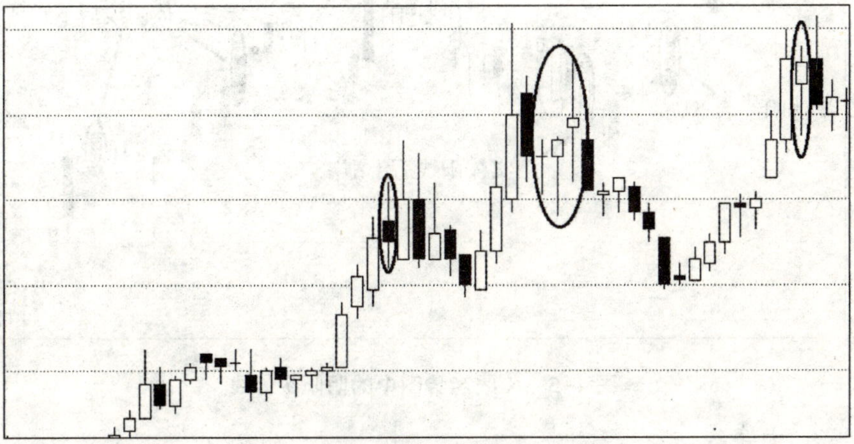

图 4-3　K 线走势图中的阴阳纺锤线

2. 实体线

实体线不存在影线部分。在阳线中，最高价与收盘价相同，最低价与开盘价相同，属于后市看涨的形态。在阴线中，最高价与开盘价相同，最低价与收盘价相同，属于后市看跌的形态。

阳线为红色形态，表明此时段内多方一直处于主导地位，所以经常成为多方持续或者空转多的信号。阴线为绿色形态，表明此时段空方一直处于主导地位，所以经常成为空方持续或者多转空的信号（见图 4-4、图 4-5）。

图 4-4 阴阳实体线示意图

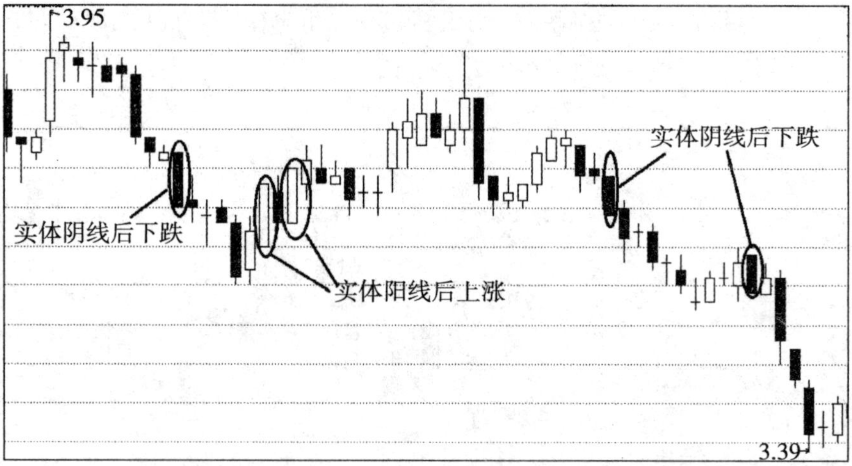

图 4-5 K 线走势图中的阴阳实体线

3. 十字线

十字线的实体部分呈现水平状的直线，这是因为交易时段的开盘价与收盘价相等或几乎相等。如果当时的行情处于盘整横向走势，十字线没有什么指导意义。十字线如果发生在上升或下降趋势阶段，则代表变盘的征兆。

在明确的上升趋势中，如果十字线出现在一根长阳线之后，要特别警惕，因为不论十字线位于长阳线实体之上或长阳线实体之内，均表明市场买卖双方的力量已经发生了变化。

十字线根据形态的不同，又分为长脚十字线、蜻蜓十字线、墓碑十字线、一字线（见图 4-6、图 4-7）。

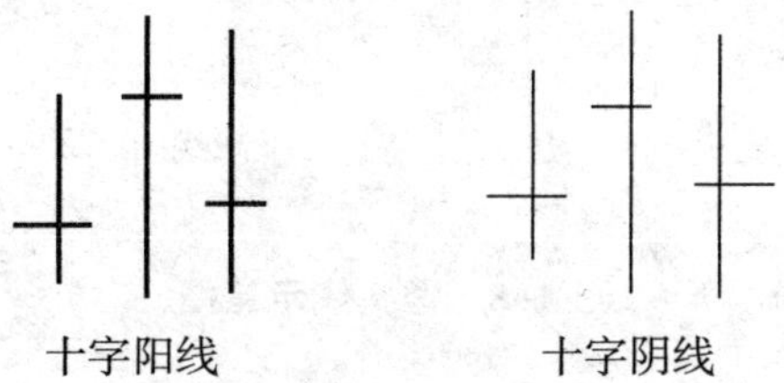

图 4-6　阴阳十字线示意图

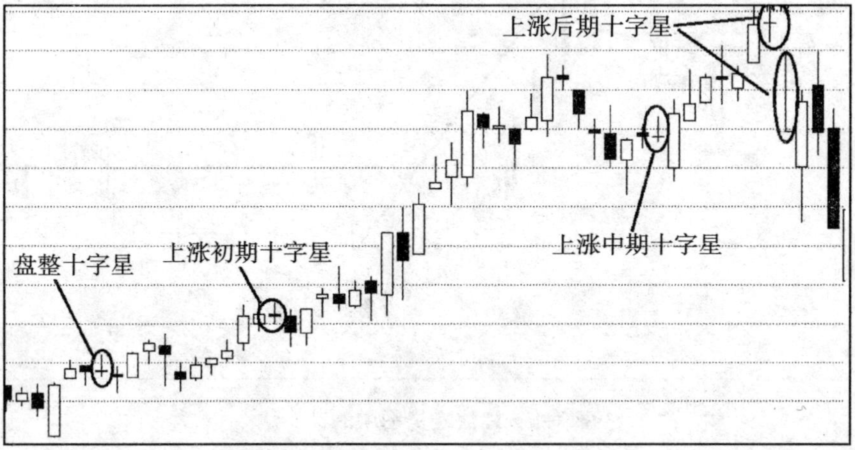

图 4-7　K 线走势图中的阴阳十字线

4. 锤头线和吊颈线

锤头线指形状很像锤头的 K 线，如图 4-8、图 4-9 所示。其特征是

K 线实体很小，没有上影线或者上影线非常短小；有很长的下影线，下影线长度最少应该是实体长度的 2~3 倍；小的实体可以是阴线也可以是阳线。

锤头线一般出现在下跌尾声，可作为见底信号。

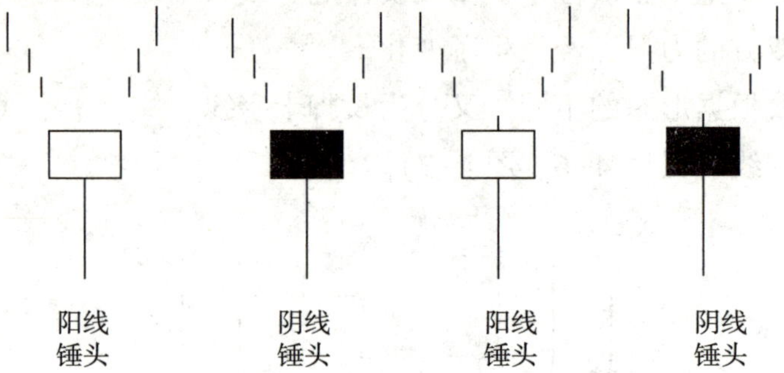

图 4-8　锤头线示意图

图 4-9　K 线走势图中的锤头线

吊颈线一般出现在价格上涨阶段末期，为价格阶段性见顶信号。它的 K 线实体部分很小，没有上影线或者上影线非常短小，但是却有很长的下影线，下影线的长度至少应该是实体的 2~3 倍。

吊颈线的实体部分可以是阴线或者阳线，一般出现在上涨尾段，可作为见顶信号（见图 4-10、图 4-11）。

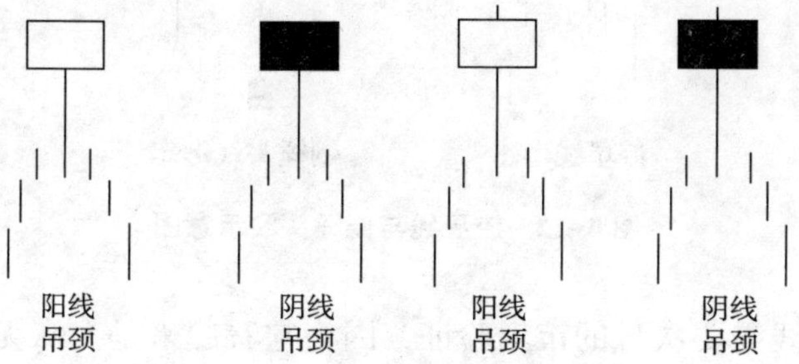

图 4-10　吊颈线示意图

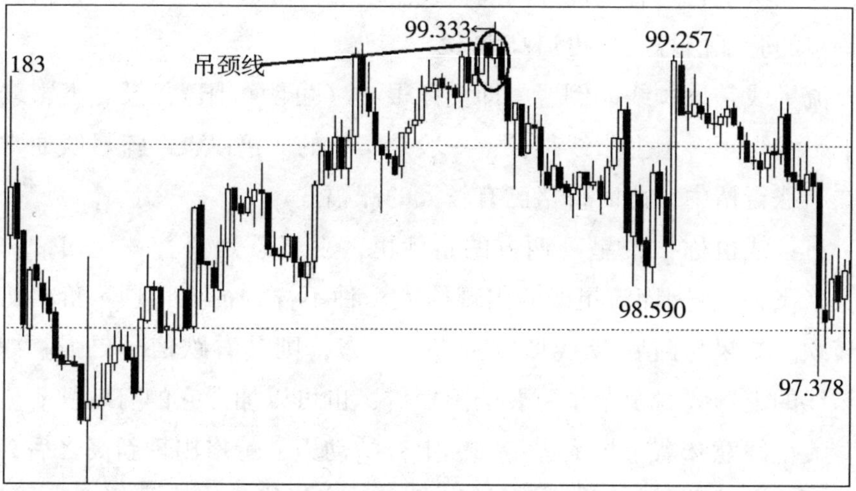

图 4-11　K 线走势图中的吊颈线

5. 倒锤头和流星线

倒锤头线是锤头线的倒置，和流星线完全一样，只是出现在下跌行情中，通常价格已有较大的跌幅。在下跌行情中出现，倒锤头线具有止跌回升的意义。如果与前后 K 线形成启明星形态，则其看涨信号更强（见图 4-12）。

图 4-12　流星线与倒锤头线示意图

倒锤头线需要次日的市场验证，因为它看起来是上涨无力的，带着长长的上影线。如果次日开市在其实体之上，或者次日是一个强劲的阳线，就证明了它的有效性。倒锤头线出现后，可适量逢低吸纳，或者等进一步的验证信号之后再追高做多。

流星线是吊颈线的倒置，即实体很小（可阴可阳），没有下影线或者下影线很短，但上影线很长，一般是实体的 2 倍以上。流星线通常出现在上涨行情中，此时价格已有较大的涨幅。

流星线也称扫帚星（西方的童话里，巫婆总是骑着一把扫帚在天空飞来飞去），因而流星线的出现给人一种不祥的征兆，预示价格将由升转跌。如果与前后 K 线形成黄昏星形态，则其看跌信号更强。如果流星线的上影线触及某个重要的阻挡位，也可以加强它的有效性。

流星线意味着市场失去了继续上升的动力，价格出现新高之后，立即遭到空方的严厉打压，因而投资者应对流星线的出现保持高度警惕。在价格大幅上扬之后，见到流星线宜出局观望（见图 4-13）。

三、K 线经典组合

K 线蕴涵着丰富的东方哲学思想，以阴阳变化表现多空双方"势"的相互转换。单一 K 线代表的是多空双方一天之内的战斗结果，不足以反映连续的市场变化。多条 K 线组合，才可能更详尽地表述多空双

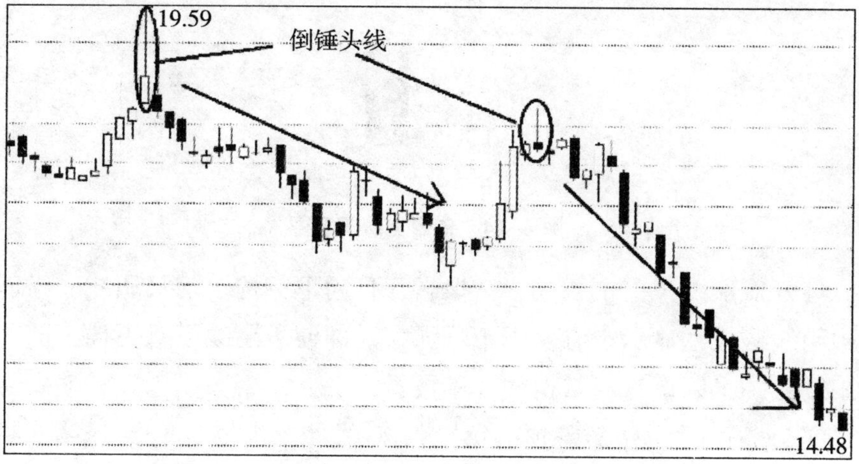

图 4-13 K 线走势图中的倒锤头线

方一段时间内“势”的转化。

多空双方任何一方突破盘局获得优势，都将形成一段上涨或下跌行情，这就是所谓的“势在必行”。随着这种行情的不断发展，又为对方积攒了反攻的能量，也就是“盛极而衰”。

研究 K 线组合图谱的目的，是通过观察多空势力强弱盛衰的变化，感受双方势的转化，顺势而为，寻找并参与蓄势待发的底部，抱牢大势所趋的上涨股票，规避强弩之末的顶部风险。

K 线结合成交量和移动平均线共同使用，分析研判效果更佳。成交量是多空双方搏杀过程中能量损耗的表述，移动平均线则是双方进攻与退守的防线。这种图形组合是东方哲学与西方统计学的完美结合。

1. 乌云盖顶和刺透形态

乌云盖顶是指价格经过一段时期的上涨后，出于获利了结的原因，市场在中阳线后出现了一根中阴线，并且该阴线一举向下突破了前日中阳线的一半部位，形成了有力的向下攻击，使投资者担忧后市空方的继续进攻。乌云盖顶意味着空方像乌云一样压在市场上方（见图 4-14）。

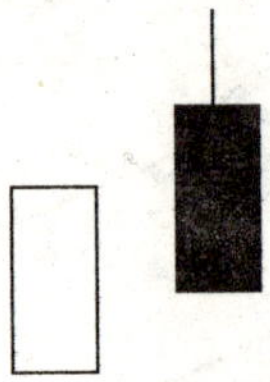

图 4-14　乌云盖顶示意图

乌云盖顶由一根中阳线、一根高开且向下穿透至前日阳线一半以下的中阴线构成，显示空方卖压十分强大。即使中阴线没有下插至前一根中阳线的一半以下，后市也往往不被看好。

实盘操作时，乌云盖顶的第二根 K 线如果能够完全穿透第一根 K 线，实际上就形成了看跌吞没形态，吞没形态的看跌技术意义要大于乌云盖顶。在看到乌云盖顶形态时，要等待其他信号的确认才可入场操作。这种形态的止损很好设，只要设在形态的最高点之上 5~10 个点左右就可以了。乌云盖顶或看跌吞没形态之后，如果出现了一根长长的白色实体，而且其收市价超过了这两种形态的最高价，可能预示着新一轮上冲行情即将到来（见图 4-15）。

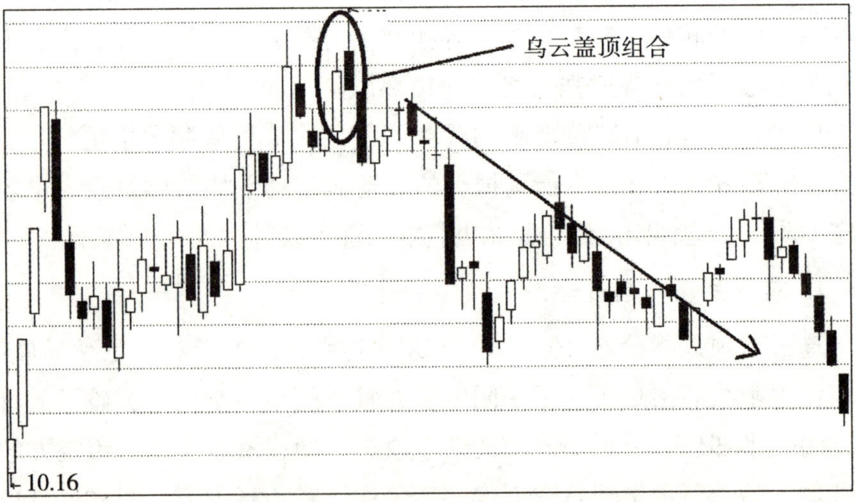

图 4-15　K 线走势图中的乌云盖顶

刺透形态与乌云盖顶相反，刺透形态是由两个蜡烛线组成，第一天是一根阴线，第二天是一根阳线，第二天的实体穿过第一天的实体。如果中阳线没有插到前日中阴线的一半位置，则刺透形态不成立。毕竟向下溃败很容易，向上进攻则要有更多的佐证来树立信心（见图 4-16、图 4-17）。

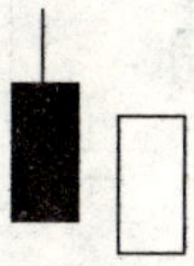

图 4-16　刺透形态示意图

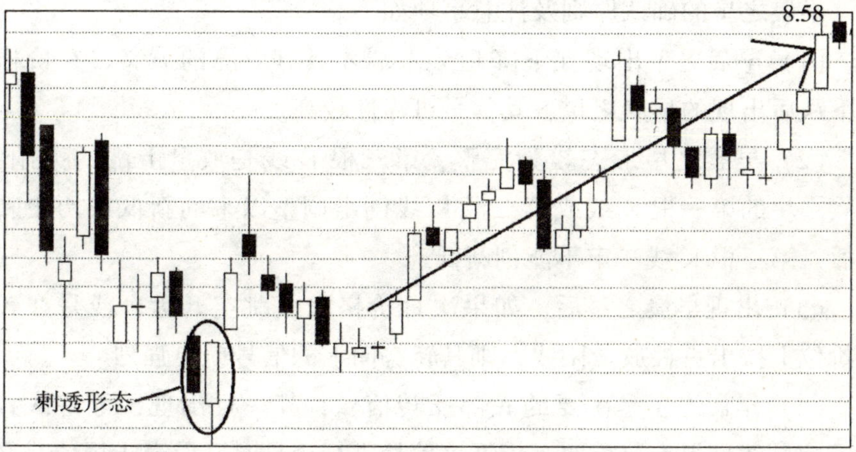

图 4-17　K 线走势图中的刺透形态

2. 早晨之星和黄昏之星

早晨之星又称黎明之星、晨星、希望之星，是 K 线组合中传统而经典的技术形态。早晨之星由 3 根 K 线组成，它是一种行情见底转势的形态。这种形态如果出现在下降趋势中，应引起注意，因为此时趋势已发出比较明确的反转信号，是一个非常好的买入时机。

早晨之星一般由 3 个交易日的 3 根 K 线构成：第一天，股价继续下跌，并且由于恐慌性的抛盘涌出，导致出现一根巨大的阴线，意味着大势不妙。第二天价格跳空下行，但整体跌幅不大，实体部分较短，形成星形组合的主体部分。构成星线的 K 线既可以是阴线，也可以是阳线。第三天，一根长阳线拔地而起，价格收复第一天大阴线的大部分失地，市场发出明显的看涨信号（见图 4-18）。

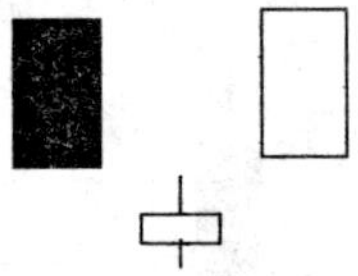

图 4-18 早晨之星示意图

早晨之星的确认原则及注意事项如下。

（1）早晨之星出现在下降趋势末端才具有看涨的意义。在价格大幅下跌后出现的早晨之星，其信号可靠性较高。

（2）早晨之星形态较为完整，第三根 K 线是放量上涨的大阳线。早晨之星的第一根 K 线或第二根 K 线创出调整以来的新低或历史新低之后，第三根 K 线一定不能创新低。

（3）出现早晨之星后，如果次日价格向上跳空开盘，或是在较高的价位上拉出一根放量阳线，则其转势向上的信号就更强烈。

（4）早晨之星是次要的底部反转信号，其一旦出现，等待次日的验证信号就显得十分重要。依据该信号进行交易时，设定止损位是必要的选择。对这种 K 线形态而言，出现早晨之星形态那一天的最低价，往往是一个很好的止损位。一旦价格跌破该价位，说明下跌抵抗失败，投资者应及时止损出局。

（5）应当结合均线系统进行分析。特别是价格大幅下跌后，均线系统中 5 日均线有向上弯头迹象时出现早晨之星，则见底的可靠性大大增加（见图 4-19）。

黄昏之星又称夜星，寓意太阳就像一颗红色的泪珠，从西山之巅缓缓滚落。在夕阳的余光之中，黄昏之星就像魔鬼的特使莅临股市。市场在持续的涨势之后已激情不再，就像再好的筵席也有散场之时。黄昏之

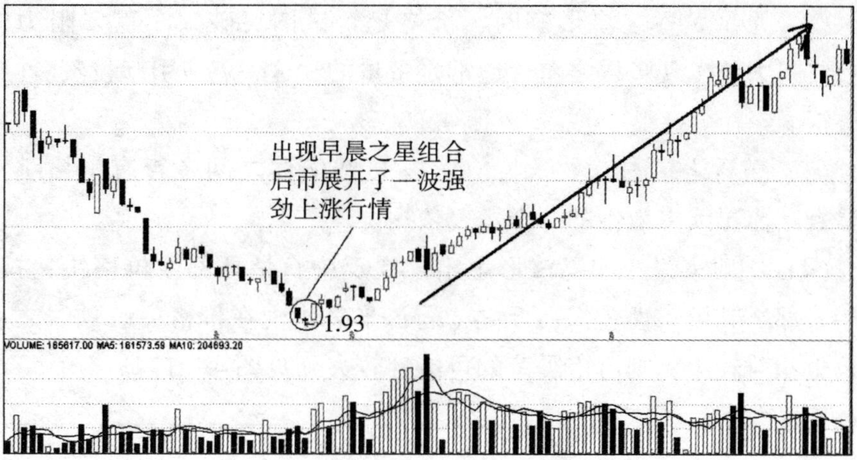

图 4-19　K 线走势图中的早晨之星

星这个图形预示市场趋势已经见顶，卖出的时机悄然来临。

黄昏之星也是由 3 根 K 线组成：第一天，市场在一片狂欢之中继续涨势，并且拉出一根长阳线。第二天价格继续冲高，但尾盘回落，形成上影线，实体部分窄小，构成星的主体。第三天价格突然下跌，间或出现恐慌性抛压，价格拉出长阴线，抹去了前两天大部分空间。黄昏之星充当顶部的概率非常之高，在牛市后期，要特别警惕这种反转信号(见图 4-20)。

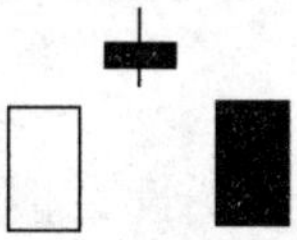

图 4-20　黄昏之星示意图

黄昏之星的确认原则及注意事项如下。

(1) 形成黄昏之星形态时，成交量是否创近期天量或价格加速上升。如果是，则成为市场顶部的可能性较大。另外，如果黄昏之星前一根 K 线创出天量或价格加速上升，市场发生反转的可能性很大。

（2）形成黄昏之星形态时，价格是否试图突破某个重要阻力位。在重要阻力位出现黄昏之星，通常是带量的，这一点应引起投资者的高度重视。

（3）黄昏之星的流星线与前一根 K 线实体之间是否有价格跳空，也是判断流星线有效性的一个重要依据。

（4）一般来说，如果该形态出现在反弹行情顶部或价格快速拉升之后，那么其可靠性较高；反之，若该形态出现在价格突破颈线之后，涨幅也相对较小，则后市震荡的可能性较大（见图 4-21）。

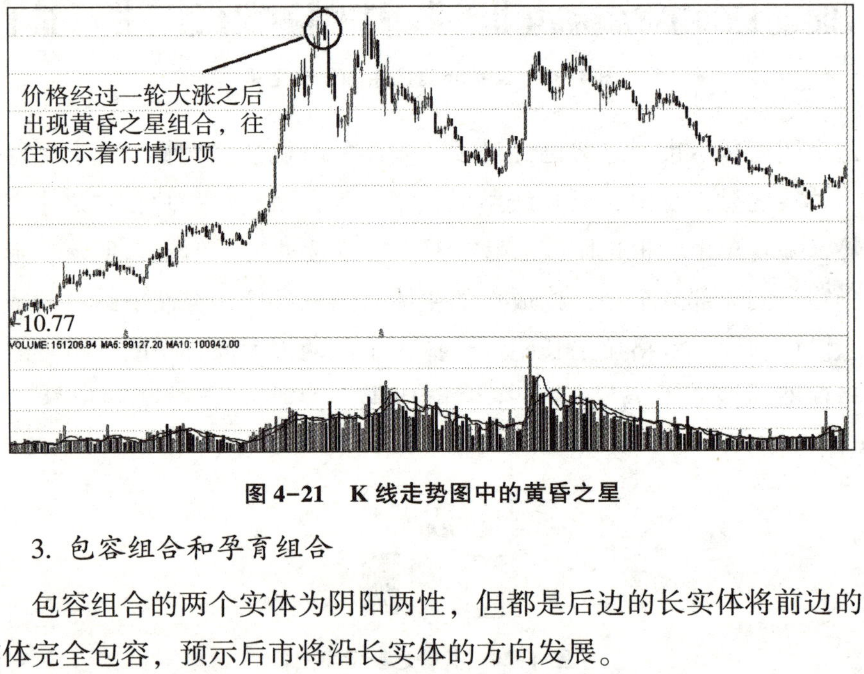

图 4-21　K 线走势图中的黄昏之星

3. 包容组合和孕育组合

包容组合的两个实体为阴阳两性，但都是后边的长实体将前边的小实体完全包容，预示后市将沿长实体的方向发展。

包容组合种类较多，主要有：①同性相包，包括阳包阳、阴包阴；②包星线，包括阳包星、阴包星；③异性相包，包括阳包阴、阴包阳。

阳包阳是由于第二根阳线大幅低开、低开高走造成的，阴包阴是由于第二根阴线大幅高开、高开低走造成的。将同性相包的两根 K 线合并起来，仍将得到大阳线或大阴线，通常表示市场原来的运动趋势将继续维持，但有时候包容组合也出现在趋势转折中（见图 4-22、图 4-23）。

图 4-22 包容组合示意图

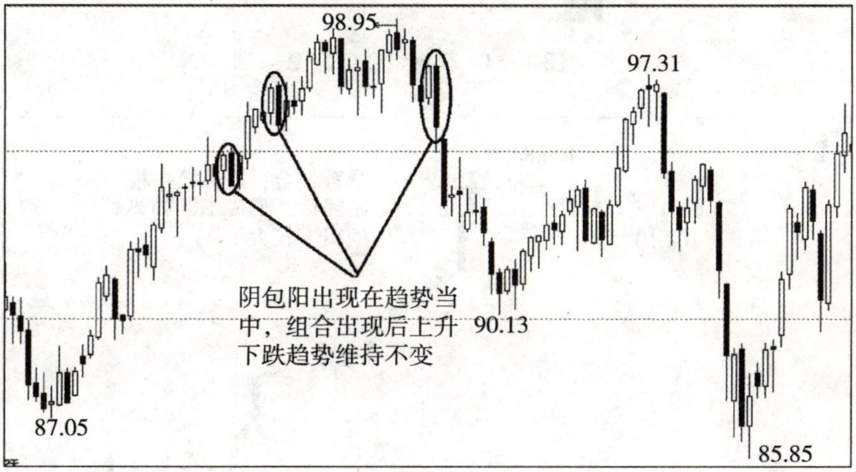

图 4-23 K 线走势图中的包容组合

孕育组合中的两个实体为阴阳两性，但与包容组合形式相反，它是后边的小实体被前边的大实体包容，形似为娘胎所孕，故称为孕育组合。不知与遗传是否有关系，这种孕育组合预示后市方向往往为母体的方向，即阳孕阴生阳，阴孕阳生阴。

孕育组合出现后，价格一旦收于第一根 K 线最高点之上，就有极大的可能性宣告形态反转已得到确认，之后价格往往会形成一定幅度的向上运动；一旦收于第一根 K 线最高点之下，就有极大的可能性宣告形态反转已经失败，之后价格往往会出现一定幅度的向下运动。还有一些时候，在孕育组合出现后，市场会再度出现反复，以横盘方式改变原有的趋势，而不是产生大幅的反向运动。

在操作上，第一种情况出现后要及时加仓，一旦反转失败，价格跌破第一根K线低点即行止损。第二种情况出现时，如果已经建立底仓，应该在价格跌破第一根K线最高点之下时第一时间止损（见图4-24、图4-25）。

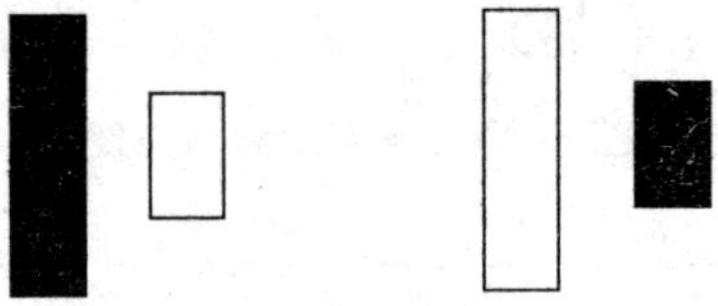

图4-24　孕育组合示意图

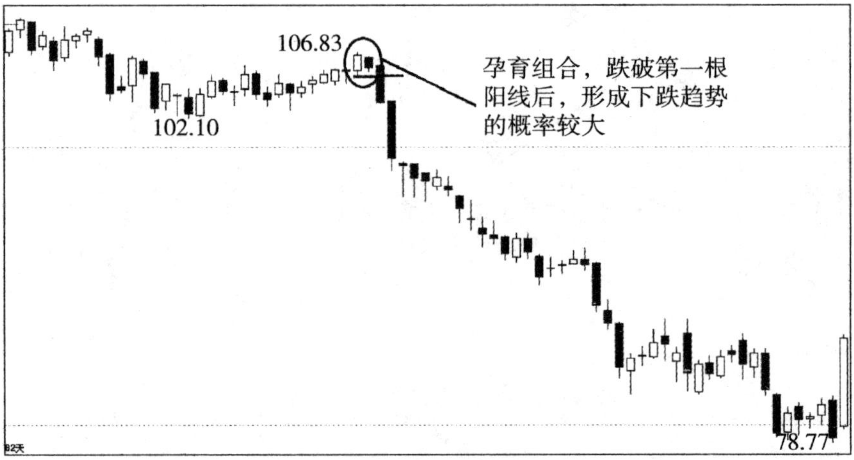

图4-25　K线走势图中的孕育组合

孕育组合注意事项。

（1）右边的K线实体可以是阳线也可以是阴线，但是绝对不可以超过左边的K线实体。右边的K线也可以带有上下影线，但是影线越短越可信。

（2）高位中的孕育组合多为天顶信号，该孕线出现后，价格至少要出现一波中级以上的下跌行情，投资者要注意及时卖出。

（3）低位出现孕育组合，多为大底信号，孕线过后会出现一波中级以上的上涨行情。投资者应关注此处的孕线形态，一旦确认，就应该果断进场，以免错失进货良机。

（4）孕线和包容线有时形成连体形态，这不影响对行情的判断，无论是按包容线形态进行操作，还是按孕线形态进行操作，实战中都是可行的（见图 4-26）。

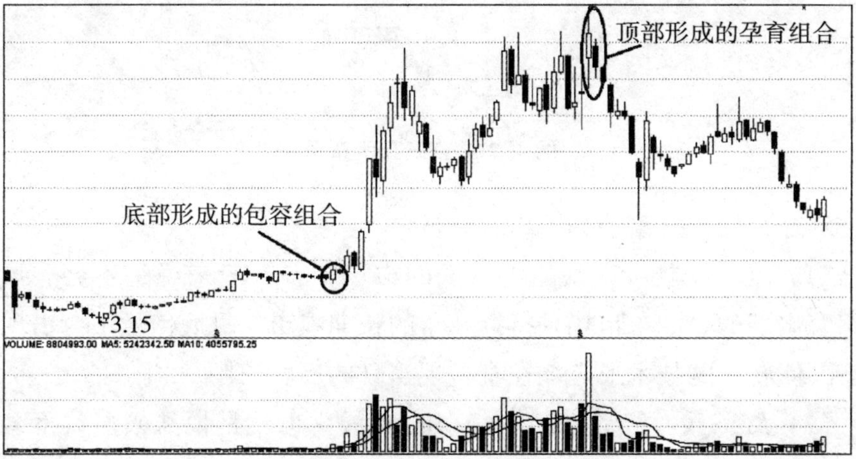

图 4-26　K 线走势图中的包容组合和孕育组合

4. 红三兵和三只乌鸦

红三兵亦称三红兵，由 3 根依次上升的阳线构成。它是一种很常见的 K 线组合，这种 K 线组合出现时，后势看涨的情况居多。使用中，红三兵如果出现在下降趋势中，一般是市场强烈反转的信号。如果价格在较长时间的横盘后出现红三兵走势形态，并且伴随着成交量逐渐放大，则是价格启动上涨的前奏，可密切关注。

红三兵有三个特殊形态，即三个白色武士、升势受阻、升势停顿。

（1）三个白色武士。三个白色武士形态基本与红三兵相同，不同的是最后一根阳线的上升力度比较大，出现这种形态，寓示后市价格仍将呈上升趋势。

（2）升势受阻与红三兵有相似之处，不同的是 3 根阳线逐渐缩小，最后一根阳线的上影线特别长，出现这种形态寓示价格会呈下跌走势。

（3）升势停顿。升势停顿与红三兵有相似之处，不同的是 3 根阳线也是逐渐缩小，特别是第三根阳线实体比前两根小得多，出现这种形态意味着价格将会呈下跌走势（见图 4-27）。

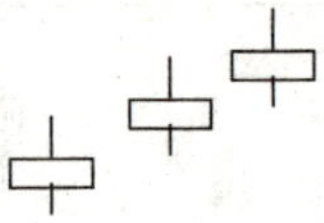

图 4-27　红三兵示意图

红三兵的注意事项如下。

（1）在一个持续下跌的创新低的市场中，一般来说是不会有该 K 线组合出现的。如果市场是持续几年的长期熊市，见底信号不会出现该形态，熊转牛的技术形态往往会呈现当日的反转长阳。

（2）红三兵一般都是实体较小的 K 线，也就是说涨幅多数不会太大。当然，特殊情况除外。

（3）红三兵属于一种相对温和的见底反弹信号，它没有突发性和爆发性的特点，不是大逆转行情的标志，而是前一轮较大下跌行情后价格陷入中期调整后见底的信号。红三兵是市场逐步见底、多方持续加大买入力度、市场趋于一致的走势，这种走势是一种温和的逆转。对于投资者来说，这是一个较好的参与时机。如出现红三兵之后，第四根 K 线是幅度更大的阳线，则是一种技术上的确认，此时也是最佳的参与时机。

（4）虽然红三兵形态在一般情况下不属于顶部反转形态，但是有时候它也能引出不容忽视的下跌行情。特别是红三兵形态出现在一段上升行情的后期，当紧接着出现一根巨大的阴线时，很容易构成乌云盖顶 K 线形态或黄昏之星形态，从而变成典型的反转看跌 K 线组合形态。当高位出现红三兵形态时，应谨慎从事，静观其变，不应贸然追高（见图 4-28）。

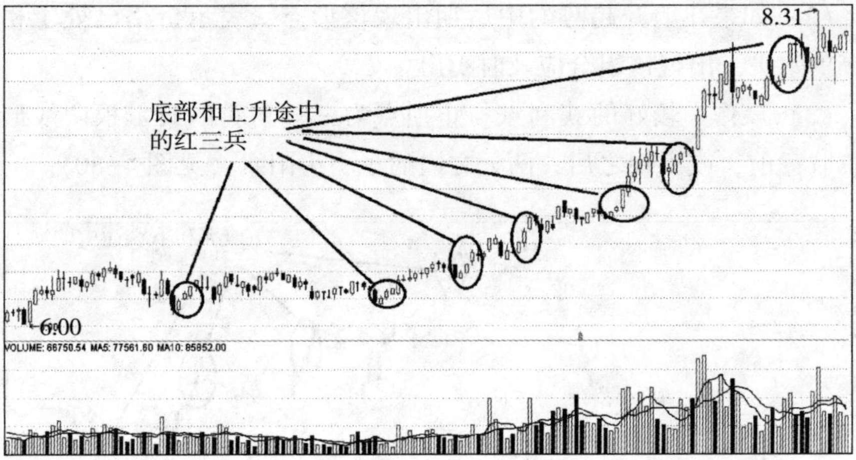

图 4-28　K 线走势图中的红三兵

三只乌鸦也叫暴跌三杰，意思是 3 根向下的阴线持续下跌，后市看淡。中国传统观念认为，乌鸦是不吉之物，寓意不祥，所以三只乌鸦后市看跌的意味很重。三只乌鸦出现在下跌趋势启动之初，表明空头取得优势并开始发力。此时务必注意，这种 K 线成立的前提是发生在下跌趋势成立的初期。

三只乌鸦与红三兵组合相反，是指价格或指数在运行时突然出现连续 3 根阴线的 K 线组合。三只乌鸦是一种强烈的看跌信号。3 天的收盘价依次创出新低，并且每天收盘价基本都是当天最低价，此形态即为三只乌鸦形态（见图 4-29）。

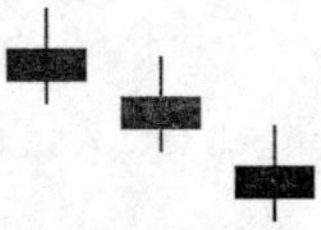

图 4-29　三只乌鸦示意图

三只乌鸦的注意事项如下。

（1）在上升趋势中，如果出现在顶部和下降途中，而且 3 日的收盘价都向下跌，表示卖盘很重，需要及时卖出。

（2）如果在上升趋势的中后期出现该形态，表示价格已处于相对较高的水平，出现该组合应及时卖出。

（3）操作中较好的获利点与止损点为三只乌鸦的第三根阴线形成的临收盘前，或出现之后一两天之内的小阴小阳线（见图 4-30）。

图 4-30　K 线走势图中的三只乌鸦

第二节　趋势切线理论

在技术分析体系里，有一个基本的前提假设是价格以趋势方式演变。也就是说，一旦一个趋势形成，这种趋势会一直延续下去，直到趋势发生转变。转变发生之后，价格又沿一个新的趋势发展运行，这是趋势理论的定义。

所谓“顺势而为”，指的就是顺应“趋势”，避免“逆势而动”。倘若在上升趋势中做空，在下降趋势中做多，很可能会造成巨大的损失。价格趋势是投资者必须认识和掌握的内容。

一、价格走势类型划分

价格走势类型分为上升趋势、下跌趋势和盘整走势，每个类型相互连接。市场价格走势整体上就是三者的排列组合，即市场走势必然是由上升、下跌和盘整构成，一个类型的结束必然是另一个走势类型的开始。

1. 上升趋势类型

上升趋势是指在某一周期内，出现一系列的涨势，每一段涨势都持续向上穿越先前的高点，中间夹杂的下降走势都不会向下跌破前一波跌势的低点。总之，上升趋势是由高点与低点都不断抬高的一系列价格走势构成的（见图 4-31、图 4-32）。

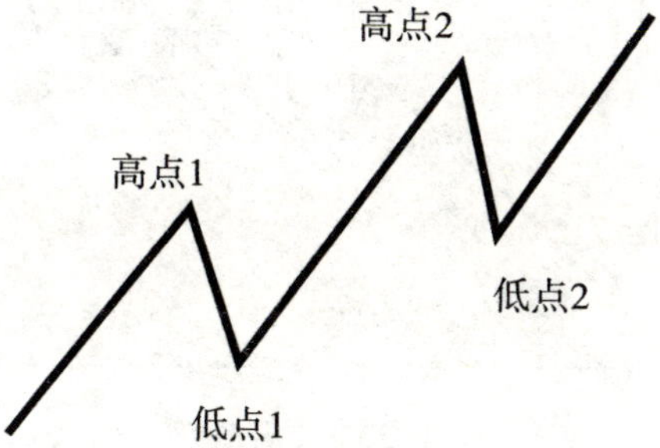

图 4-31　上升趋势示意图

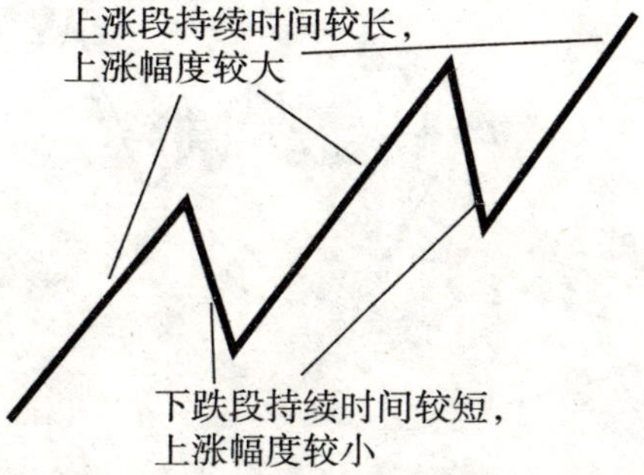

图 4-32　上升趋势由上涨段和下跌段构成

上升趋势的特征如下。

（1）上升趋势中，价格的低点不断抬高，高点也不断抬高。

（2）上升趋势中，一般而言上涨的时间长，上涨的幅度大，而下跌的时间短，下跌的幅度小。

（3）上升趋势中，每一波调整以后，价格都会再创新高，直到未来出现趋势转折（见图 4-33、图 4-34）。

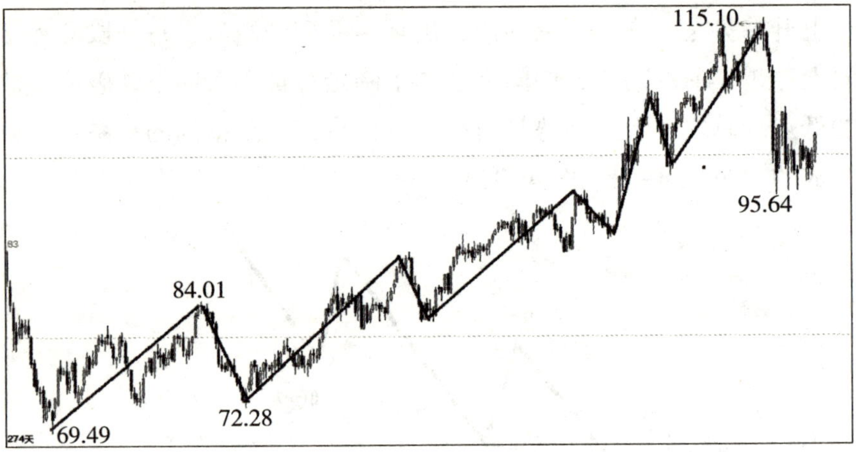

图 4-33　上升趋势

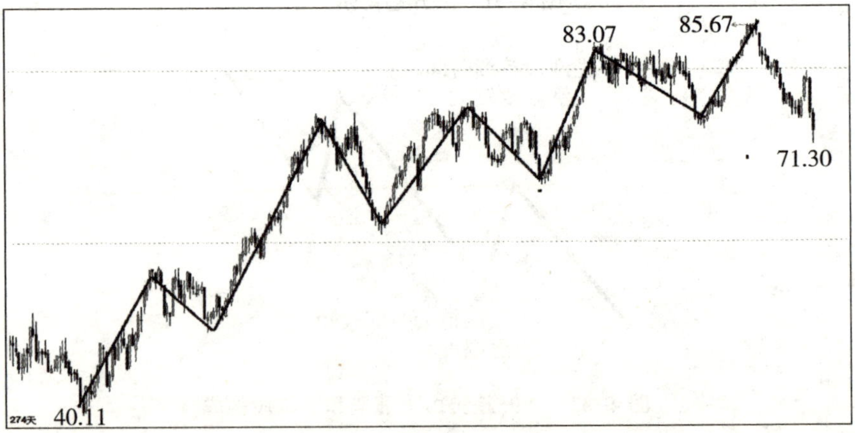

图 4-34　上升趋势中存在回调

2. 下跌趋势类型

下跌趋势是指在某一周期内，出现一系列的跌势，每一段跌势都持续向下跌破先前的低点，中间夹杂的上升走势都不会向上升破前一波涨势的高点。总之，下跌趋势由高点与低点都不断下降的一系列价格走势构成（见图 4-35、图 4-36）。

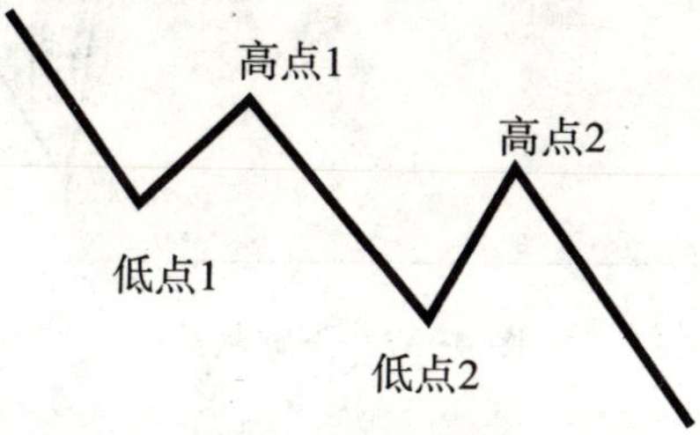

图 4-35　下跌趋势示意图

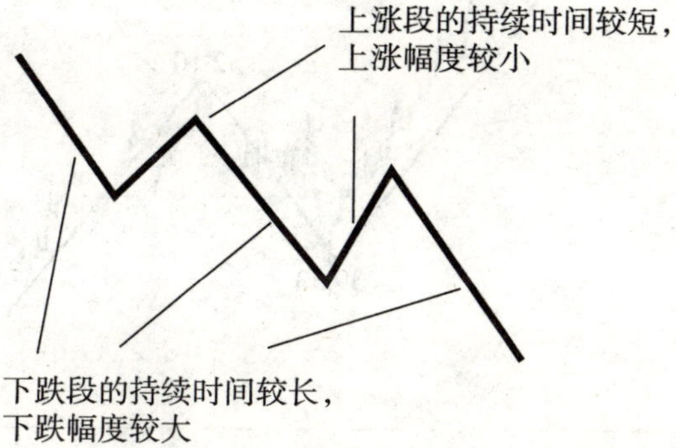

图 4-36　下跌趋势由下跌段和上涨段构成

下跌趋势的特征如下。

（1）下跌趋势中，价格的低点不断下移，高点也不断下移。

（2）下跌趋势中，一般而言下跌的时间长，下跌的幅度大，而上涨的时间短，上涨的幅度小。

（3）下跌趋势中，每一波调整以后价格都会再创新低，直到未来出现趋势转折（见图 4-37、图 4-38）。

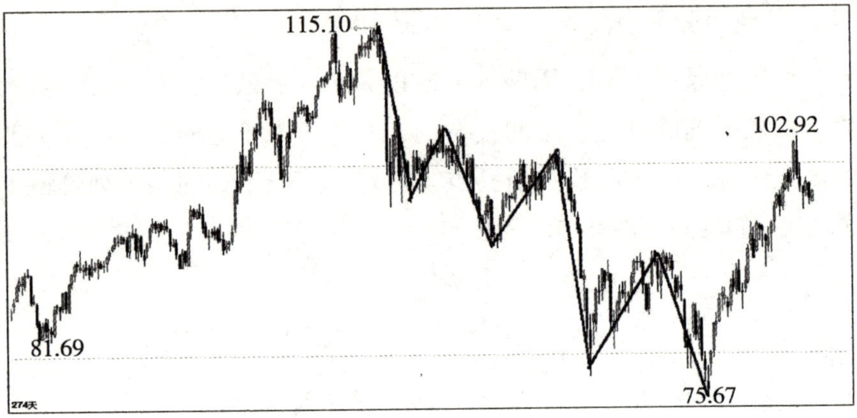

图 4-37　下跌趋势

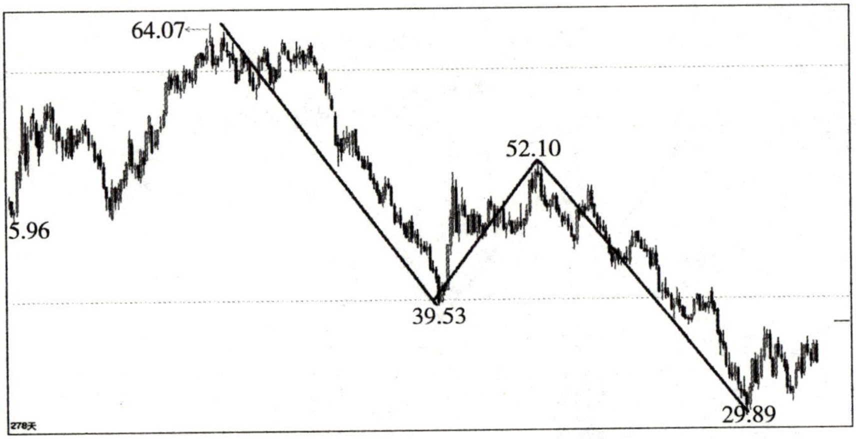

图 4-38　下跌趋势中存在反弹

3. 盘整走势类型

盘整走势指市场上经常出现的价格徘徊停滞的局面，在一定时期内价格既不创新高，也不创新低，整体走势类似一个箱形。

这种情况一般出现在底部或者是趋势中途，投资者这时不要参与操作，应注意观察，等形态走好后再介入搭顺风车。如若箱体较大，短线操作技术过硬的话，可以在箱体边缘采用反方向来回操作（见图 4-39）。

图 4-39 盘整走势示意图

盘整走势的特征如下。

（1）市场价格无力突破前一涨势的高点，之后又无力跌破前一跌势的低点。

（2）横向整理中的上升或下跌一般由 3 浪构成。

（3）均线与价格纠缠在一起，无方向可言（见图 4-40、图 4-41）。

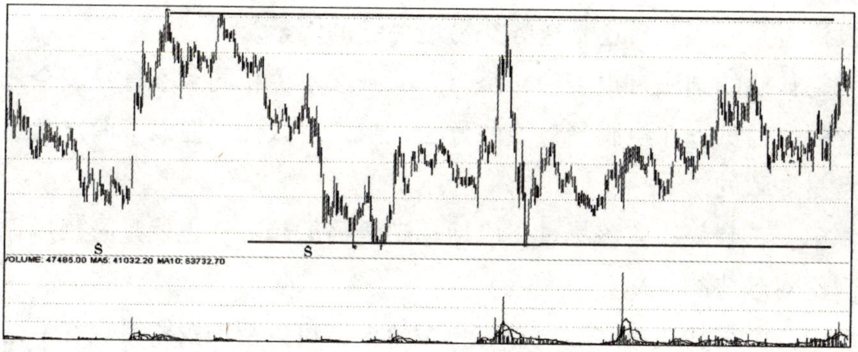

图 4-40 较大区间的盘整走势

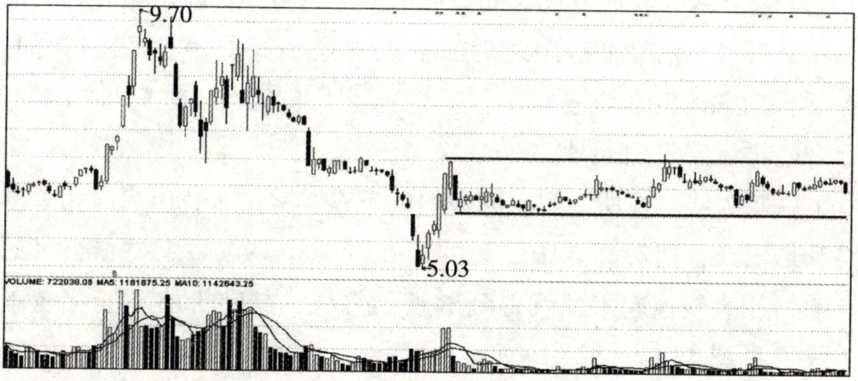

图 4-41 区间较小的窄幅盘整走势

二、趋势线的应用

趋势线是用于衡量价格趋势是否持续的重要工具，也是最基本的图形分析技术。趋势线可以帮助识别上升趋势、下跌趋势和盘整（或叫横盘）走势，为投资者的买卖操作提供直观和具体的买卖点、止损点及盈利点。

1. 趋势线的画法

趋势线分为上升趋势线和下跌趋势线，它们的画法相同，只是方向相反。在趋势分析理论中，正确绘制出上升趋势线和下跌趋势线，是决定投资者是顺势交易还是逆势交易最关键的因素。

趋势线的画法有很多种，每个人的画法不尽相同。不管是业余还是专业的交易员，在绘制趋势线的方法上缺乏一致性，但以下两点大家的观点是一致的。

第一，趋势线应该尽量正确地反映价格的趋势，也就是必须遵循道氏理论对趋势的定义。

第二，趋势线对实际交易有参考价值，可以帮助投资者在交易过程中实现盈利。

上升趋势线：在所考虑时间段内的上升趋势中，找出当时相关的最高点和最低点，把最低点跟之后的低点（这个低点一定要在当时的最高点前）用直线把它们连起来，就得到上升趋势线，其间价格不能穿越上升趋势线（见图 4-42）。

下跌趋势线：在所考虑时间段内的下跌趋势中，找出当时相关的最高点和最低点，把最高点跟之后的高点（这个高点一定要在当时的最低点前）用直线连起来，就得到下跌趋势线，其间价格不能穿越下跌趋势线（见图 4-43）。

投资者需要深刻领会上升趋势线和下跌趋势线的含义。在当下的价

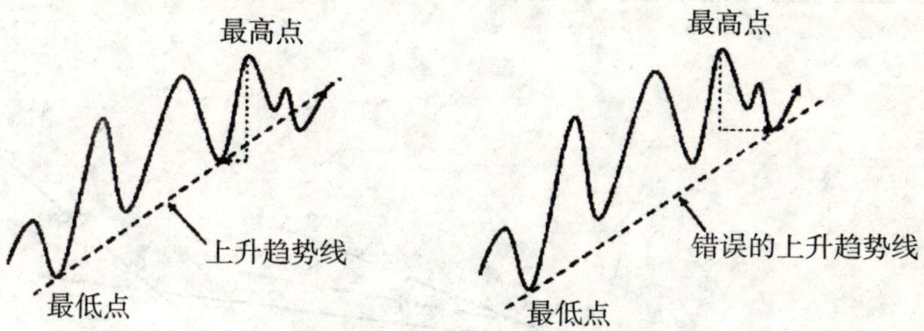

图 4-42 上升趋势线的画法

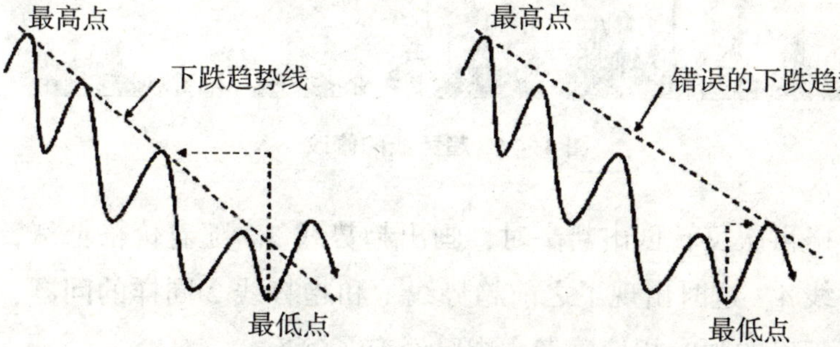

图 4-43 下跌趋势线的画法

格走势中，趋势线的存在是唯一的。也就是说，任何人画出同一幅图的趋势线应该是一致的，不存在不同人可以画出不同的趋势线。随着价格创出新高或新低，趋势线也需要相应地修改以适合当下的走势。图 4-44 展示了趋势线的演变过程。

如图 4-44 所示，在整个上涨趋势中，共发生了 3 次趋势变化。图中第 1 条趋势线未被破坏时，价格创出了当时的新高，从而产生了小级别的趋势线 2。

有读者会问，选择哪一条是正确的？这牵涉到级别大小转换的问题。从一切分析服从于操作和实用便利原则，当趋势线 2 被破坏时，多头就应该平仓离场。在趋势线 1 也被破坏后，价格将有可能转为下跌趋势或盘整趋势，之后需要引入关键点去提高交易的胜算。

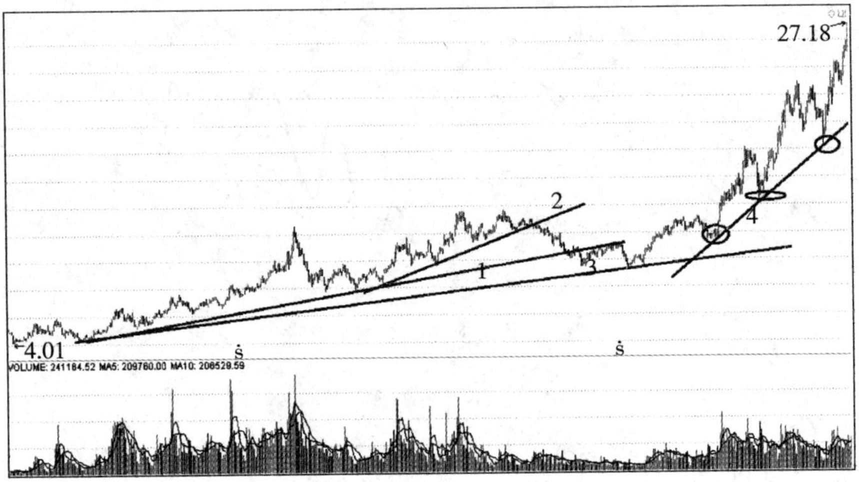

图 4-44　趋势线的修改

当价格再次反转创出新高时，画出趋势线 3。随着价格上涨，又出现了趋势线 4。这时出现了之前趋势线 1 和趋势线 2 同样的问题，选择哪一条是正确的呢？相信读者心中已经有了答案。

在选择趋势线时，投资者应该有辅助判断标准。下面是笔者 10 多年操作分析所用的辅助判断方法。

（1）趋势线尽可能接近当下走势的中心线。

（2）价格接触（或靠近）趋势线的次数越多越准确。

（3）均线接触辅助判断（见图 4-45）。

从图 4-45 中可以看到，趋势线 4 有 3 次价格接触趋势线和 60 日均线，如果该趋势线被破坏，将有极大可能引发新一轮下跌，最好的情况是出现盘整走势。下面不妨看后面的走势如何，如图 4-46 所示。

2. 趋势线的支撑、压力作用

前面讲解了怎么画趋势线，现在探讨一下趋势线的支撑和阻力作用。

通常上升趋势线作为上涨趋势的支撑线，对行情的发展起着支撑作

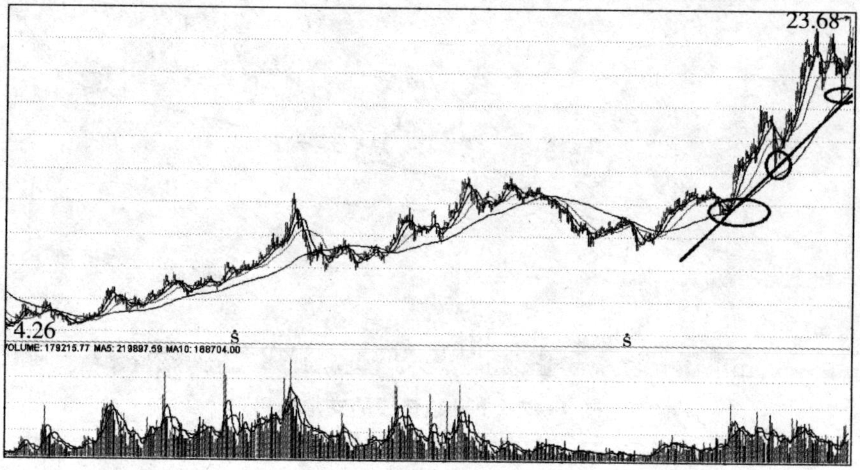

图 4-45　均线接触辅助判断

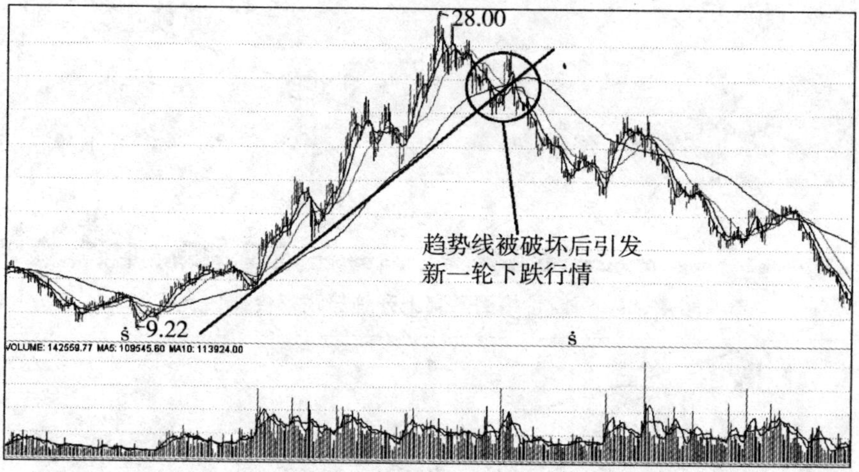

图 4-46　趋势线被破坏后引发一轮下跌行情

用（见图 4-47、图 4-48）。反过来，下跌趋势线作为下跌趋势的压力线，或者又叫阻力线，对行情的发展起着压制作用。在一波下跌行情里面，每当行情反弹走到压力线的位置时，就会受到阻力作用而下跌（见图 4-49、图 4-50）。

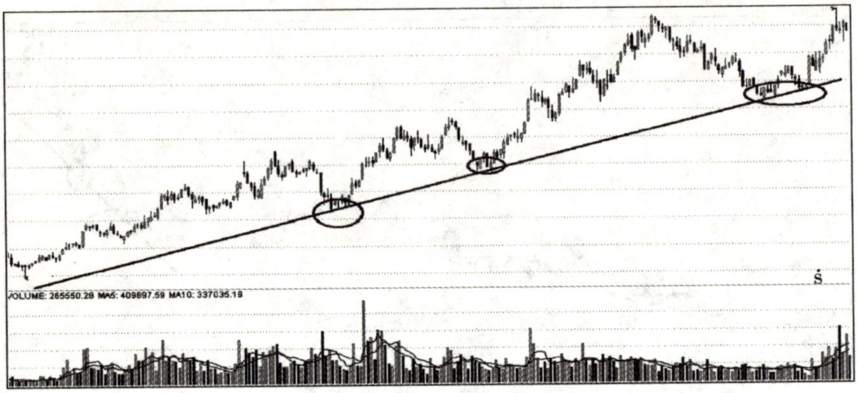

图 4-47 上升趋势线的支撑作用

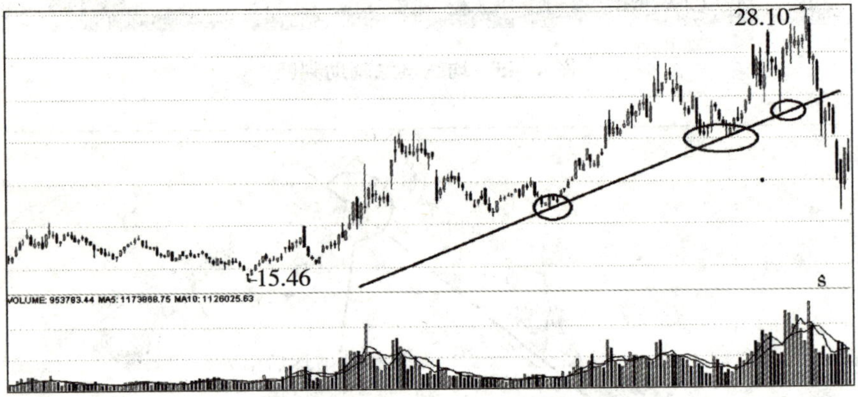

图 4-48 每当价格回落到上升趋势线都会掉头上行

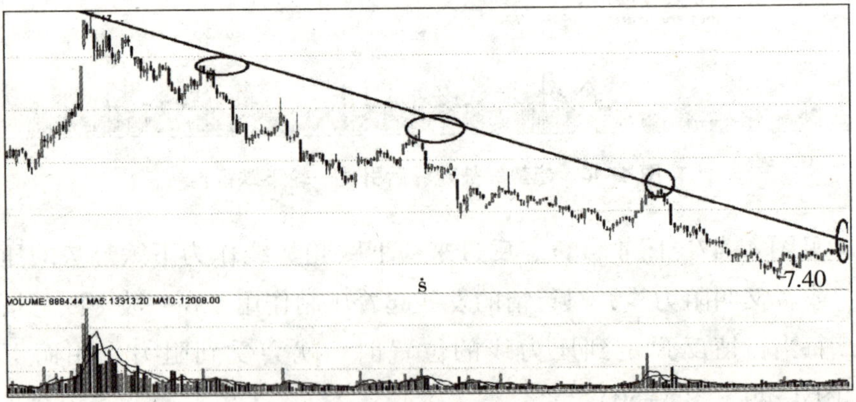

图 4-49 下降趋势线的压力作用

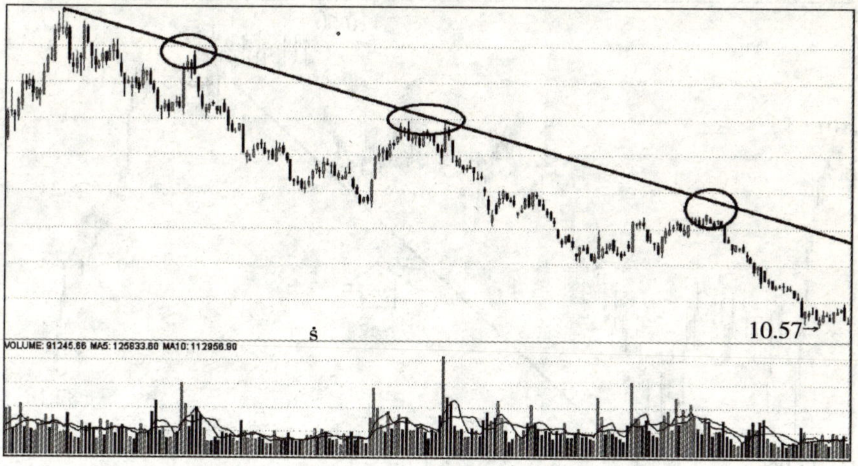

图 4-50 价格反弹到下降趋势线都会掉头下跌

支撑位和压力位的角色是可以相互转变的，支撑位可以转变为压力位，压力位也可以转变为支撑位。支撑线和压力线的角色互换也是同样的道理，如果向下突破后，上升趋势线就会转变为阻力线；下跌趋势线一旦被向上突破后，就会转变为支撑线（见图 4-51）。

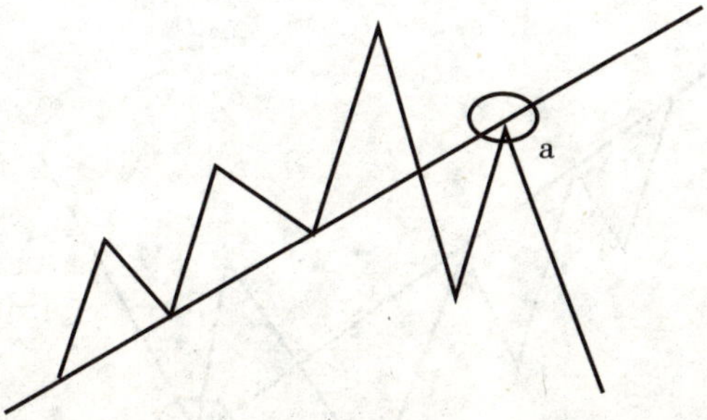

图 4-51 上升趋势线转化为阻力线

图 4-51 中，上升趋势线本来对行情的上涨起到支撑作用，但是价格向下破位后，上升趋势线就会转变为阻力线。之后当行情反弹到趋势线 a 点这个位置的时候，往往会受到压力而掉头回落（见图 4-52）。

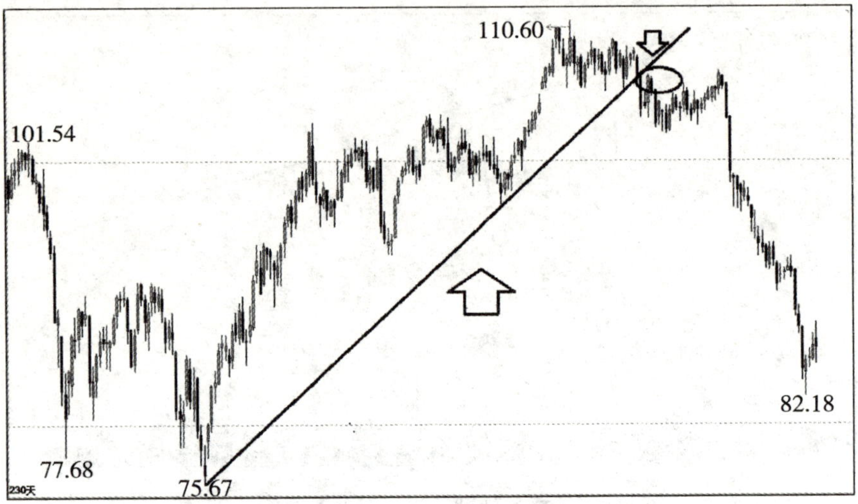

图 4-52　行情反弹到趋势线时受到压力

图 4-53 中，原来的下跌趋势线本来作为下跌行情的阻力线，但是后来被有效突破之后，就转变为支撑线。当行情出现回调，回落到圆圈 a 点即趋势线的位置时，往往会产生支撑作用，价格随后出现上涨，实际走势如图 4-54 所示。

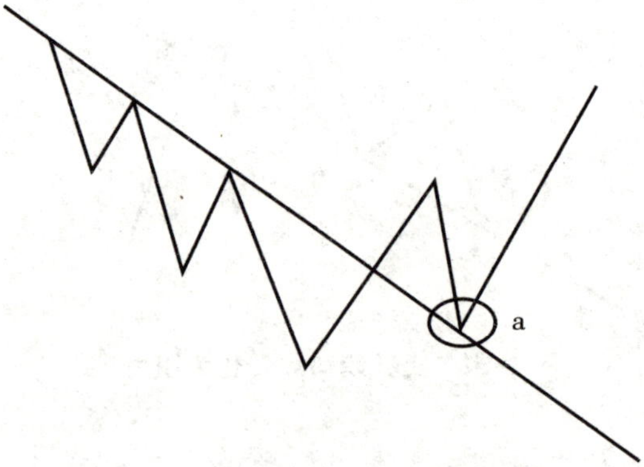

图 4-53　下跌趋势线转化为支撑线

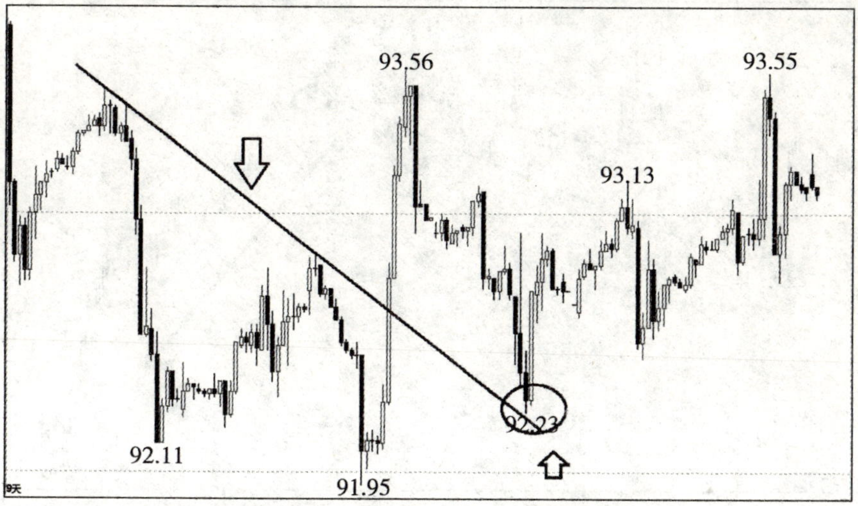

图 4-54　行情回调时下跌趋势线产生支撑作用

3. 趋势线的破坏

趋势线的破坏是指上升趋势线和下跌趋势线被跌破或升穿。一旦趋势线被破坏，往往代表着该趋势终结（或暂时性终结），随后走势陷入盘整或下跌趋势。

趋势线如果被破坏，意味着投资者需要更改或重新制定投资计划。需要注意的是，这种破坏在所操作的周期（投资者实际买卖参考的周期）中如果只是影线升破或跌破，属于例外情况，通常只能算是一种测试支撑或压制力度的试盘动作，一般以收盘价作为趋势线是否被破坏的衡量标准（见图 4-55）。

图 4-55 是石油 K 线走势图。2014 年 7 月 11 日，石油价格跌破了原来的上升趋势线，随后反弹至阻力线（上升趋势线转化成阻力线）回跌，开启了到 2016 年 3 月依然没有结束的一波大跌势。这波下跌让人们见证了石油从牛皮市转为大熊市的过程，其下跌的惨烈程度与 2008 年金融危机期间引发的石油价格大跌有一拼（见图 4-56）。

历史何其相似。历史会重演，石油走势图再一次充分地证明了这一点，

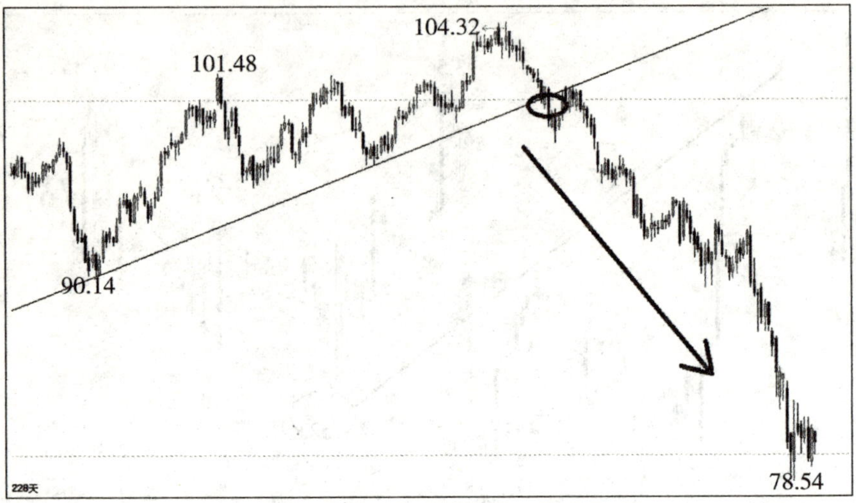

图 4-55 上升趋势线被破坏

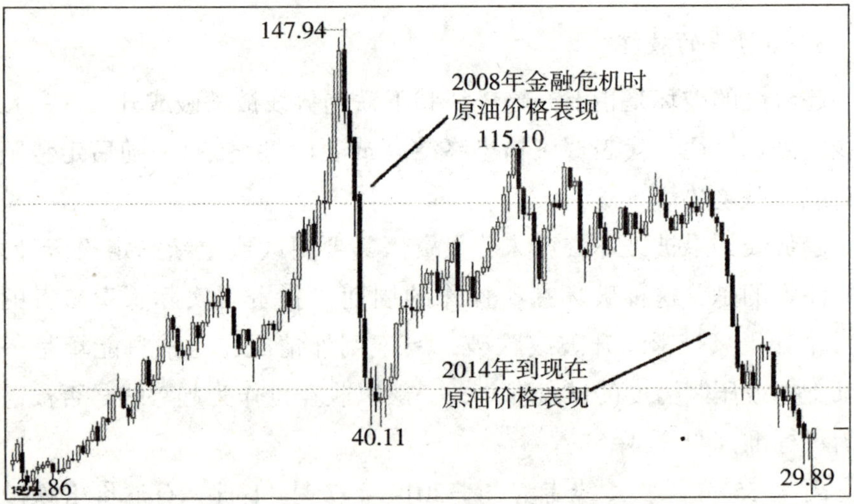

图 4-56 2008 年和 2014 年石油价格走势对比图

但这种重演从过程来说依然有所区别。技术分析三大前提是所有投资者需要深刻领会的，没有假设、没有规律的理论是没有任何实际价值的。

图 4-57 为伦敦铜的价格走势。图中可以看到，下跌趋势线被破坏

后，价格经过回落，重新展开上升走势。价格回落和突破过程中很适合建仓、加仓操作，后面将会详细论述。

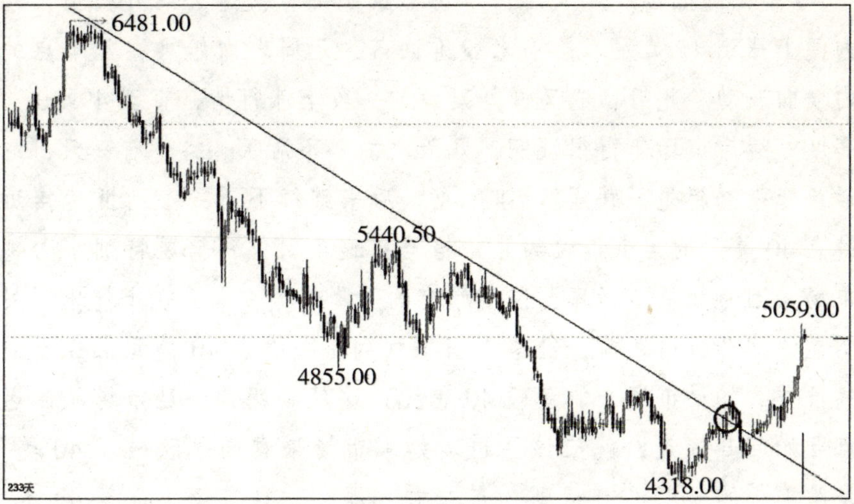

图 4-57　下跌趋势线被破坏

三、关键点的应用

对于关键点的论述，当数《股票作手回忆录》一书中华尔街有史以来最著名作手杰西·利弗莫尔讲述的最为深刻。

下面的内容摘自《股票作手回忆录》。

不论何时，只要耐心等待市场到达我所说的“关键点”后才动手，我就总能从交易中获利。为什么？因为在这种情况下，我选择的正是标志着行情启动的心理时机。我永远用不着为亏损焦虑，原因很简单，我恰好在准则发出信号时果断行动，并根据准则发出的信号逐步积累头寸。之后，我唯一要做的就是静观其变，任由市场自动展开行情演变的过程。我知道，只需如此，市场自身的表现就会在合适的时机发出信号，让我了结获利。不管什么时候，只要鼓起勇气，耐住性子等待这样的信号，它总是在它该来的时候到来，从不例外。

举个例子，假定某只股票已经在下降趋势中运行了相当长时间，达到了40美元的低位。几天后，市场形成了一轮快速的回升行情，几天之内便上涨到45美元。接下来股价回落，几周之内始终在几个点的范围内横向波动。此后，它又开始延续前一段上涨行情，直至49.50美元的高度。随后市场变得很沉闷，几天之内都不活跃。终于有一天，它再度活跃起来，起先下跌了3~4个点，后来继续下滑，直到抵达接近其关键点40美元的某个价位为止。恰恰在这个时候，需要特别小心地观察市场，因为如果市场真要恢复原有的下降趋势，那么在市场出现另一轮明显的回升行情之前，价格应当下跌到比关键点40美元低3点或更多的位置。如果市场未能跌破40美元，这就表明，一旦市场从回撤的低点开始回升3点，就应该买进。如果市场果真向下跌破了40美元，但是跌下去的幅度没有达到3点左右，那么一旦市场上涨至43美元，也应该买进。如果出现上述两种情形中的任何一种，您将发现，在绝大多数情况下，都标志着一轮新趋势的开始。如果市场以明确的方式来验证新趋势的发生，它就将持续上涨，一直上升到另一个关键点49.50美元以上——而且比这个关键点高出3点或更多。

我第一次尝试借助这些关键点获利的例子，发生在老伙计森冉公司这只股票上。在其成交价冲过100美元时，我即刻发出交易指令，买进4 000股。几分钟后，直至该股票价格突破105美元，我的交易指令才全部成交。当天，它的成交价又上涨了10点，第二天又是一场不同凡响的上涨过程。在短时间之内，这轮上涨行情持续上涨到超过150美元，中途仅有少数几次七八点的正常回撤，没有一次威胁到100美元的关键点。从那时起，只要有关键点可供参照，我就很少错过这种大机会。当森冉公司的成交价突破200美元时，我故伎重演并获得成功。当股价突破300美元时，又重复了一次。不过这一次它的上冲幅度没有达到合适的高度，最高成交价只有302.75美元。

以上是《股票作手回忆录》中杰西·利弗莫尔关于“关键点”的三大段描述，相信已经激发起读者对“关键点”的兴趣。

1. 寻找关键点

寻找关键点对于实际交易的作用不言而喻，这里需要用到一些技术分析工具。综合起来，可以用以下一种或多种方式来寻找：①走势图前期的高点和低点；②上升或下跌趋势线；③移动平均线；④斐波纳契回调线。

笔者更偏好采用简单直观的第①和第②种方法。每一种方法各有其优点和缺点，投资者需要根据自身的实际情况进行选择。

下面逐一介绍这 4 种方法。

（1）价格走势图前期的高点和低点。这种方法简单直观，基本是一眼即可确定，可以用水平线辅助分析。

从图 4-58 可以看出石油价格明显的高低点，分别是 47. 16 元—64. 07 元—39. 53 元—52. 10 元—29. 89 元，图中油价下跌趋势明显。当前期的高位未确认，后市有可能再创新高，40. 87 元的高点将会发生变化。

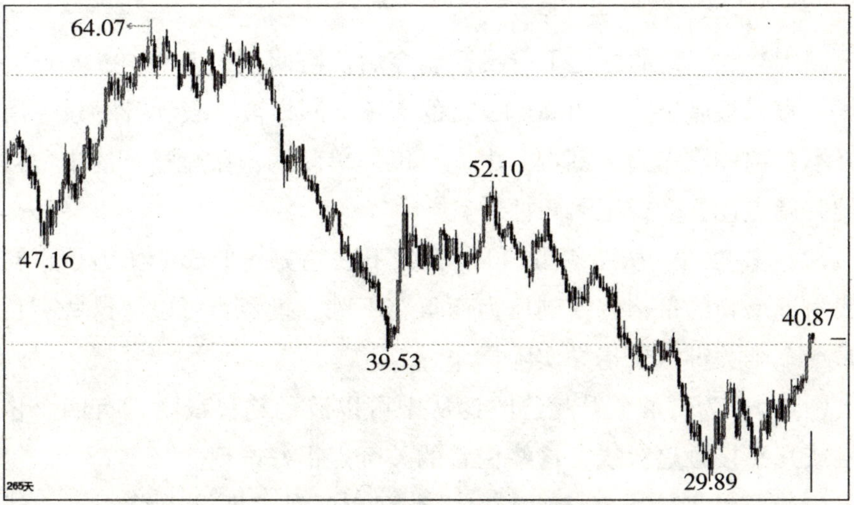

图 4-58 石油价格走势中的高点和低点

图 4-59 中，价格趋势方向性不确定，走势处于盘整之中。图中可以看到上方有两条压力线，下方有两条支撑线。在选择支撑线和压力线的时候，如果两条同类型的直线相近，常常取最外边一条。

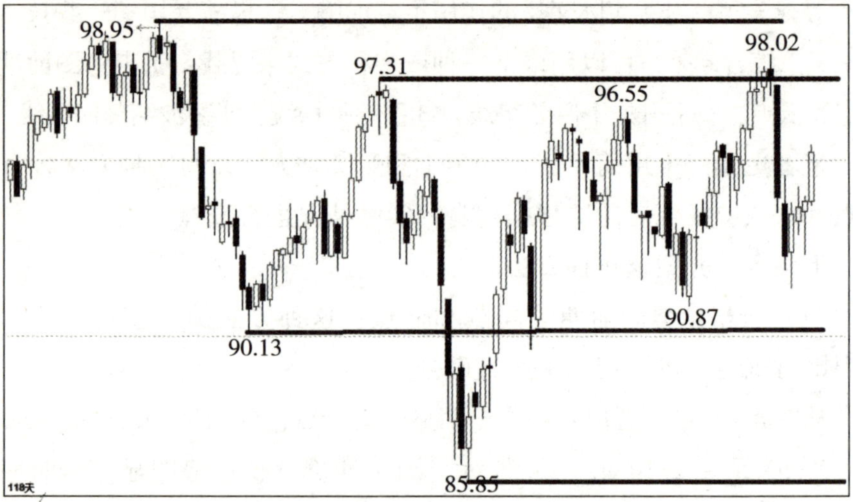

图 4-59　石油价格走势图中的支撑线和压力线

图中 97. 31 元的外延平行线被刺穿后价格回跌，但 98. 95 元处的压力线一直未被刺破。下边 90. 13 元的支撑线同样被跌破和升穿过，所以最好不要选择它作为关键点。由此可以简单归纳，在盘整行情中，被破坏的关键点往往变得不再重要。

（2）趋势线。从图 4-60 可以看到下跌趋势线形成的压力位，在趋势线附近反弹的价格都受到压力而重新下跌，投资者可以将这些高位看作是一个个关键点来指导实际操作。

图 4-61 为石油上升趋势图，从中可以看到趋势线附近有四个位置接触或几乎接触趋势线，这些位置的关键点很好发现。

（3）移动平均线。移动平均线类型有两种，即简单移动平均线和加权移动平均线。笔者偏向于简单移动平均线，后面会有移动平均线比

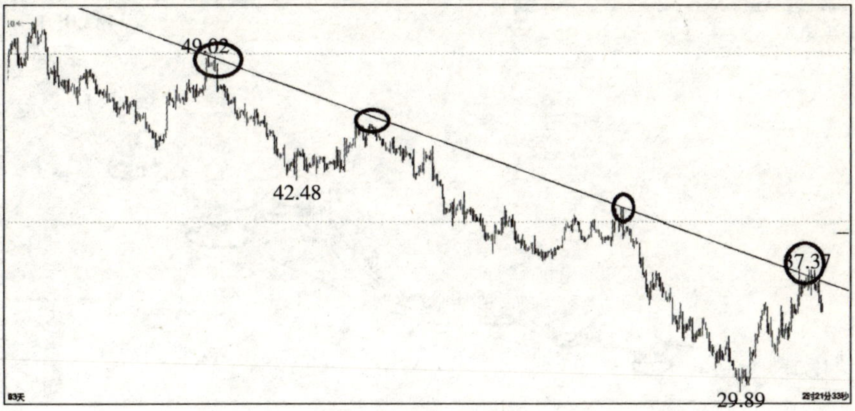

图 4-60　价格走势中的压力线和关键点

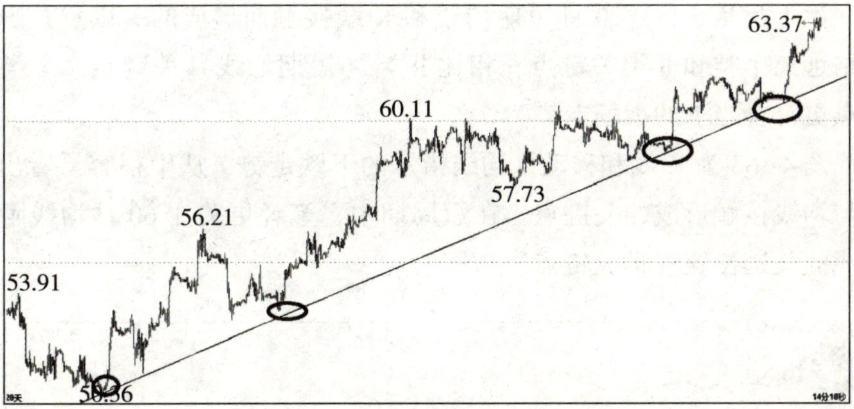

图 4-61　价格走势中的支撑线和关键点

较详细的论述，投资者也可充分了解并使用加权移动平均线。选择哪种平均线，各人的标准不同，但选择平均线的目的只有一个，那就是更好地为交易服务。

图 4-62 是 K 线图和移动平均线指示的上升趋势，较粗的曲线为 60 日简单移动平均线，图中分别标出了中期（第Ⅰ类）和短期（第Ⅱ类）两类接触点，也是价格走势中的关键点，它们支撑着价格的上涨。

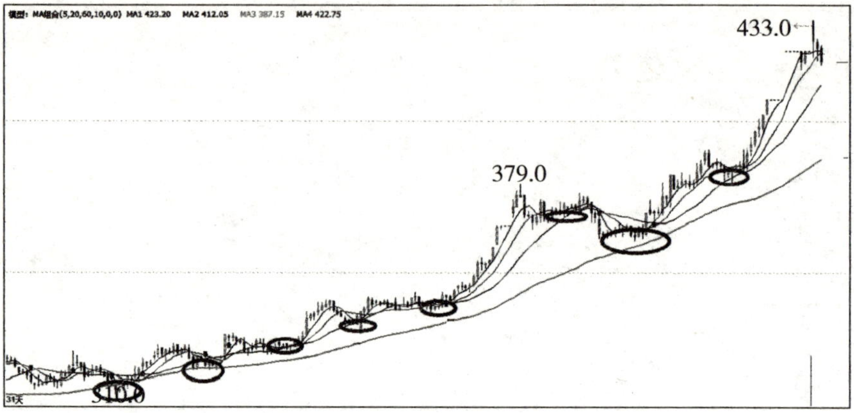

图 4-62　移动平均线指示的市场关键点

第Ⅰ类是 5 日、20 日短期均线和 K 线接触而形成的关键点，当前价格远离Ⅰ类和Ⅱ类关键点，相比Ⅱ类（短期均线）关键点，Ⅰ类关键点更符合当下的市场走势。

图 4-63 为 K 线和移动平均线指示的下跌走势，从中很容易看出 K 线与均线接触形成的关键点。在短周期中，笔者更关注 60 日均线附近形成的关键位置（即关键点）。

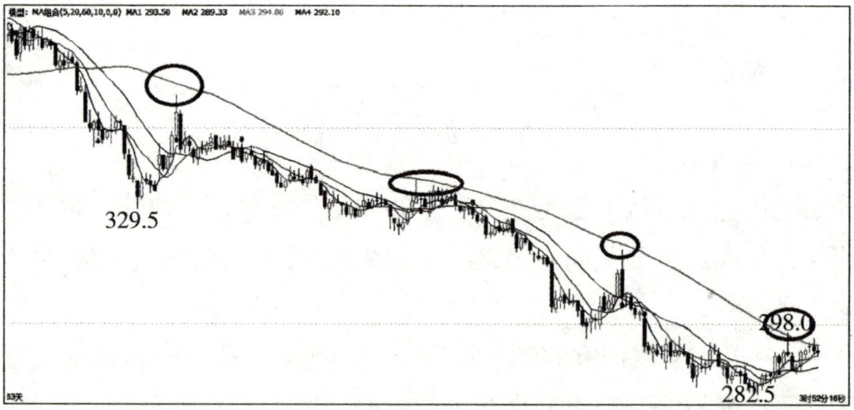

图 4-63　下跌趋势中的市场关键点

（4）斐波纳契回调线（也称黄金分割线）。

黄金分割线是股市中最常见、最受欢迎的切线分析工具之一，实际操作中，黄金分割线主要用来揭示上涨行情的回调支撑位或下跌行情中的反弹压力位。不过黄金分割线没有考虑到时间变化对价格的影响，所以揭示出来的支撑位与压力位较为固定。

黄金分割线是利用黄金分割比率画出的切线。在行情发生转势后，无论是止跌转升或止升转跌，以近期走势中重要的高点和低点之间的涨跌额作为计量基数，将原涨跌幅按 0.236、0.382、0.5、0.618、0.809 分割为 5 个黄金点。价格反转后的走势，可能会在这些黄金分割点上遇到阻力或支撑，其中的 0.382、0.5、0.618 相对更加重要。

下面为黄金分割点位构成的关键点例子。

图 4-64 中，价格从 282.50 元上涨到 330.50 元后回落，最后的回调位置在上升幅度的 0.618 黄金分割线附近震荡回升，从而在低位 298.00 元处形成一个关键点。

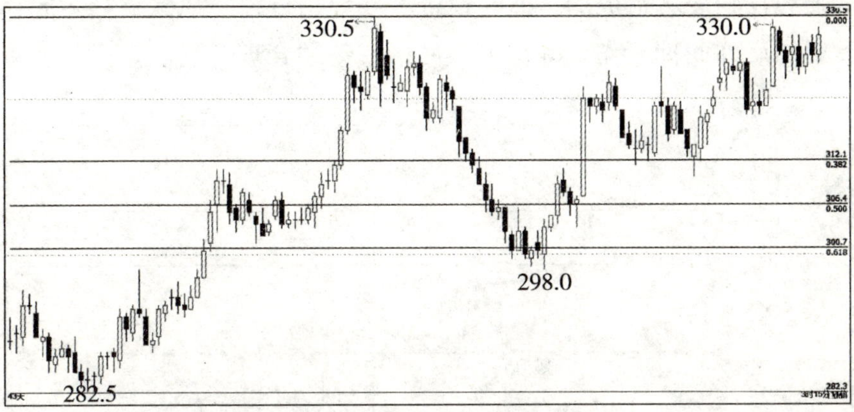

图 4-64　黄金分割点位构成的关键点

图 4-65 为石油 2015 年下半年的下跌—反弹—下跌走势图。当油价从 39.53 美元反弹至 52.1 美元附近位置，恰好是前一波下跌幅度

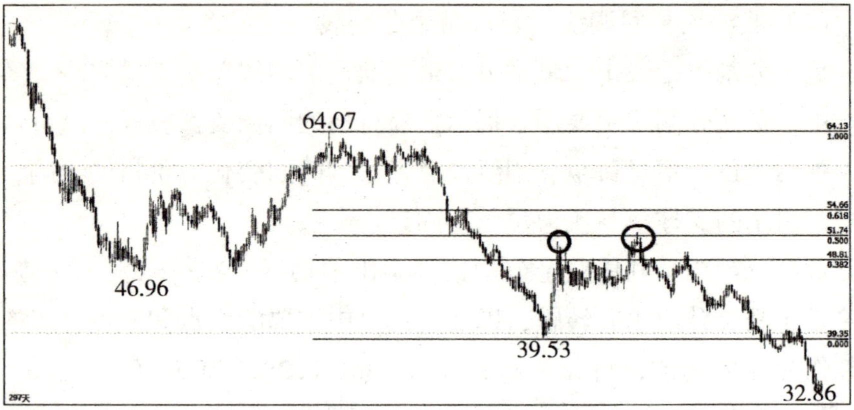

图 4-65　2015 年石油价格走势图

（64.07~39.53 美元）的一半。价格两次试探上方压力后无功而返，最后呈波浪式下跌，连续创出 10 多年来的新低。

图 4-66 是石油 1 小时周期的下跌走势图。从图中可以看到，第一次反弹的上涨幅度甚至没有达到前下跌幅度的 0.382，这往往是前一波行情走势比较凌厉造成的。此时投资者需要格外注意风险，甚至放弃这种类型的反弹回抽操作，等待下跌后形成新的合理开仓点。

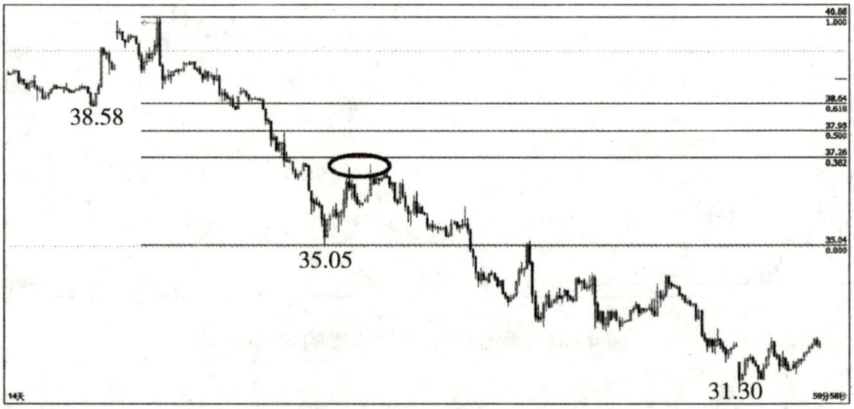

图 4-66　石油 1 小时周期的下跌走势图

2. 关键点的选择

以上4种方法选出的关键点比较多，从四五个到十几个不等，实战中只需要从中选择一两个来指导操作，这时如何选择就显得非常重要。对于关键点的选择，中心原则只有一个，那就是对实际操作具有实用意义，且使用起来简单方便。

有经验的投资者，立刻会想到利用相互共振的办法选择关键点，最理想的情况是几种方法得出来的关键点相互重合，产生共振。这个想法自然很好，但实战应用中往往并不尽如人意，因为按照这种方法选出来的关键点，要么时间间隔相较当前有点远，要么关键点位有多个，难以取舍。

笔者选择关键点一般注重两个方面：时效性，与趋势线和均线结合。读者可以根据实际情况找到适合自己的选择方法。

所谓时效性，是指时间上比较贴近当前的走势。如果时间太接近的话，很容易被破坏，这就需要按照前面介绍的四种方法来进行辅助判断。接下来笔者介绍一下自己寻找关键点方法，希望对大家有帮助。

四、趋势线和关键点组合运用

趋势线是根据当前价格走势的新高新低不断调整变化的，在时效性上（不远也不近）比较符合实战操作。关键点分为已经出现的关键点和即将出现的关键点，实际操作中，关注的重点是已经出现的关键点，即第①种方法所说走势图中的前高位和前低位。可能有的投资者对前高、前低不太理解，简单来说，就是趋势线产生的关键点必须是走势图形中已经形成的高点或低点。

1. 趋势线和关键点的关系

趋势线和前高、前低结合产生的关键点对实战指导意义较大。趋势线是线，关键点是位（位置），两者是线和位的关系。在趋势交易理论中，两者的重要性相当。

在趋势运行过程中，趋势线的作用大于关键点。但在趋势停止下跌转为盘整走势时，关键点的作用更为明显。

图 4-67 为一幅石油从下跌转为盘整的走势图，图中可以看到下跌最后部分形成的两个关键点。在下跌趋势线被破坏后，价格几乎都在关键点之间的区间震荡，据此分析，投资者可以很方便地制订相应的交易策略。

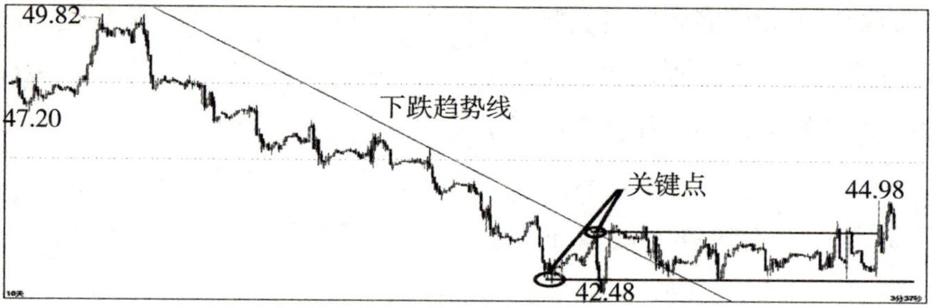

图 4-67 下跌趋势被破坏后形成的关键点

2. 原有趋势破坏

原有趋势破坏是指原来的上升或下跌趋势被价格跌穿或升破技术上的支撑位或压力位。这种支撑位和压力位是根据技术工具选择出来的。

图 4-68 是石油下跌趋势被破坏的案例。下跌趋势被破坏后，价格走势进入了盘整趋势。盘整结束之后，价格是再次上涨还是转而下跌，仍然是不确定的。

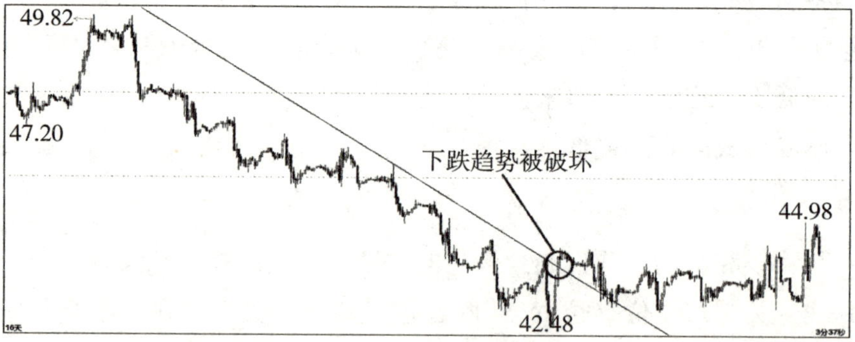

图 4-68 下跌趋势被破坏

图 4-69 与图 4-68 是同一幅走势图，只不过图中用均线组取代了趋势线。从图 4-69 可以看到，中期均线 60 日均线曾经被冲破过，但走势始终无法突破 A1 关键点，直到 A4 才被突破。

从这幅图中可以看到趋势线或均线与关键点结合的巨大作用。无论是用趋势线还是均线来辅助操作，都离不开关键点。

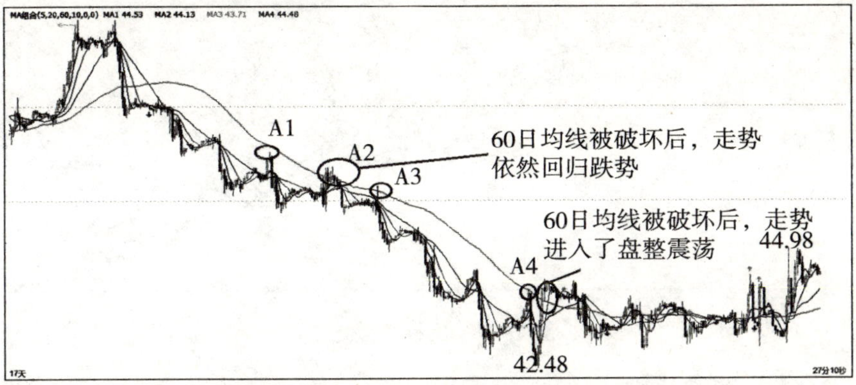

图 4-69　均线与关键点结合把握行情走势

图 4-70 为石油后续走势之一，圆圈中为关键点的变迁。这里注意先有走势才有关键点，不宜采用未经确认的预测性的关键点。

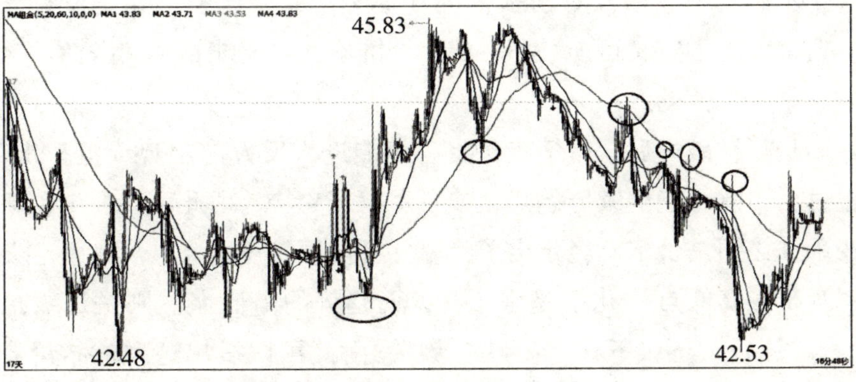

图 4-70　后续走势之一

图 4-71 中的关键点阻力更是明显。关键点与趋势保持一致，逐级下调，在实际操作中意义重大。笔者在寻找关键点时，通常采用趋势线和均线相结合的办法，总体效果较好。

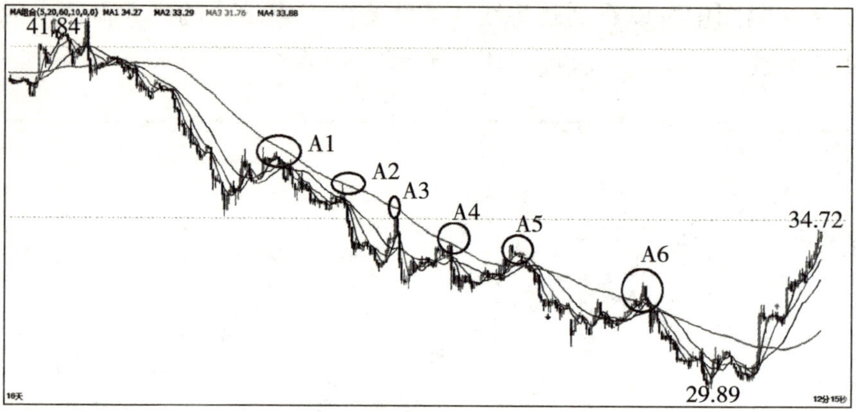

图 4-71　后续走势之二

3. 新趋势确立

新趋势确立是指打破原有方向的趋势或盘整走势，重新走出一波趋势。这里读者要明白，技术分析或者其他任何一种方法，都不可能确保走势预期绝对正确，需要采用风险管理手段来化解预测错误的风险。

学术研究中如果没有前提，没有定义，那么这个研究是没有意义的。这个前提、定义可能并不一定完全准确，只要能指导实战活动，那么它就是有价值的。

旧趋势被破坏后，行情走势将有可能进入反方向趋势或盘整走势。盘整过后，有可能继续原趋势，或者重启新趋势。由此可以看出，新趋势的确立必须是价格已经走出了盘整并且与原趋势相反。从盘整定义可知，盘整的高低点位几乎呈水平状，而趋势的高低点位则是逐级抬高（上升趋势）或逐级下移（下跌趋势）。由此可以得出这样的结论：两个逐级抬高的高点和低点必定是上升趋势，两个逐级下移的高点和低点必定是下跌趋势。

这两个推论对于新趋势的确立意义重大，也是后续展开分析讨论的基础。有了这两个推论，很容易看出新趋势是否已经确立，什么才是更适合的操作。

下面通过建立一个程序图来更好地理解趋势确立的流程。

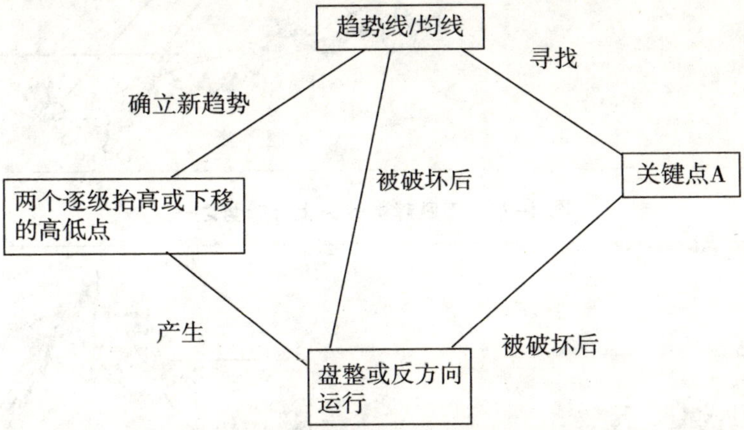

图 4-72 趋势确立流程图

从图 4-72 中，可以了解到趋势从确立到消亡的过程和标准。假设石油上市后第一天交易只产生一根 K 线，经过一段时间的交易后，必然产生一个盘整行情或两个逐级抬高或下移的高低位。如果是盘整行情，之后必将出现突破，产生新的高低位，从而产生趋势。

高低位出来后，标志着趋势确立，趋势运行过程中必然产生关键点 A。趋势线和关键点 A 终有一天会被打破，从而进入盘整或反方向趋势。

市场逃脱不了这种周而复始的运行规律，就像地球的春夏秋冬四季变换一样。下面用一组 K 线走势图来体会这种变化（见图 4-73、图 4-74、图 4-75）。

图 4-74 中的上升趋势，需要注意先要有 X 突破，才有 A1 和 A2，即先有两个逐级抬高的高位和低位，才有趋势的确立。只是这次上升趋势较短暂，当上升趋势确立后，均线不久便被跌穿。

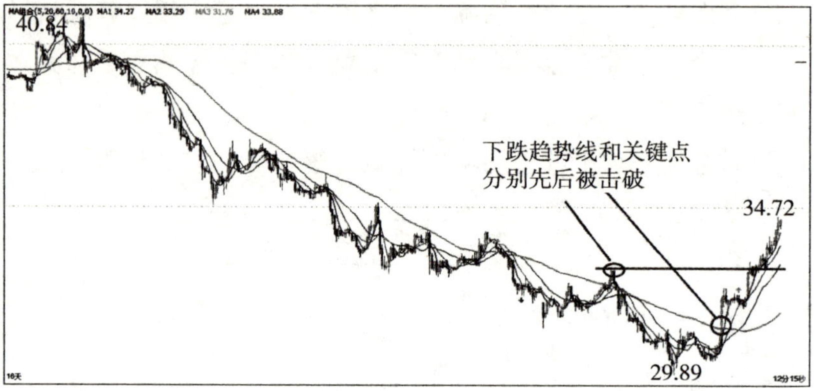

图 4-73　下跌趋势转为上升趋势之一

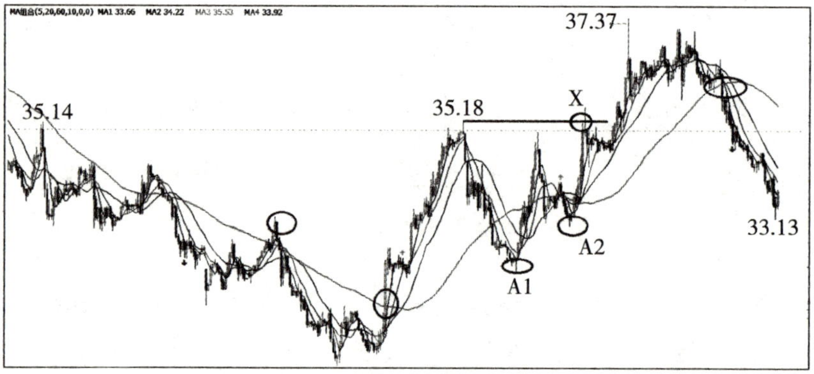

图 4-74　下跌趋势转为上升趋势之二

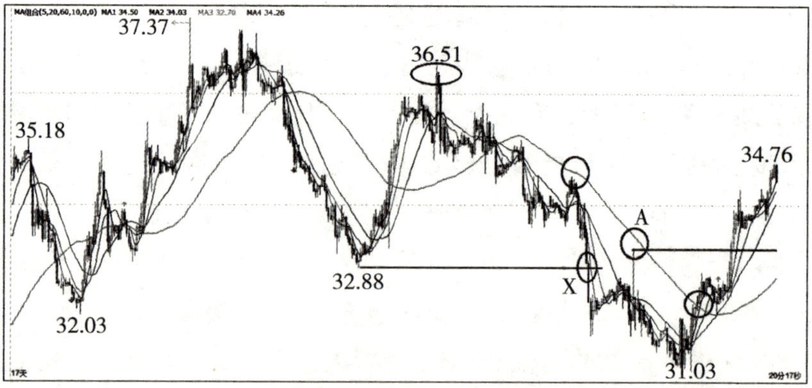

图 4-75　下跌趋势转为上升趋势之三

以上三张 K 线走势图在商品交易市场是极普通的走势，如果投资者熟悉趋势理论分析方法，那么很容易分辨和划分走势类型和阶段。外行看热闹，内行看门道。掌握了趋势理论分析方法，看到 K 线走势，将不再觉得一头雾水或头昏脑胀。

五、趋势理论实战应用

对于趋势理论的实战应用，首先要知道有哪些技术工具，配套的操作策略和仓位管理方法有哪些。下面以简单的技术工具和策略结合 K 线走势进行说明。

根据上升趋势、下跌趋势和盘整走势确定三种对应的交易策略，其中辅助工具是趋势线和关键点。

通过前面的讲解，大家会发现上升趋势前期支撑低位或下跌趋势前期压力高位（A）和价格（P）及趋势线（T）的关系。上升趋势后期，P 与 A、T 可能有以下情况出现（见图 4-76）。

（1）P>T>A 时，上升趋势保持，继续执行上升趋势交易策略。

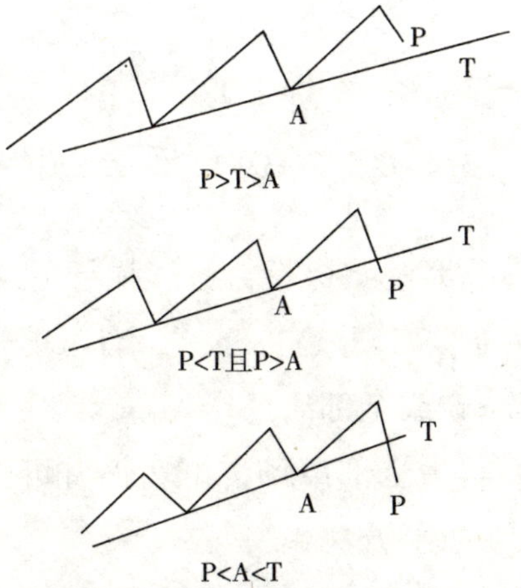

图 4-76　上升趋势 APT 关系图

（2）P<T 且 P>A 时，上升趋势停顿，市场有可能进入盘整或反方向下跌，操作策略是多单减仓或全部离场。

（3）P<A<T 时，多头全部离场，市场将有可能进入盘整或下跌，操作策略宜采用高空低平的操作方法。

下跌趋势后期，P 与 A、T 可能有下面的情况出现（见图 4-77）。

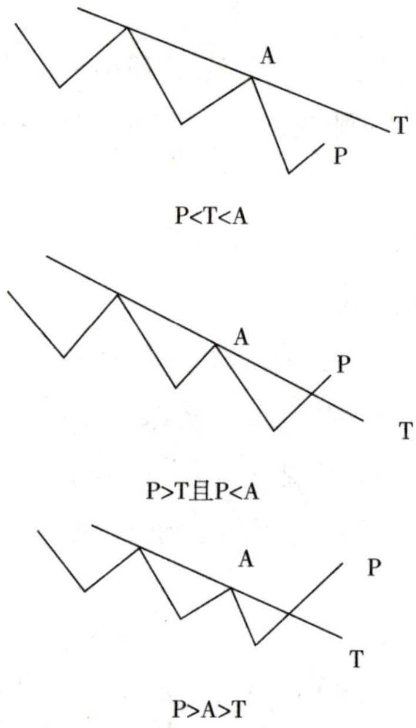

图 4-77　下跌趋势 PAT 关系图

（1）P<T<A 时，下跌趋势保持，继续执行下跌趋势策略。

（2）P>T 且 P<A 时，上升趋势停顿，有可能进入盘整或反方向下跌。操作策略是空单减仓或全部离场。

（3）P>A>T 时，空头全部离场，市场很有可能进入盘整或上升趋势，操作策略采用低多高平方法。

下面以大连大宗商品交易所石油交易为例进行实战讲解。

图 4-78 中，S1 和关键点先后被破坏，即出现下跌趋势线后期被破

坏的情况。P>A>T，空头全部离场，市场很可能进入盘整或上升趋势，操作策略采用低多高平方法。

在方框内采用低多高平策略，直到 X 被破坏后，再将多单重新买回来。后期石油价格很快跌回 X 以下，形成了 A3，在反弹未破原有高点时多单离场。不久后 A3 被跌破，石油价格走势将有可能进入下跌或盘整走势。

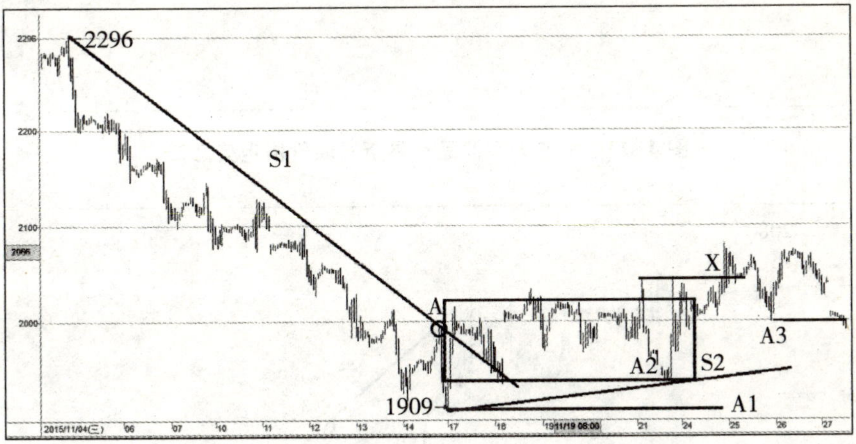

图 4-78　大连大宗商品交易所石油价格走势之一

图 4-79 中，S2 和 A2（图 4-78 中的 A1 严格意义并不算关键点）先后被破坏。当 P<A<T 时，市场很有可能进入盘整或下跌趋势，操作策略采用高空低平方法。

不久后石油价格出现了有力度的反弹，正好适合投资者建立空单。如果在价格下破 A2 时担心错过行情，可以追空进去。为了降低风险，可以采用低级别周期的离场策略。随后油价加速下跌并跌破 X，之后一路下滑，创出新低。

图 4-80 中，价格一路下滑，直到趋势线被上穿，但 A 点仍在高位。当 P>T 而 P<A 时，上升趋势停顿，有可能进入盘整或反方向下跌，操作策略是空单减仓或全部离场。

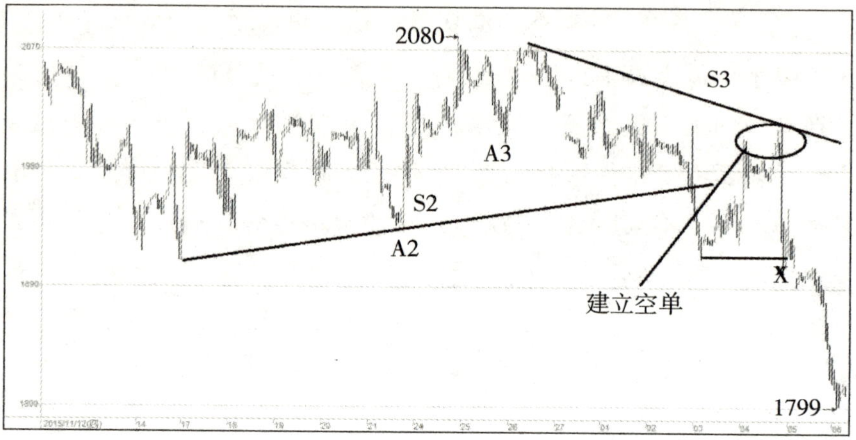

图 4-79　大连大宗商品交易所石油价格走势之二

图 4-80　大连大宗商品交易所石油价格走势之三

如果投资者担心下跌继续错过空头行情，可以在低级别周期图中采用趋势法重新建立空单，或是重新创本级别周期新低时跟进。

第三节　均线分析系统

均线系统是指由均线相关指标（包括均线衍生出来的指标）构成的买卖交易系统。均线系统包括移动平均线（MA）、指数移动平滑平均线（MACD）、相对强弱指数（RSI）等。

一、均线概述

均线指标实际上是移动平均线指标的简称，根据对数据处理方法的不同，均线分为普通移动平均线、加权移动平均线和指数平滑移动平均线。这里提到的均线，一般是指普通移动平均线。

均线又叫成本线，代表一段时间内买入投资标的的平均成本，反映了价格（投资标的）在一定时期内的强弱和运行趋势。

1. 均线计算方式

移动平均线就是将 N 天的收盘价加和再除以 N，得到第 N 天的算术平均线数值。例如 20 日移动平均线，是将过去 20 个交易日的收盘价相加，然后除以 20，得到一个数值。再以昨日向前倒推 20 个交易日，用同样的方法计算出另外一个数值，以此类推。将这些数值连接起来，就形成一条普通移动平均线（见图 4-81）。

举个例子：上证指数的 30 日均线，就是上证指数连续 30 天的收盘价之和再除以 30 形成 30 日均点，依次连接这些均点，就形成 30 日均线。其他以此类推。

均线通常以 5、10、20、30、60 周期为主，K 线图中常标记为 MA5、MA10、MA20、MA30、MA60。一般以日线 MA5、MA10 分析短期走势，

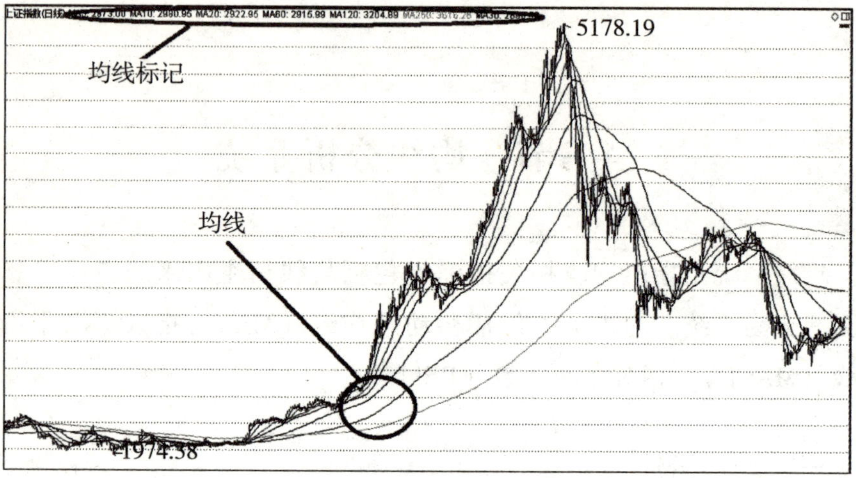

图 4-81　K 线走势图中的均线系统

以 MA30、MA60 分析中期走势，以 M125 和 M250 分析中长期走势。以 5~30分钟 K 线图做短线操作，以周、月、年 K 线图中的均线走向分析长期走势。

2. 移动平均线的优点

（1）移动平均线能显示买进和卖出信号。无论移动平均线怎样变化，反映买入或卖出信号的方法都一样。若价格（一般用收盘价）向下跌破移动平均线，便是卖出信号；反之，若价格向上穿过移动平均线，便是买入信号。利用移动平均线捕捉买入和卖出信号，通常会获得可观的投资回报，尤其是当价格刚开始上升或下降时。

（2）移动平均线直观地显示了价格变动的大致方向。移动平均线指标的构造原理决定了它具有反映价格运行趋势的特性，因此移动平均线指标可以对价格运行起到趋势跟踪的作用。也许在某一天或者某一时刻，价格波动会暂时脱离原来的运行趋势，但只要其均线系统没有出现相应的变化，不能就此认为价格的运行趋势出现了转折。

（3）移动平均线具有稳定性。移动平均线是对价格的收盘价进行算术平均以后产生的新的价格点连线而成，因此均线相对于价格的变化来说更为稳定（见图 4-82）。

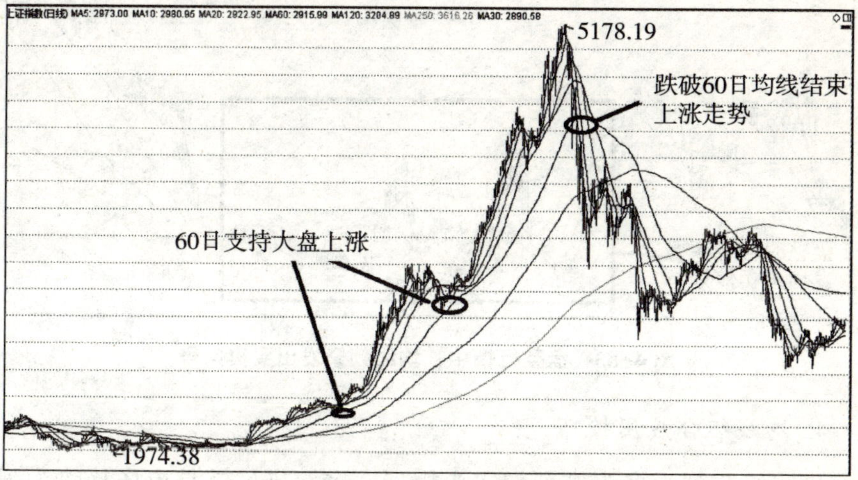

图 4-82 移动平均线具有稳定性

3. 移动平均线的缺点

（1）移动平均线变动缓慢，具有明显的滞后性。当价格趋势已经出现变化的时候，均线指标还会依惯性继续沿原来的方向运行一段时间，而不是立即改变运行的方向。这是均线指标的不足之处，不易把握股价趋势的高峰与低谷。

（2）在价格波幅不大的牛皮市期间，移动平均线折中于价格区间之中，出现上下交错型的买入卖出信号，据此操作会使投资者频繁出现止损（见图 4-83）。

（3）移动平均线的周期没有一定的标准和规定，常根据股市的特性和不同发展阶段，以及分析者的个性而有所不同。投资者在确定计算移动平均线的周期前，必须先清楚了解自己的投资目标。若是短线投资者，一般应选用 10 日移动平均线，中线投资者应选用 60 日移动平均线，长期投资者则应选用 250 日移动平均线。

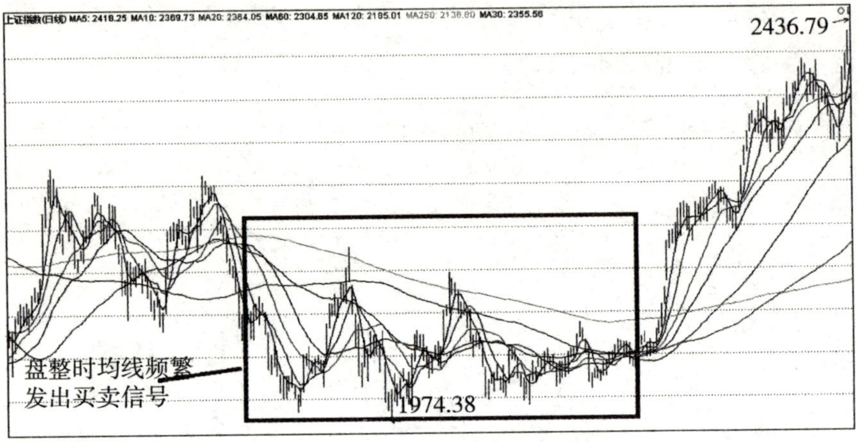

图 4-83　盘整行情中，均线频繁发出买卖信号

4. 均线组合应用技巧

均线组合分为多头排列和空头排列。多头排列就是市场趋势为强势上升趋势，价格在 5 日、10 日、20 日、30 日、60 日均线支撑下向上挺升，呈现为多头排列。均线多头排列趋势为强势上升趋势，操作思维应为多头思维。进场以均价线的支撑点为买点，下破均价线支撑位止损。

图 4-84 为石油周线图，均线形成多头排列后，价格呈波浪上升，每一次回落到均线附近受到支撑时，都是较好的买入点。

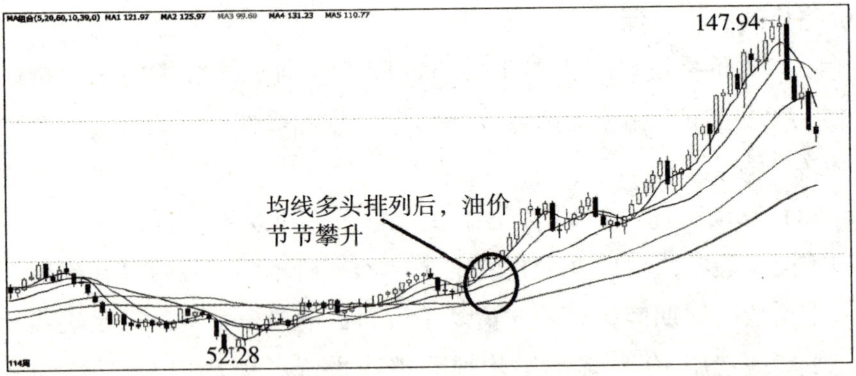

图 4-84　石油周线走势图

空头排列是指在市场趋势向下运行时，5 日、10 日、20 日、30 日和 60 日均线压制 K 线，形成依次向下排列的形态。空头排列时，进场以均价线阻力位为卖点，价格上破均价线止损。

图 4-85 为石油日线图，在均线形成空头排列后，价格不断下跌，每次反弹到均线受阻时，都是较好的卖空位置。

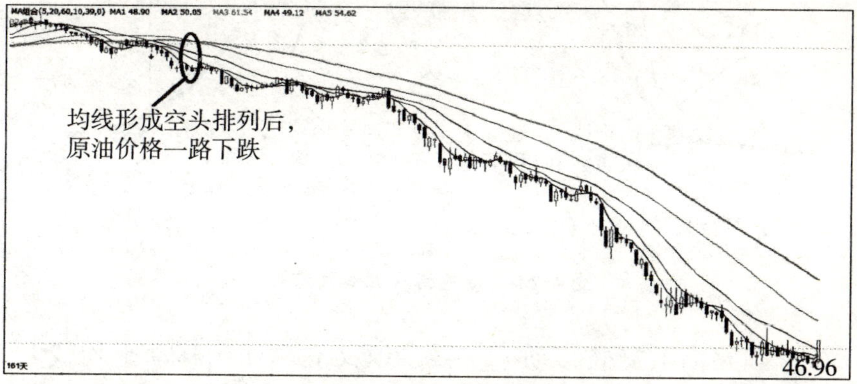

图 4-85　石油日线走势图

移动平均线的基本应用方法，最著名的是“葛兰碧八大买卖法则”（见图 4-86）。

（1）移动平均线从下降逐渐走平，而价格从移动平均线下方突破移动平均线时，是买进信号。

（2）价格虽然跌至移动平均线下方，但移动平均线在上扬，不久价格又回到移动平均线上的时候为买进信号。

（3）价格在移动平均线之上并且下跌，但未跌破移动平均线价格又上升时，可以加码买进。

（4）价格低于移动平均线并突然暴跌，远离移动平均线时，极可能再度趋向移动平均线，是买进时机。

（5）移动平均线从上升变为逐渐走平，价格从移动平均线的上方往下跌破移动平均线时，是卖出信号。

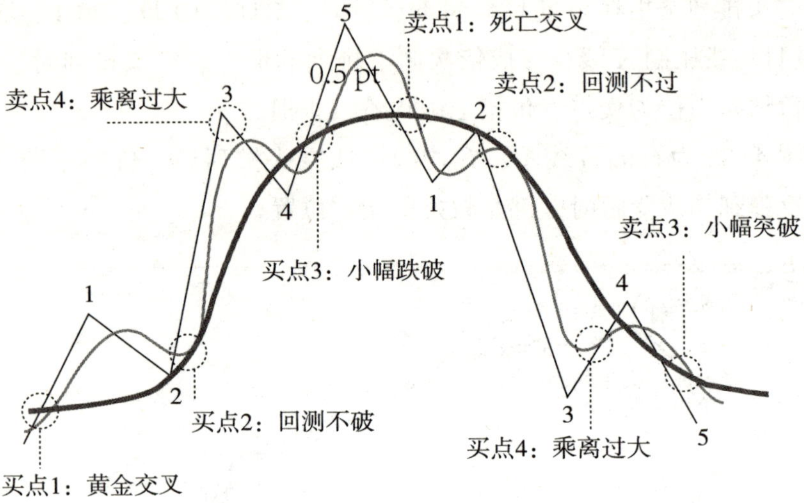

图 4-86　葛兰碧八大买卖法则

(6) 价格向上突破移动平均线，但又立刻回到移动平均线之下，而且移动平均线仍在继续下移时，是卖出时机。

(7) 价格在移动平均线之下并上涨，但未突破移动平均线又告回落，是卖出时机。

(8) 价格在上升过程中走在移动平均线之上，突然价格暴涨并远离移动平均线，之后价格很可能再度趋向移动平均线，是卖出时机。

二、MACD 指标概述

MACD 指标也称为指数平滑异同移动平均线，是从双移动平均线发展而来的，由快的移动平均线减去慢的移动平均线。MACD 的意义和双移动平均线基本相同，但使用起来更方便。

当 MACD 从负数转为正数，是买进信号。当 MACD 从正数转为负数，是卖出信号。当 MACD 以大角度变化，表示快的移动平均线和慢的移动平均线的差距迅速拉开，代表了一个市场大趋势产生。

1. MACD 的计算方式

MACD 指标的 DIF 线（Difference）是短期移动平均线和长期移动平均线的差离值，DEA 线（Difference Exponential Average）是 DIF 线的 M 日指数平滑移动平均线，MACD 线是 DIF 线与 DEA 线的差，在图表中用彩色柱状线表示。MACD 指标的参数有三个：SHORT（短期移动平均线）、LONG（长期移动平均线）、M 天数，一般为（12，26，9）。

计算公式如下。

加权平均指数（DI）= 当日最高指数+当日收盘指数+2 倍的当日最低指数

12 日平滑系数（S12）= 2/（12+1）= 0.1538

26 日平滑系数（L26）= 2/（26+1）= 0.0741

12 日指数平均值（12 日 EMA）= S12×当日收盘指数+11/（12+1）×昨日的 12 日 EMA

26 日指数平均值（26 日 EMA）= L26×当日收盘指数+25/（26+1）×昨日的 26 日 EMA

EMA（Exponential Moving Average）是指数平均数指标，也叫 EXPMA 指标，它也是一种趋向类指标，指数平均数指标是以指数式递减加权的移动平均。各数值的加权随时间而指数式递减，越近期的数据权数越重，但较旧的数据也给予一定的权重。

差离率（DIF）= 12 日 EMA-26 日 EMA

9 日 DIF 平滑移动平均值（DEA）= 当日的 DIF×0.2+昨日的 DEA×0.8

分析软件上还有一个指标叫柱状线（BAR）。

MACD：BAR=2×（DIF-DEA）

图 4-87 副图指标为 MACD，在电脑上看到的通常是彩色线。白色为 DIF 线，黄色为 DEA 线，红绿柱线为 DIF 和 DEA 的差值。

MACD 的基本用法如下。

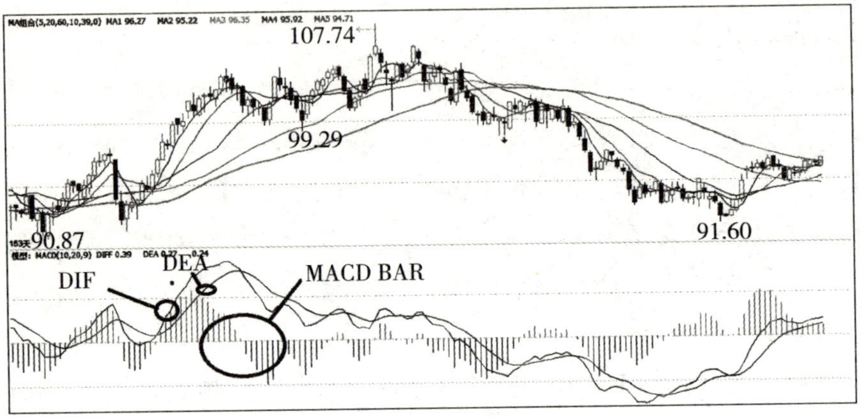

图 4-87　图表中的 MACD 指标

（1）MACD 金叉：DIF 由下向上突破 DEA，为买入信号。

（2）MACD 死叉：DIF 由上向下突破 DEA，为卖出信号。

（3）MACD 绿转红：MACD 值由负变正，表示市场由空头转为多头。

（4）MACD 红转绿：MACD 值由正变负，表示市场由多头转为空头。

（5）DIF 与 DEA 均为正值，即都在 0 轴线以上时，大势属于多头市场。此时 DIF 向上突破 DEA，可作买入信号。

（6）DIF 与 DEA 均为负值，即都在 0 轴线以下时，大势属于空头市场。此时 DIF 向下跌破 DEA，可作卖出信号。

（7）当 DEA 线与 K 线趋势发生背离时，为反转信号。

（8）DEA 在盘整走势时失误率较高，但如果配合 RSI 及 KD 指标，可以适当弥补缺点。

2. MACD 指标的优点

MACD 指标的本质就是改良的均线系统，但经过多次平滑处理，一方面淡化了单根 K 线跳动的影响，滤去一些不必要的短期波动，减少了无效转势信号；另一方面，又能比同周期的两条均线系统提前作出转势反应，形成金叉或死叉，所以 MACD 指标在趋势明显的市场中，对操作有很好的指导意义。

图 4-88 中，主图均线和副图 MACD 指标参数均是采用 12 和 26，从中可以看到它们分别有 5 个信号，而每一个信号均是 MACD 指标领先于主图均线形成的金叉和死叉。在图中趋势明显时，根据 MACD 指标形成的金叉和死叉进行买卖操作，能够取得良好的成绩。

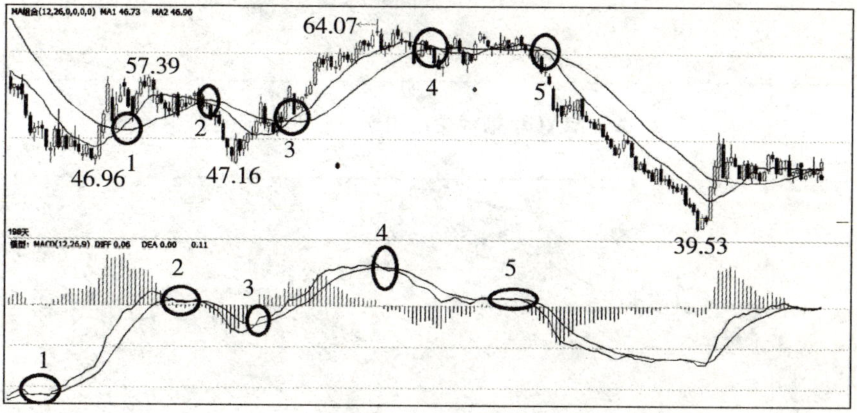

图 4-88　均线和 MACD 发出的信号对比

图 4-89 中，MACD 指标在趋势明显的走势中优势明显，同时在趋势中不宜反向操作，即在下跌趋势时放弃买入信号，上升趋势时放弃卖出信号，这样操作成功率会大幅上升。

MACD 指标还有个特点，就是可以利用背离现象帮助判断后期走势。MACD 指标背离分为顶背离和底背离两种。

（1）顶背离：当 K 线图上的价格在上涨趋势中走势一峰比一峰高，而 MACD 指标图形上的红柱图形却是一峰比一峰低，或黄白线一峰比一峰低，或两种情况都存在，就叫顶背离。

顶背离一般是价格在高位即将反转下跌的转势信号，表明价格短期内可能回调下跌，是卖出信号（见图 4-90）。

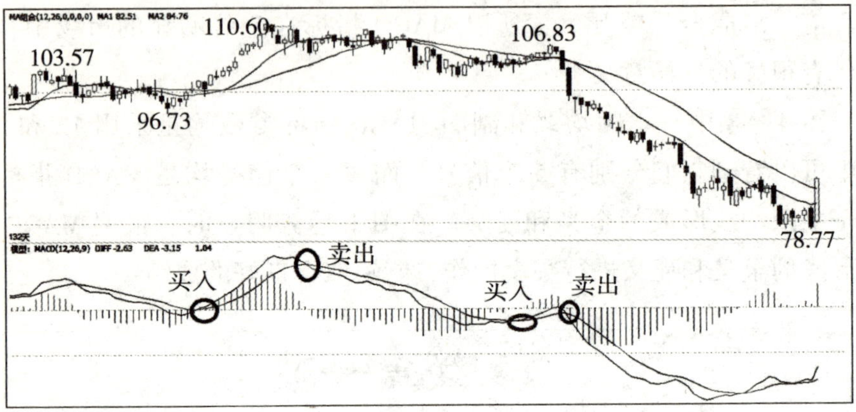

图 4-89　MACD 指标更适用于趋势明显的走势中

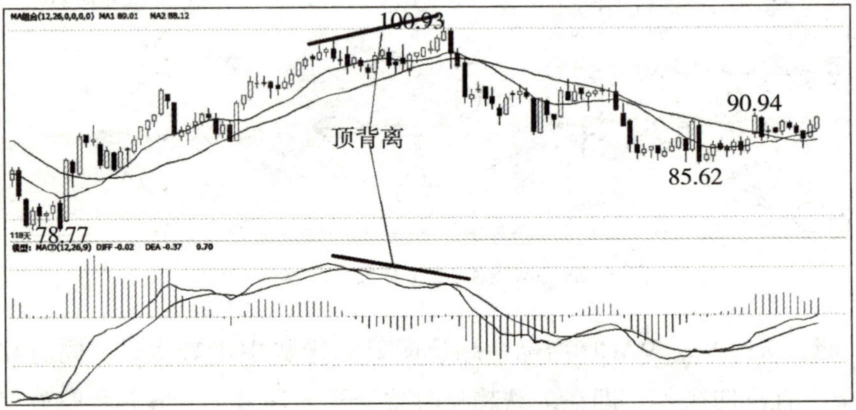

图 4-90　MACD 指标顶背离

图 4-90 明显是一个顶背离。石油价格在调整后再创新高，而 MACD 指标的两条曲线在油价创新高时却无力上升，构成了顶背离。后期油价开始逐步回落下跌（见图 4-91）。

（2）底背离：当 K 线图上的价格在下跌趋势中走势一谷比一谷低，而 MACD 指标图形上的绿柱图形却是一底比一底高，或黄白线一谷比一谷高，或两种情况都存在，就叫底背离。底背离一般是价格在低位可能反转向上的转势信号，表明短期内可能反弹向上，是买入信号（见

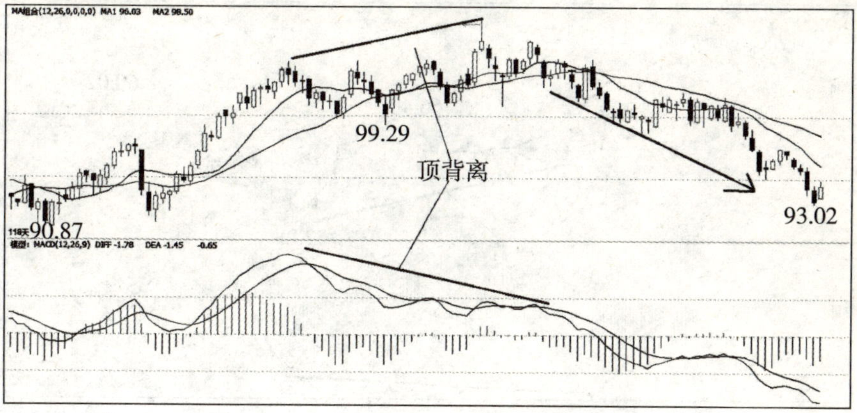

图 4-91　顶背离后价格开始逐步回落下跌

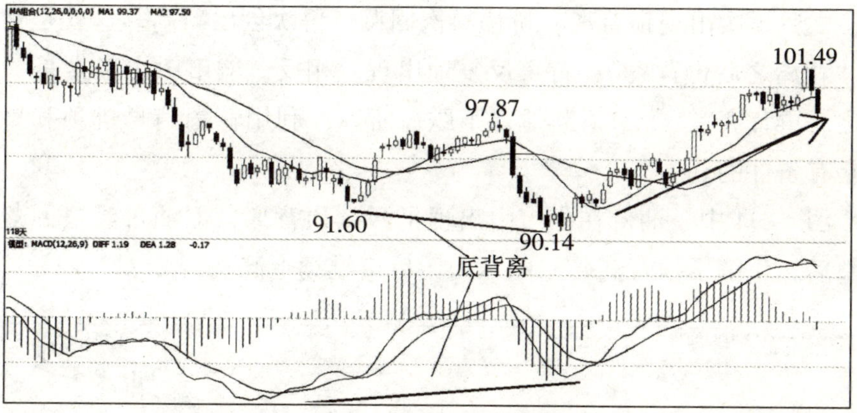

图 4-92　MACD 指标底背离

图 4-92)。

图 4-92 中，油价在跌破 91.60 美元时创下新低，但 MACD 两线并未下破新低，构成标准的底背离，之后油价也逐步回升（见图 4-93)。

3. MACD 的缺点

实践中，在不同的趋势里，MACD 指标背离的可靠性是不一样的。比如在大牛市，顶背离之后往往只是出现一个回调，然后继续上涨趋

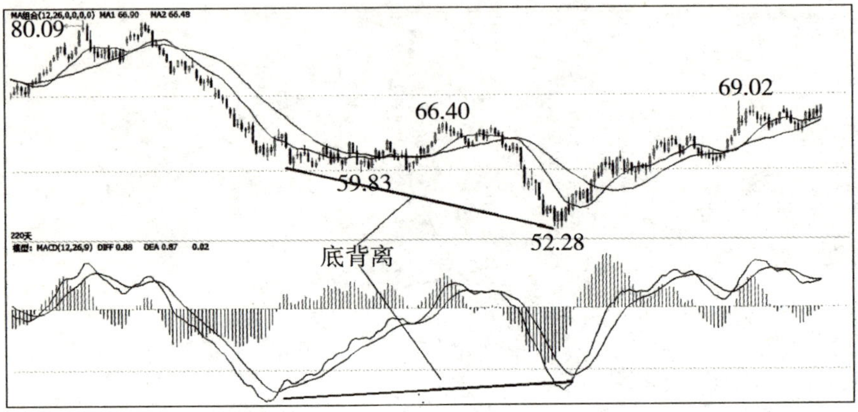

图 4-93 底背离后价格开始逐步回升

势，之后再次出现顶背离，价格再次回调，再次创出新高。这就是常说的“背离之后再背离”，背离反复地出现。相反，熊市中也经常是“背离之后再背离”，价格不断地往下跌。所以，利用背离信号逃顶和抄底也是有条件的。

图 4-94 中，油价在牛市中出现了两次顶背离，但油价经过回落或盘整后，化解了顶背离带来的压力，后市继续上涨。

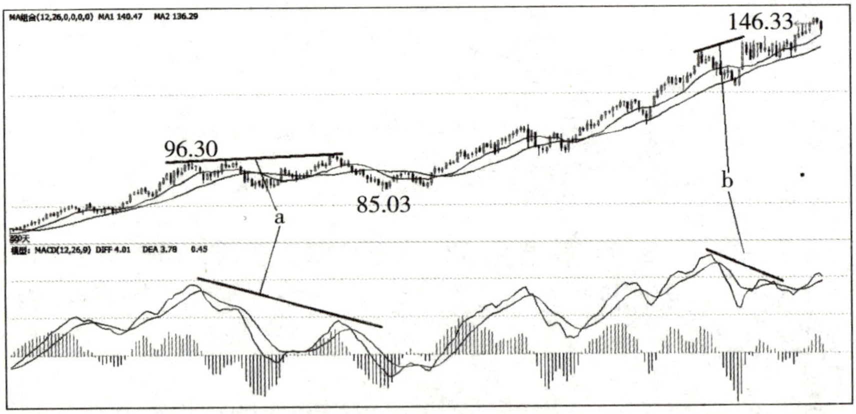

图 4-94 顶背离后再次顶背离

图 4-95 为油价熊市中的走势图。图中油价和指标出现背离了又背离的情况，但价格却一跌再跌，跌跌不休，所以在熊市中依据底背离操作也需要谨慎。

MACD 指标只适用于研判趋势及其转折，对于盘整震荡走势的判断，可靠性会大大降低。如果仅靠 MACD 指导操作，在盘整走势中随时有可能买到最高位，卖到最低位，两边挨巴掌。

如图 4-96 所示，在油价盘整走势中，MACD 指标不断发出买卖信号。如果按照该指标机械地操作，盘整中将会出现很大的亏损。

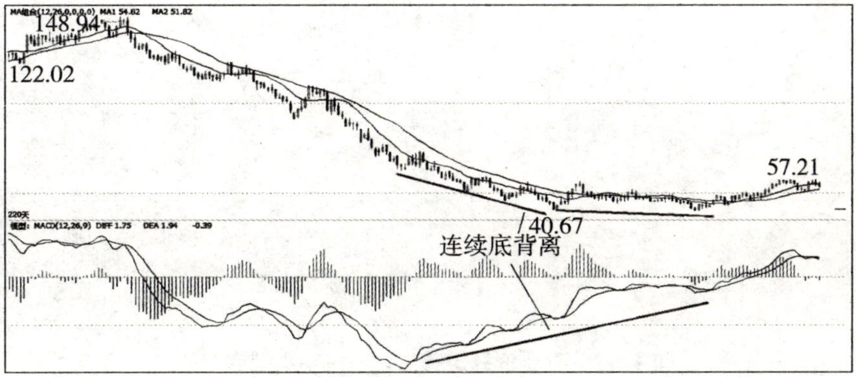

图 4-95 低位连续底背离

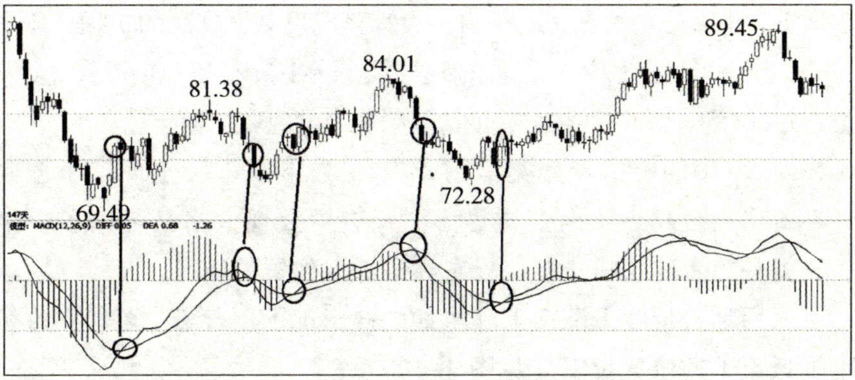

图 4-96 盘整走势中，MACD 频繁发出买卖信号

4. MACD 实战应用技巧

接下来以石油指数为例，介绍 MACD 指标的实战应用技巧。在举例时，以连续的图形来说明 MACD 的使用方法和技巧。

图 4-97 中，下跌段后期出现了一个小型底背离。观察价格走势，它有一个高点 1 和一个低点 2。形成底背离时，建议在价格至少回到 2 上方再买入。笔者通常参考高点 1，突破该点时才买入，止损位设在阶段性低位 32.88 美元下方。

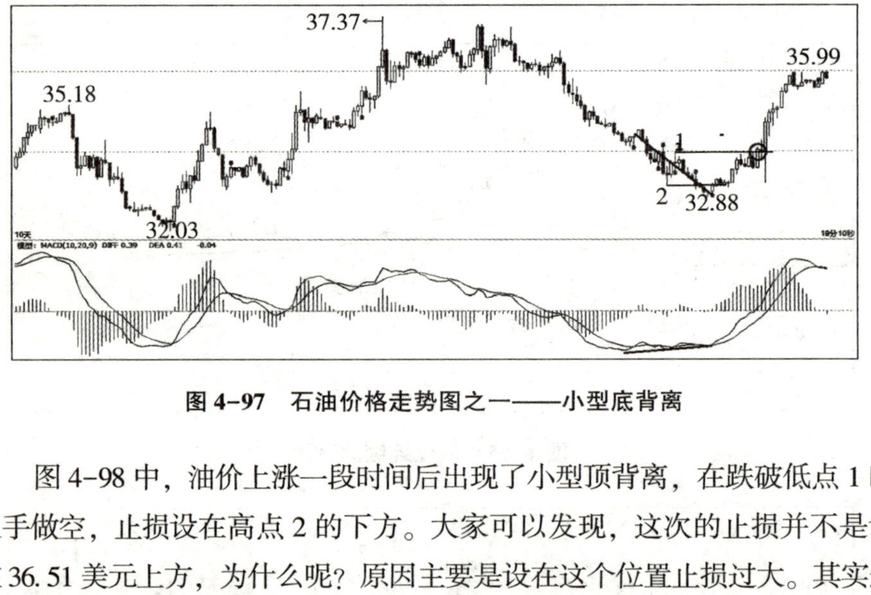

图 4-97　石油价格走势图之一——小型底背离

图 4-98 中，油价上涨一段时间后出现了小型顶背离，在跌破低点 1 时反手做空，止损设在高点 2 的下方。大家可以发现，这次的止损并不是设在 36.51 美元上方，为什么呢？原因主要是设在这个位置止损过大。其实这样设置并没有正确和错误之分，取决于投资者的经验和资金量多少。

图 4-99 中的价格走势类似图 4-97，在下跌末段出现了小型底背离，在价格突破高点 1 时买进做多。买进后发现价格又创出了一个低点，这就是笔者建议将止损位设置在最低点位置的原因。

买入后油价持续上涨。上涨末期同样出现了顶背离，可以在价格跌破前期低点 1 的位置卖出（见图 4-100）。

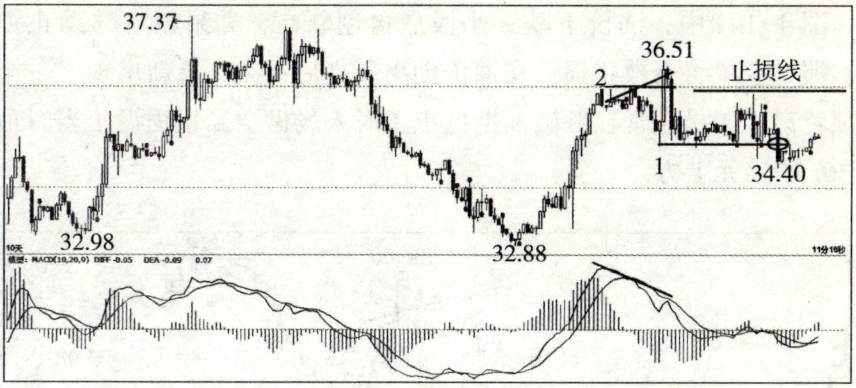

图 4-98　石油价格走势图之二——小型顶背离

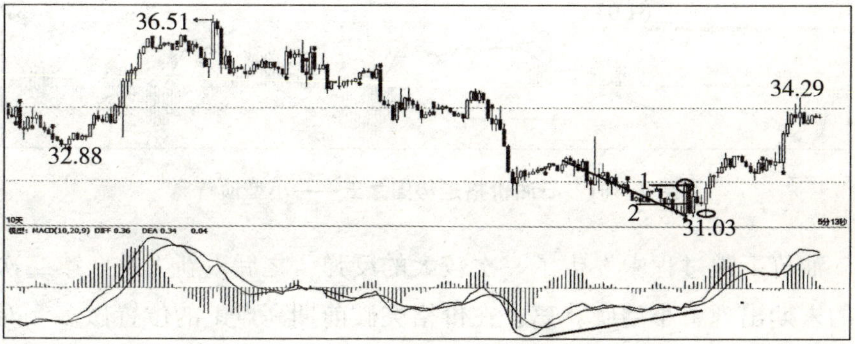

图 4-99　石油价格走势图之三——小型底背离

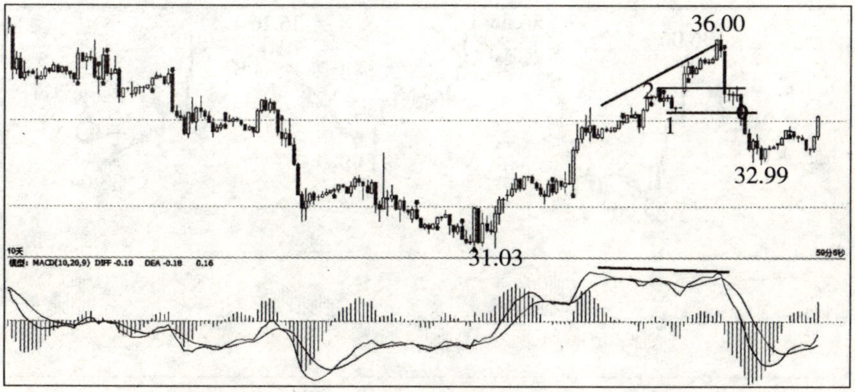

图 4-100　石油价格走势图之四——小型顶背离

图 4-101 中，油价下跌一小段后再创新高，如果没有移动止损位置，那么空单将会被止损。在油价创出新高后不久，重新出现了一个小型顶背离，于是照常在跌破前期低点 1 时入场做空，止损设于当时最高点 36.55 美元上方。

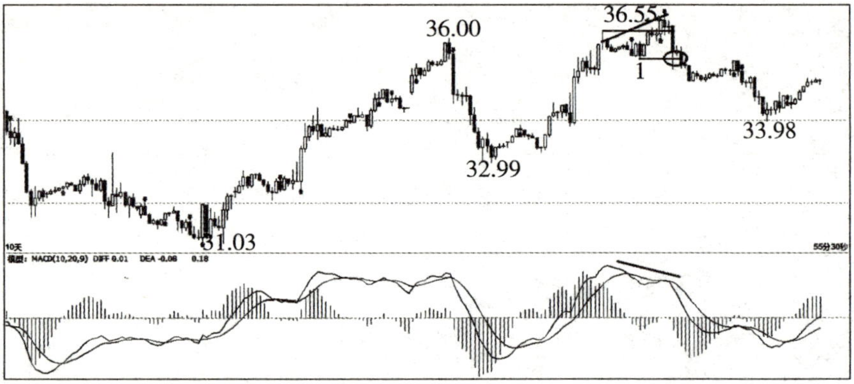

图 4-101　石油价格走势图之五——小型顶背离

油价下跌过程中发生了一次较大的反弹，之后重新下跌。第二次下跌的末期出现了小型底背离，在价格突破前期高点 1 的位置做多，对应的止损设于 33.64 美元下方（见图 4-102）。

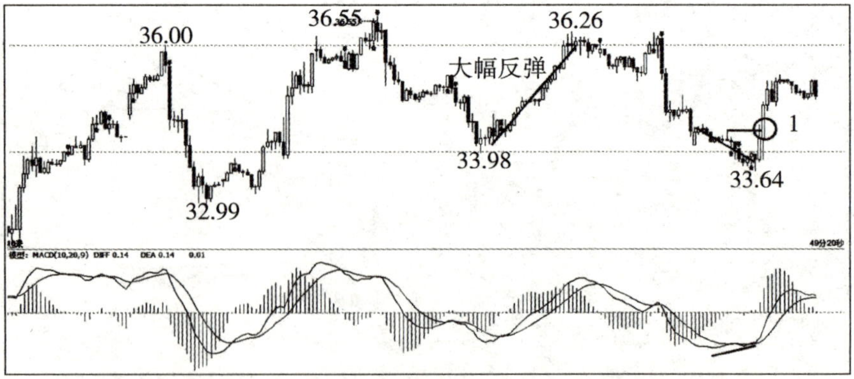

图 4-102　石油价格走势图之六——小型底背离

图 4-103 为油价后期走势图。在后期的上涨过程中曾经出现了一次小型顶背离，但价格并没跌破前低位置类型 1，所以不会反手做空。上涨后期再次出现了顶背离，在跌破前期低点 2 时可以做空。

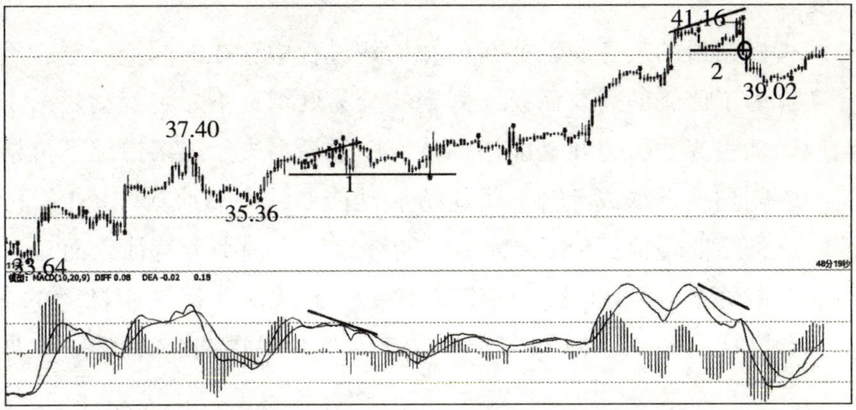

图 4-103　石油价格走势图之七——两次小型顶背离

三、RSI 指标概述

RSI 也叫相对强弱指标，最早用于期货交易中，后来人们发现该指标用来指导股票市场交易效果也十分不错。多年来技术分析者对该指标的特点不断进行归纳和总结，现在 RSI 已经成为投资者应用最广泛的技术指标之一。

一般投资原理认为，投资者的买卖行为是各种因素综合作用的反映，但行情的变化最终取决于供求关系。RSI 指标正是根据供求平衡原理，通过测量某一期间内价格上涨总幅度占变化总幅度平均值的百分比，评估多空力量的强弱程度，进而提示具体的操作。RSI 的应用方法表面上看起来比较复杂，包括了交叉、数值、形态和背离等多个方面，投资者一定要熟悉这些判断方法。

相对强弱指标 RSI 是由韦尔斯·怀尔德（Welles Wilder）提出的，是衡量标的物自身内在相对强度的指标。RSI 指标发表在韦尔斯·怀尔德所著的《技术交易系统新思路》一书中，该指标根据一定时期内上涨和下跌幅度之和的比率制作出几条曲线，能够反映出市场在一定时期内的景气程度。

该指标的目的是克服动能指标在构建过程中存在的两个问题：不规则变动；为了比较的需要而设立固定的交易区域。不规则变动是由于价格剧烈运动引起的，但在动能指标计算中逐渐消失。很多情况下价格在短时间内剧烈地下跌或上升，可能造成动能曲线突然改变，RSI 指标试图消除这种扭曲现象。RSI 指标不仅能够提供这种平滑特征，而且可以产生一个能够在 0~100 之间固定区域变动的数值。怀尔德推荐的 RSI 指标参数默认时间跨度是 14 天，他论证了应用月周期 28 日的一半是有效的。

1. RSI 指标的计算方法

相对强弱指标 RSI 是用以测量市场供需关系和买卖力道的指标。要搞清楚 RSI 的构造原理，需要从它的计算方法说起。

计算公式如下。

N 日的 RSI=N 日内收盘涨幅的平均值/（N 日内收盘涨幅均值+N 日内收盘跌幅均值）×100%

举例，如果某种商品或股票最近 14 天涨跌过程如下面描述。

第 1 天上涨了 2 元，第 2 天下跌 2 元，第 3 至第 5 天各上涨了 3 元；第 6 天下跌 4 元，第 7 天重新上涨 2 元，第 8 天又下跌 5 元；第 9 天继续下跌 6 元，第 10 至 12 天各上涨 1 元；第 13 至 14 天各下跌了 3 元。

那么，计算 RSI 的步骤如下。

（1）将 14 天上升的数目相加然后除以 14。上面例子中价格总共上升 16 元，除以 14 得 1.143 元（精确到小数点后 3 位）。

（2）将 14 天下跌的数目相加然后除以 14。上面例子中价格总共下跌 23 元，除以 14 得 1.643 元（精确到小数点后 3 位）。

（3）求出相对强度 RS，即 RS＝1. 143/1. 643＝0. 696（精确到小数点后 3 位）。

（4）1+RS＝1+0. 696＝1. 696；RS/（1+RS）＝0. 696/（1+0. 696）＝0. 41038。

（5）RSI＝100×0. 41028＝41. 038。

最后得出 14 天的强弱指标 RSI 为 41. 038。不同日期的 14 天 RSI 值当然是不同的，将不同的点连接起来，就形成了 RSI 的运行曲线。

图 4-104 的副图为 RSI 指标，指标参数为 14。在连续上涨或是连续下跌后，RSI 将在超买或超卖区运行，指标变动范围是 1~100。

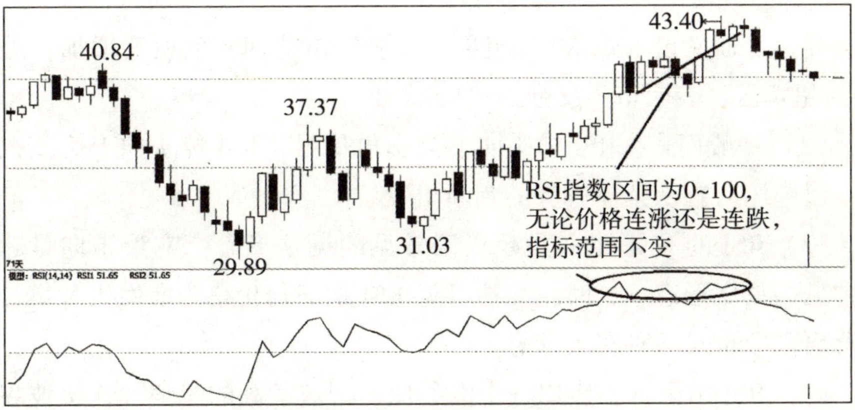

图 4-104　RSI 指标运行曲线

从相对强弱指标算式可知它的技术含义，该指标将向上的力量与向下的力量进行比较：若向上的力量较大，则计算出来的指标上升；若向下的力量较大，则指标下降。由此测算出市场走势的强弱。

图 4-105 为油价与 RSI 指标组合，RSI 每次达到 80 附近时便受压回落，每次低于或接近 20 时便开始掉头上升。

RSI 指标的基本用法如下。

（1）由算式可知，0≤RSI≤100。RSI＝50 为强势市场与弱势市场

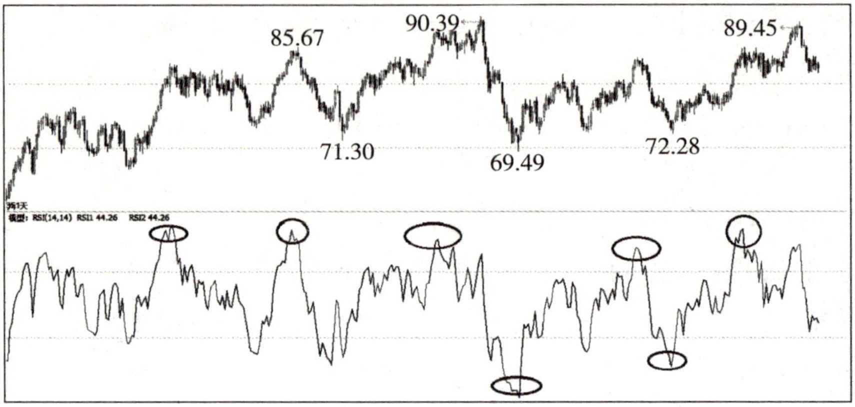

图 4-105 RSI 指标的超买与超卖

的分界点。通常设 RSI>80 为超买区，表明市势回档的机会增加；RSI<20 为超卖区，表明市势反弹的机会增加。

（2）一般而言，RSI 掉头向下为卖出信号，RSI 掉头向上为买入信号，但应用时宜从整体态势的判断出发。

（3）RSI 的 M 形走向是超买区常见的见顶形态；W 形走向是超卖区常见的见底形态。这时，往往可见 RSI 走向与价格走向发生背离，所以背离现象也是一种买卖信号。

（4）RSI 由下往上走出一个波谷比一个波谷高的走势，连接波谷低点构成上升支撑线；RSI 由上往下走出一个波顶比一个波顶低的走势，连接波顶高点构成下降压力线。指标跌破支撑线为卖出信号，升穿压力线为买入信号。

（5）RSI 上穿 50 分界线为买入信号，下破 50 分界线为卖出信号。

（6）N 日 RSI 的 N 值常取 5~14 日。N 值愈大，趋势感愈强，但有反应滞后的倾向，称为慢速线；N 值愈小对变化愈敏感，但易产生飘忽不定的感觉，称为快速线。将慢速线与快速线比较观察，若两线同时向上，表明升势较强；若两线同时向下，表明跌势较强。快速线上穿慢速线为买入信号，快速线下穿慢速线为卖出信号。

（7）由于 RSI 指标设计上的原因，RSI 进入超买或超卖区以后，即使市势有较大的波动，RSI 的变动速率也会渐趋缓慢，波幅愈来愈小，这就是所谓的指标钝化问题。尤其是在持续大涨或大跌时，容易发生买卖“操之过急”的遗憾。解决这个问题的办法，第一是重新界定 RSI 指标的超买超卖范围，例如规定 90 以上为超买，10 以下为超卖。第二就是加大 N 的取值，从 14 增加到 28，或者更大的参数。

2. RSI 指标的优点

（1）能较清楚地看出买卖双方的意向。

何时呈现超买状态，何时呈现超卖状态，通过观察 RSI 走势，可以做到一目了然，从而较好地掌握买入时机。但是任何分析工具都有其优点和缺点，应用 RSI 分析价格走势时，不能掉进公式化、机械化的泥潭中，因为任何事物都有特殊情况。

RSI 超过 95 或低于 15 的情况并不鲜见，投资者在指标低于 30 时就急着入市买进，指标高于 70 就急着卖出，就会出现过早买入和过早卖出的问题，实战中应当结合其他工具进行综合分析。

（2）能构成各种图形并用于判断价格走势。

RSI 指标能够构成各种图形，诸如头肩顶、双顶、双底、三角形、旗形，并且能在指标图中画出支撑线和阻力线等，用以判断后期价格走势。

RSI 的计算一般以 14 天为周期，把上升幅度作为买方力量的总和，将下跌的幅度作为卖方力量的总和，对比两种力量的强弱，进而可以判断价格的未来动向。

3. RSI 指标的缺点

（1）当价格发生单边上涨或者单边下跌走势时，RSI 指标在高档或低档会出现钝化现象。此时如果按照指标超买或超卖来操作，将会发生过早卖出或过早买进的情况。

（2）RSI 没有明显的规律性的买进或卖出信号。当指标在高位时，仅说明价格反转下跌的可能性增加；当指标在低位时，仅说明价格反转上涨的可能性增加，两种情形并没有办法进一步指出明确的交易时点。

（3）一般而言，RSI 的背离信号通常是事后验证，因而 RSI 指标与价格的背离走势常常出现滞后现象。一方面，市场行情已经出现反转，但是该指标的背离信号却可能滞后出现；另一方面，在各种随机因素的影响下，有时背离现象出现数次后，行情才真正开始反转。另外，在研判指标背离现象时，真正反转所对应的背离出现次数并无定论，一次、两次或三次背离之后趋势才反转的情况并不少见。

（4）由于 RSI 是一种比率指标，因此在趋势分析方面作用较弱。

（5）应该看到 RSI 指标的周期参数不同，其给出的结果也就不同。不同的投资者对于时间周期的设定有不同的个人偏好，从理论上讲，较短周期的 RSI 指标虽然比较敏感，但快速震荡的次数较多，可靠性较差。较长周期的 RSI 指标尽管信号可靠，但指标的敏感性太差，反应迟缓，经常出现错过买卖良机的现象。此外，由于 RSI 指标是通过收盘价来计算的，如果当天行情的波幅很大，上下影线较长时，RSI 就无法准确反映当时行情的变化。

（6）超买、超卖出现后导致的指标钝化现象，容易发出错误的操作信号。在牛市和熊市的中间阶段，RSI 值升至 90 以上或降到 10 以下的情况时有发生，此时指标钝化后会出现模糊的误导信息，若依照该指标操作，可能错过盈利机会或较早进入市场而被套牢。

（7）当 RSI 值在 50 附近波动时，该指标往往会失去参考价值。一般而言，RSI 值在 40～60 之间时研判的作用不大。按照 RSI 的应用原则，当 RSI 从 50 以下向上突破 50 分界线时，表明价格已经转强；RSI 从 50 以上向下跌破 50 分界线，则表明价格已经转弱。有时出现的实际走势常常会让投资者感觉一头雾水，价格由强转弱后却不下跌，由弱转强后却不上涨，这种现象相当普遍。

4. RSI 指标实战应用技巧

RSI 指标的运用方法因人而异，下面笔者将本人常用的分析方法分享给大家，希望大家可以从中得到一些启示，从而开发出更适合自己的交易系统。

图 4-106 为上证指数的一段走势图。在走势图副图 RSI 指标中，有两个点在 20 以下（即超卖），两个点高于 80（即超买）。再现超买后，要警惕价格下跌的风险；再现超卖后，要警惕价格上涨的风险。

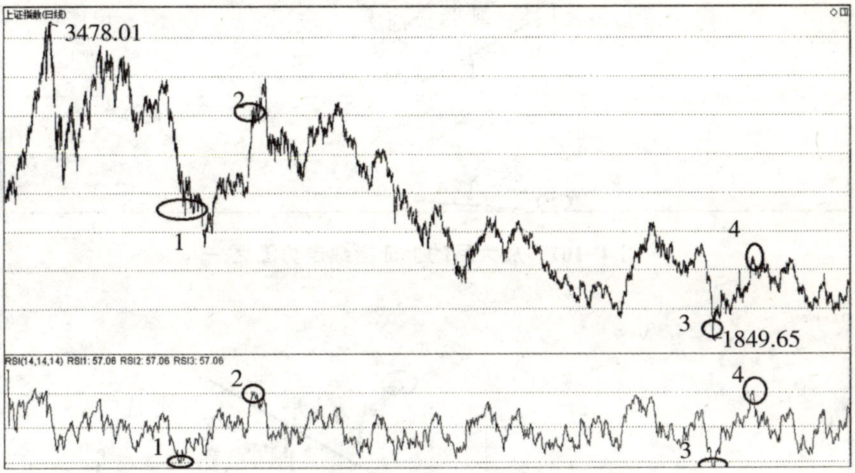

图 4-106　上证指数走势图

图 4-107 为图 4-106 中点 1 和点 2 的放大版。从图中可以看到，点 1 和点 2 并不在价格最低点和最高点，因而超买和超卖只能作为一个交易参考，不能作为入场依据。

出现点 1 后，指标进入底背离，此时可以在价格图上画出下跌趋势线，当下跌趋势线被突破时入场做多。出现点 2 后，指标进入顶背离，当上升趋势线被下破时入场做空。

图 4-108 为图 4-106 中点 3 和点 4 位置的放大图。其中点 3 出现在低位，它与点 1、点 2、点 4 的区别，就是出现了一根大的底部吊颈线。

K 线与指标配合分析，可以在下一根 K 线开盘价附近买入。而 4 点按照点 2 的方法做空。

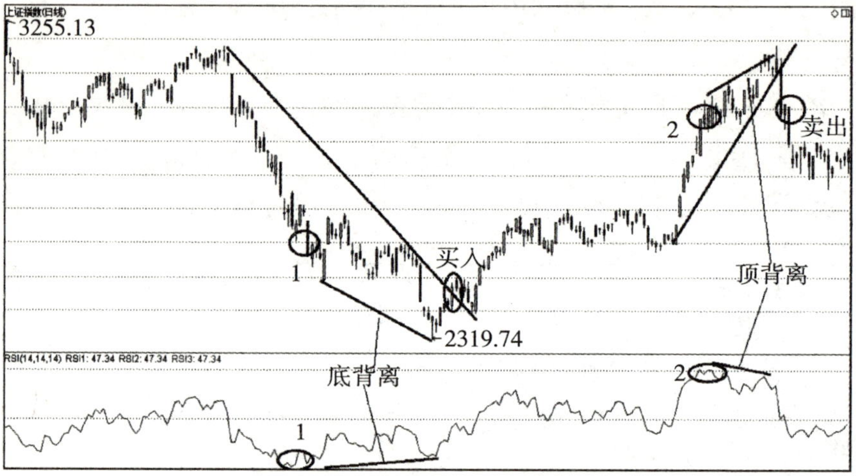

图 4-107　放大后的上证指数走势图之一

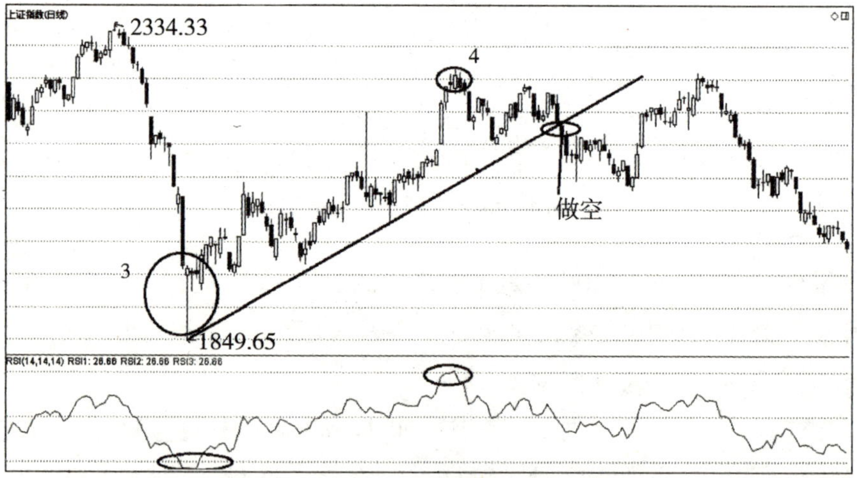

图 4-108　放大后的上证指数走势图之二

运用技术指标指导操作时，通常采用两到三种指标进行综合判断，这样有利于提高胜算。

技术指标分为两类，一类是趋势型指标，另一类是震荡型指标，前者数值上没有限制，后者数值只能在 0～100 间波动。MACD 指标无疑是一个趋势型指标，它与价格走势相似。RSI 是一个震荡指标，反映的是市场超买和超卖情况。两者结合起来分析，效果远好于单独运用一种指标。

第四节　波浪分析理论

波浪理论是拉尔夫·纳尔逊·艾略特提出的一种技术分析理论。艾略特 1871 年 7 月 28 日出生在美国密苏里州堪萨斯市郊的玛丽斯维利，1891 年艾略特 20 岁时去墨西哥的铁路公司工作。1896 年，艾略特开始从事会计工作，在以后的 20 多年里，他在美洲的许多公司任职，这些公司大部分是铁路公司。

艾略特在危地马拉生了一场大病，1927 年，56 岁的他退休回到加利福尼亚的老家养病。在这段漫长的疗养期内，艾略特摸索出股市运行的规律，创立了“波浪理论”。1946 年，艾略特完成了其理论的集大成之作——《自然法则——宇宙的秘密》。

一、波浪理论的基础

波浪理论建立在两个基础之上：一个是八浪循环，另一个是斐波纳契数列。两者有较高的吻合度，配合起来能更好地分析和运用波浪理论。

1. 波浪理论概述

波浪理论认为，不管是股票或商品价格的波动，与大自然的潮汐一样，都具有相当程度的规律性。价格的波动如同潮汐一样，一波跟着一波，而且周而复始，这一特点展现出价格周期循环的必然性。任何波动均是有迹可循的，因此可以根据这些规律性的波动来预测未来的价格走势。

波浪理论已成为众多股市技术分析流派中最具综合性的经典理论，这与其以往的业绩是分不开的。1935 年美国股市一片低迷，投资者丧失信心之际，艾略特本人运用波浪理论，以道琼斯工业平均指数作为研判对象，指出熊市已经结束，牛市将来临并会持续相当长的时间，1929 年创下的高点不会成为指数上涨的阻力。后来的事实与艾略特的预言相符。1991 年间，也有人利用波浪理论，多次准确地预测了港股的涨落，这一成绩使得波浪理论在港台市场一时声名鹊起。

2. 八浪循环

艾略特提出，社会和人类的行为在某种意义上呈现出可认知的型态。利用道琼斯工业平均指数作为研究工具，艾略特发现不断变化的股价结构性型态反映了自然界的和谐之美。根据这一发现，他提出了一套市场分析理论，提炼出市场中的 13 种型态或谓波。这些型态在市场上重复出现，但是出现的时间间隔及幅度大小并不一定具有再现性。

之后他又发现了这些呈结构性型态的图形可以连接起来，形成同样型态的更大图形。于是艾略特提出了一系列权威性的市场演绎法则，用来解释市场的行为，并特别强调波动原理的预测价值。

在 1938 年出版的著作《波动原理》和 1939 年的一系列文章中，艾略特指出股市呈一定的基本韵律和型态，五个上升波和三个下降波构成了八个波的完整循环。

艾略特波浪理论主要有以下具体内容。

（1）一个完整的波浪循环包括五升三落八个波浪（见图4-109）。

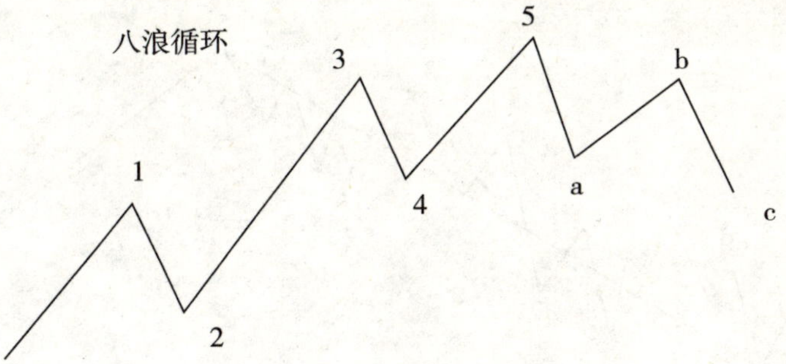

图 4-109　波浪理论示意图

图中的第 1 浪、第 3 浪和第 5 浪称为推动浪，第 2 浪和第 4 浪则称为修正浪。经过第 1 浪至第 5 浪的推升之后，又会出现 a、b、c 三浪的修正。在这个完整的八浪循环周期结束之后，随之而来的是第二个类似的周期循环波动，如此不断地重复。

较小级别的波浪总是包含在较大的波浪中，或者说，波浪理论认为，任一序列中任一级次的浪，均可被细分以及再细分为较小级次的浪，但五升三降乃是其基础。

古今中外，尽管有不少人对这个“五升三降”的波浪循环提出种种质疑，或许事实上它并不是代表了真理。但是根据经验，在没有证明其他方法比之更好之前，还是先以此为基础进行分析。

（2）波浪可以合并为高一级的浪，也可以再细分为低一级的小浪（见图 4-110）。

（3）跟随主流行走的波浪，可以分割为低一级别的五个小浪（见图 4-111）。

（4）1、3、5 三个波浪中，第 3 浪不是最短的一个波浪（见图 4-112）。

（5）假如三个推动浪中任何一个浪走出延伸浪，其余两个波浪的运行时间及幅度会趋于一致（见图 4-113）。

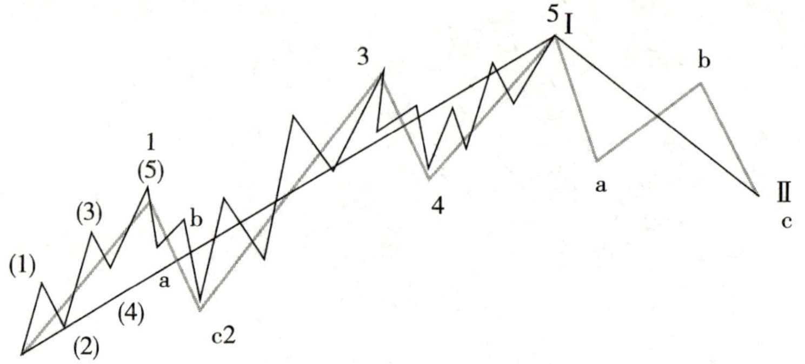

图 4-110　大级别的波浪可以细分为次级波浪

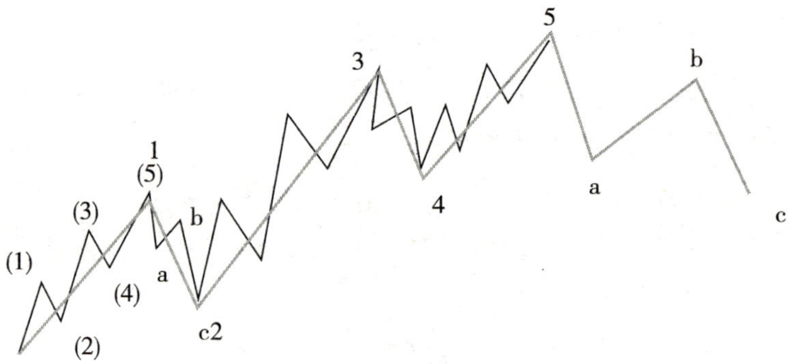

图 4-111　与趋势相同的小浪可以再细分为八浪

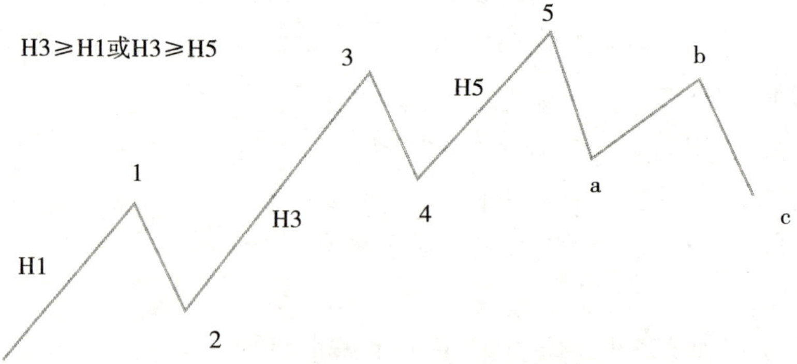

图 4-112　第 3 浪不是最短的一个波浪

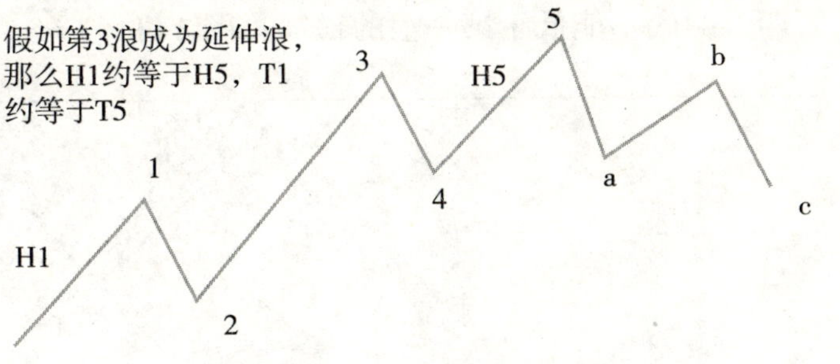

图 4-113 第 3 浪走出延伸浪

（6）调整浪通常以三浪的形态运行（见图 4-114）。

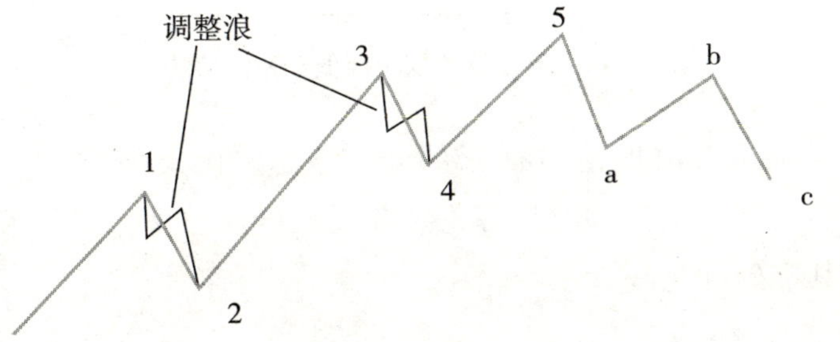

图 4-114 三浪调整

（7）黄金分割率和奇异数字组合是波浪理论的数学基础，经常遇见的回吐比率为 0.382、0.5 及 0.618（见图 4-115）。

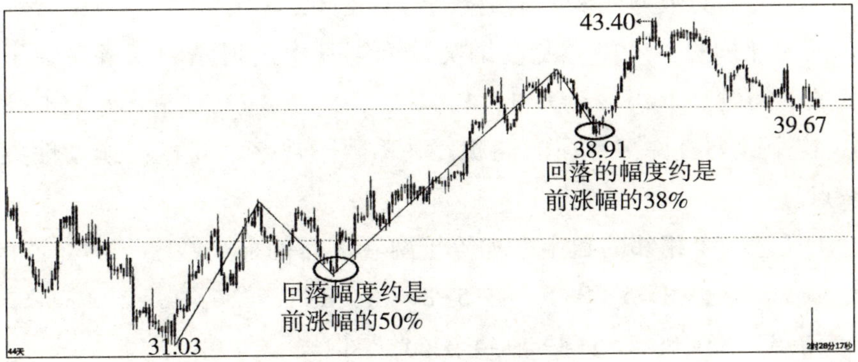

图 4-115 上涨趋势中的回落调整幅度

（8）第四浪的底不能低于第一浪的顶（见图 4-116）。

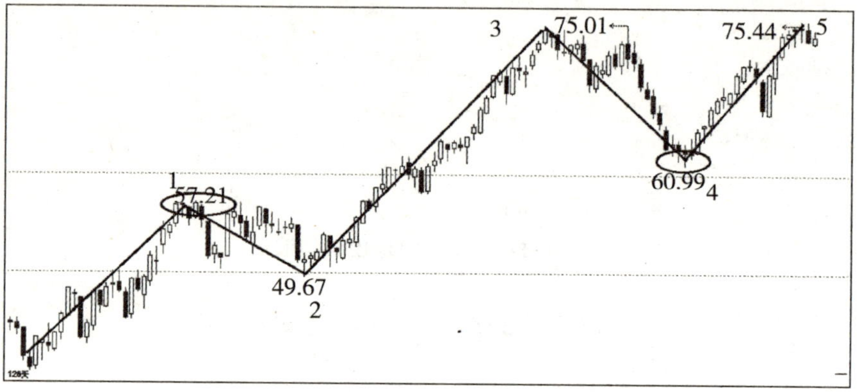

图 4-116　第 4 浪的底不能低于第 1 浪的顶

（9）艾略特波浪理论包括三部分：型态、比率和时间，其重要性以排行先后为序。艾略特波浪理论主要反映群众心理，参与市场交易的人越多，其准确性越高。

3. 斐波纳契数列

（1）斐波纳契数列简介。

艾略特在他的《自然法则》一书中称，波浪理论的数学基础就是斐波纳契在 13 世纪发现的一组数列。该数列后来以其发现者命名，一般称为斐波纳契数列或斐波纳契数字。

在《计算的书》中，斐波纳契数列第一次出现是为了解答兔子繁殖的数学问题。这组数列是 1，1，2，3，5，8，13，21，34，55，89，144…这个数列有许多有趣的性质，并不限于数字之间存在连续性关系这一点。

①任意两个相邻的数字之和等于两者之后的那个数字。例如：1+1=2，1+2=3，2+3=5，3+5=8，5+8=13，8+13=21，13+21=34，21+34=55，34+55=89，55+89=144…依此类推。

②除了开始的四个数字外，任意一个数字与相邻的后一个数字之比

均趋向于 0.618。例如：1/1 = 1，1/2 = 0.50，2/3 = 0.67，3/5 = 0.60，5/8 = 0.625，8/13 = 0.615，13/21 = 0.619…依此类推。注意，上述比值围绕着 0.618 上下波动，越往后波动幅度越小。另外，还请注意 1.00、0.50、0.67 这几个数值，后面谈到比例分析、百分比回撤时，再来仔细分析。

③任意一个数字与相邻的前一个数字的比值约等于 1.618，或者说是 0.618 的倒数。例如：13/8 = 1.625，21/13 = 1.615，34/21 = 1.619。数字越大，则相应的两数比值越接近 1.618 和 0.618。

④隔一个数字相邻的两个数字的比值趋向于 2.618 或其倒数 0.382。例如：13/34 = 0.382，34/13 = 2.615。

上述几条是最著名的，最重要的，此外还有其他许多有趣的关系。古希腊和埃及的数学家们早已通晓 1.618 和 0.618 这两个比值，称它们为黄金分割律或者黄金比数。希腊人利用黄金分割律建造了帕特农神殿，埃及人借助黄金比数筑起了大金字塔。

（2）斐波纳契比数和价格回撤。

前面已经讨论了波浪形态，这是波浪理论最重要的方面。现在就来谈谈斐波纳契比数和百分比回撤在实战中的应用。这些比例既适用于价格，也适用于时间，只是在前一方面的应用可能更为可靠。一个完整的周期包含八浪，其中五浪上升，三浪下降——这些都是斐波纳契数字。再往以下两个层次细分，分别得到 34 浪和 144 浪——它们也是斐波纳契数字。斐波纳契数列在波浪理论中的应用，并不限于数浪这一点，各浪之间还有一个比例关系的问题。下面列举了一些最常用的斐波纳契比数。

①三个主浪中只有一个延长浪，另外两个上升浪的时间和幅度相等。如果 5 浪延长，那么 1 浪和 3 浪大致相等。如果 3 浪延长，那么 1 浪和 5 浪趋于一致。

②把 1 浪乘以 1.618，然后加到 2 浪的底点上，可以得出 3 浪达到

的起码目标。

③把1浪乘以3.236（相当于1.618的2倍），然后分别加到1浪的顶点和底点上，大致就是5浪能够达到的最大和最小目标。

④如果1浪和3浪大致相等，预期5浪将会延长。其价格目标的估算方法是：先量出从1浪底点到3浪顶点的距离，再乘以1.618，最后把结果加到4浪的底点上。

⑤在调整浪中，如果它采用的是通常的5-3-5锯齿型调整，那么c浪常常与a浪长度相等。

⑥c浪长度的另一种估算方法是，把a浪的长度乘以0.618，然后从a浪的底点减去所得的值。

⑦在3-3-5平台型调整的情况下，b浪可能达到乃至超过a浪的顶点，那么c浪长度约等于a浪长度的1.618倍。在对称三角形中，每个后续浪都约等于前一浪的0.618倍。

（3）斐波纳契时间目标。

毫无疑问，斐波纳契时间关系是存在的，只不过预测这方面的关系比较困难。斐波纳契时间目标是通过向未来数数，用以计算显著的顶和底的位置。

在日线图上，分析者从重要的转折点出发，向后数到第5、第8、第13、第21、第34、第55或者第89个交易日，预期未来的顶或底就出现在这些斐波纳契日。在周线图、月线图甚至年线图上，都可以应用这一分析技术。

在周线图上，分析者按照斐波纳契数列向后逐周探求时间目标。时间周的分析也是应用斐波纳契数列寻找时间窗开启以及行情发生转折的日子。

二、各浪的特点

1. 第1浪的特点

第1浪通常是最短的一浪，差不多有一半处于市场底部构造过程中，经常貌似从非常压抑的环境中发生的不起眼的反弹。

在衡量第1浪的目标终点时，最佳方法是分析其内部较低级数的波浪与结构，采用较小的时间周期（见图4-117）。

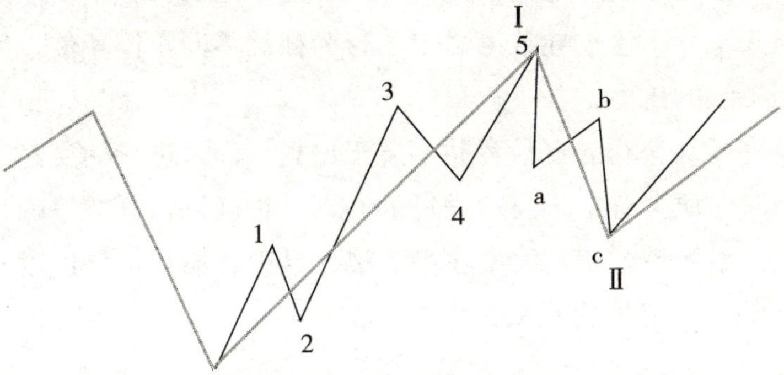

图4-117 第1浪的目标终点

2. 第2浪的特点

第1浪结束时，预期会出现反方向的第2浪。第2浪的目标区由下列两因素决定：斐波纳契系数；内部波浪结构（见图4-118）。

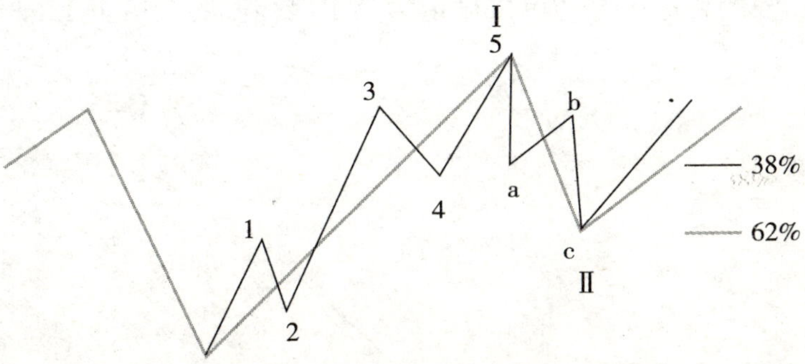

图4-118 第2浪的折返幅度

大多数情况下，第2浪的目标终点大约会折返至第1浪幅度的38%与62%之间。大约3/4的第2浪会终止于这个区域，大约1/6的折返幅度会超过62%。如果第2浪的折返幅度不足38%，通常是不规则的修正。

第2浪回调来自于涨势中的新卖压（或跌势中的新买盘），这些交易者原来并未进场，而且无法辨识前1浪是新趋势的第1浪。这些交易者认为第1浪仅是下降趋势中的修正浪，所以他们会在第1浪的顶部建立新的空头头寸，这也导致第2浪的行为截然不同于第4浪，后者是来自于获利了结的压力。

已经进场且获利的交易者并不急于出场，尚未进场的交易者一旦发现新机会时，便会有迫不及待进场的心理。正确评估第2浪的目标终点非常重要，因为最大获利发生在第3浪，且第3浪的走势速度较快，上涨（或下跌）的幅度也最大。

3. 第3浪的特点

第3浪俗称主升浪，通常是最长（至少不是5浪中最短的一浪）也是涨跌最猛烈的一浪。第3浪向上穿越了第1浪的顶部后，发出了各种传统的突破信号及道氏理论买入信号。这一浪中交易量非常重要，并常伴随价格的跳空（见图4-119）。

第3浪的目标区最初可以设定为第1浪幅度的1倍至1.62倍之间。

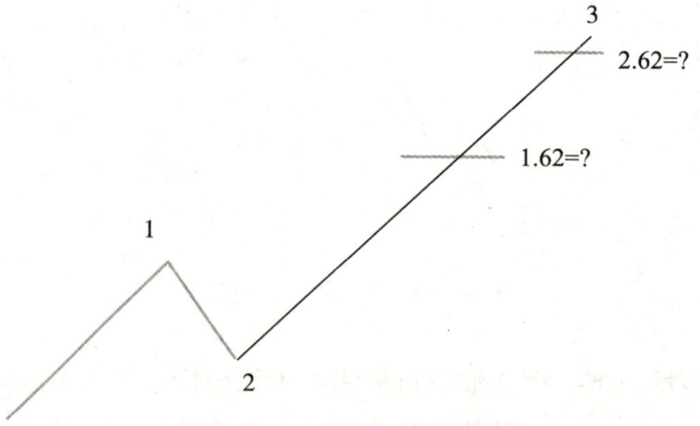

图4-119 第3浪运行目标区

确定第3浪目标终点的最佳方法，是以较小的时间结构来分析，综合利用波浪内部结构、目标计算以及相应的技术指标背离进行判断。

4. 第4浪的特点

强劲的第3浪结束时，市场中获利回吐的压力开始浮现。高明的交易者在整个趋势形成之初便已经进场，现在他们拥有可观的获利。

在性质上，第4浪与第2浪截然不同。艾略特将两者之间的差异形容为替代法则。第4浪通常是一个复杂的形态，也是市场调整巩固的阶段，第4浪绝对不能跌破第1浪的顶部（见图4-120）。

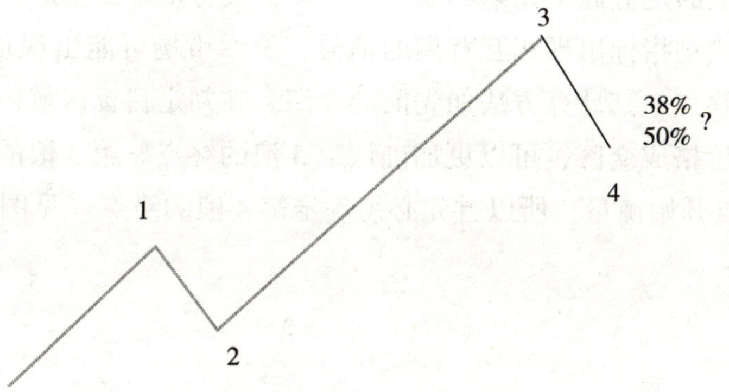

图4-120 第4浪的折返幅度

根据研究显示，大约85%的震荡走势发生在第4浪。如果难以断定自己所处的波浪位置，那么很可能是处于第4浪中。

第4浪的折返百分率与第2浪有相当大的差异。一般来说，第4浪的修正会拖延很长的时间——经常长达整个5浪序列的70%。第4浪的价格折返百分率通常小于第2浪。再次强调，第4浪回调是来自于盘中获利了结的压力，而不是新资金进场的压力。

第4浪的折返幅度通常是第3浪的38%~50%之间，折返幅度低于38%的情况大约仅有1/6。观察第4浪发展的过程中，请留意一项“铁律”，就是第4浪永远不会低于第1浪的顶部。然而，在实际交易中也可能发现一些例外的情况。

第 4 浪的形态是最为复杂多变的，而且持续时间也最长。对交易者来说，这可能是最难熬的时间段，如果缺乏很好的交易心理，在这一时间段最容易出现非理性交易。

为了取得第 5 浪的理想交易位置，所以必须分析第 4 浪走势。这时候可以采用斐波纳契数列，并以较小的时间结构观察第 4 浪中的第（c）浪。

5. 第 5 浪的特点

第 5 浪的走势通常比第 3 浪平和得多，交易量开始落后于价格的变化，各种摆动指标出现相互背离的信号，警示市场可能出现顶部。第 5 浪的目标终点，其计算方法如先前的介绍。在判定目标区域内，一旦出现密集的价格成交区，可以更加确认第 5 浪的终点。第 5 浪的长度由第 4 浪的终点开始衡量，所以首先必须确定第 4 浪的终点（见图 4-121）。

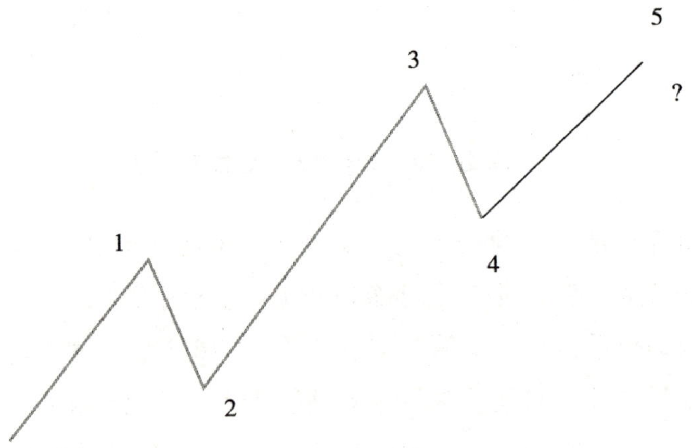

图 4-121　第 5 浪的走势特点

首先，测量第 1 浪起点至第 3 浪终点之间的价格差距。其次，由第 4 浪的终点起算，第 5 浪的价格长度大多介于上述价格差距的 1 倍至 62% 之间。

如果在第 5 浪中的第 5 小浪进行相同的计算，目标价位可以更加精确。一般而言，针对第 5 浪中级数较低的 5 浪序列分析，目标区域通常会落在较高级数的目标区域之内，这可以进一步缩小目标区域。

完成 5 浪之后，其整体序列将成为较高级数的一个波浪。所以，当第 1 浪至第 5 浪完成之后，这一整体序列将成为较高一级的第 1 浪、第 3 浪或第 5 浪。同理，a-b-c 序列完成之后，将成为较高一级的第 2 浪或第 4 浪。

6. 修正浪的特点

a 浪通常被误解成只是上升过程中的一次寻常回撤，但是如果 a 浪具备了 5 浪结构，应该引起警觉，尤其是随着交易量的增加，股价反而不能继续上涨。如果 a 浪是由次一级别的 3 浪构成，很可能出现平坦型、不规则型或三角型修正。

a 浪的 5 小浪序列完成之后，b 浪的折返幅度通常不会超过 a 浪长度的 62%。仅在相当罕见的情况下，b 浪的折返幅度介于 a 浪长度的 50%~60%之间。

c 浪通常会跌破 a 浪的底部，形成所有传统技术工具上的卖出信号（见图 4-122）。

修正浪 a、b、c 的类型除单纯型外，还有平坦型修正、不规则修正

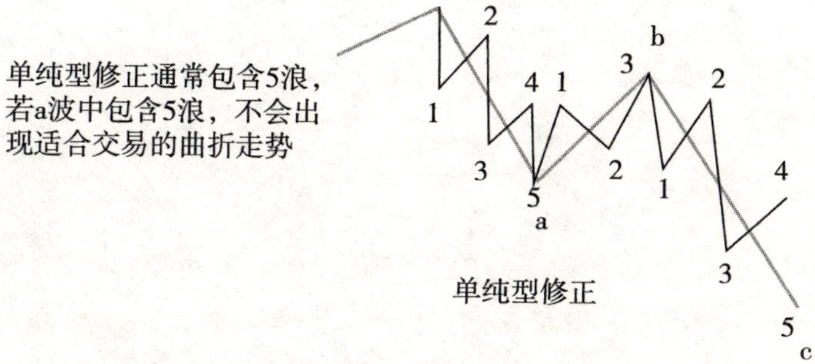

图 4-122 修正浪的走势与结构

和三角型修正，它们的特点各有不同，主要表现为 b、c 两段回撤和延伸的幅度不同（见图 4-123、图 4-124、图 4-125）。

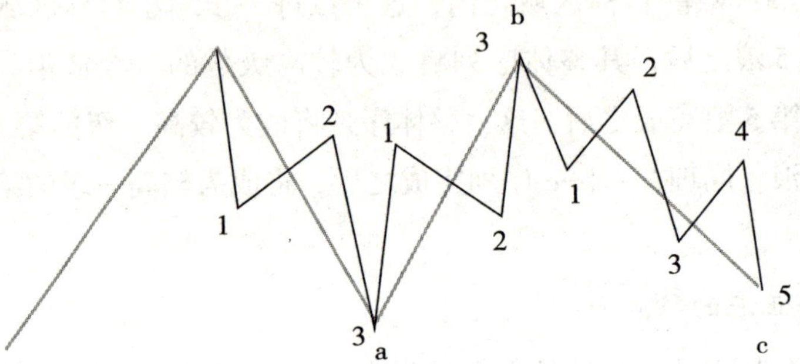

图 4-123 平坦型修正

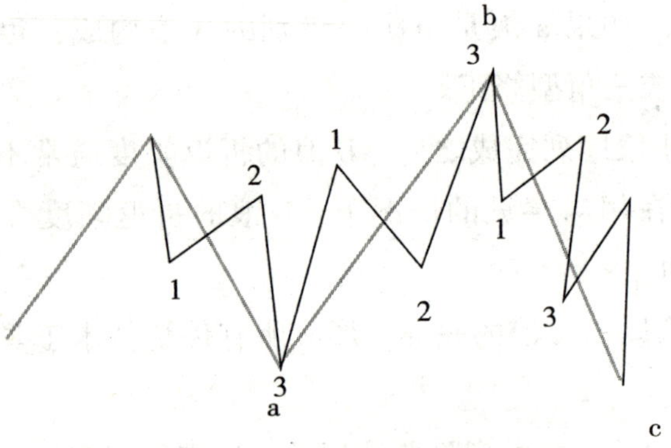

图 4-124 不规则型修正

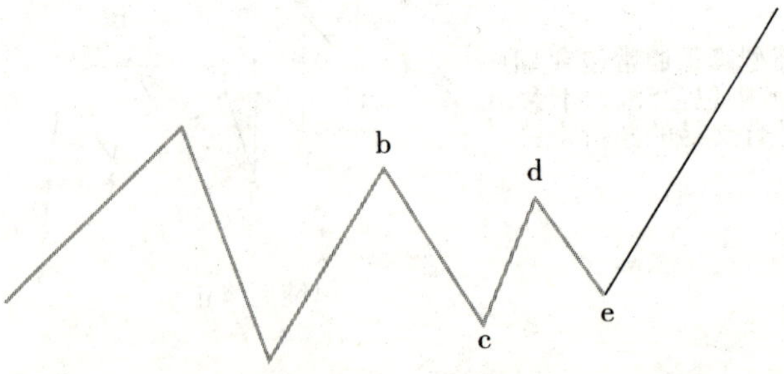

图 4-125 三角型修正

三、波浪理论的分析原则

1. 修正波纵深原则

修正波纵深原则是用来衡量修正波回撤幅度的，通常修正波会达到小一级别4浪低点附近。在强势行情中，只创新高不创新低，此时小一级别4浪低点会是一个很好的支撑位，可以据此跟进止损（见图4-126）。

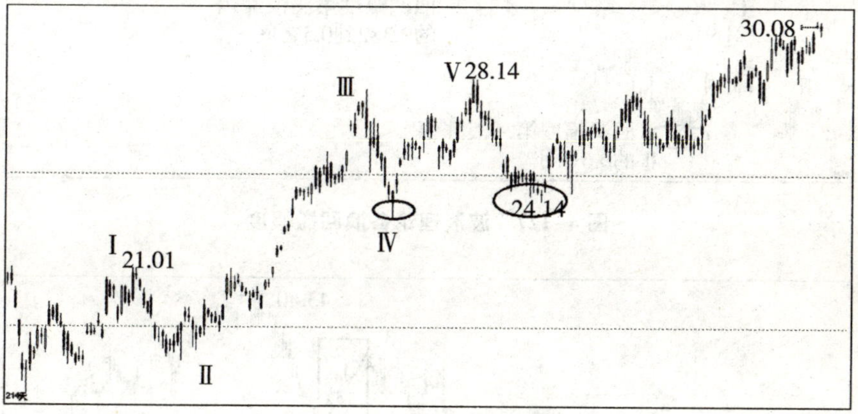

图4-126　修正波回撤幅度

2. 黄金分割原则

斐波纳契原则（又名黄金分割原则）表明各浪波动比率呈现斐波纳契数列。例如3浪为1浪的1.618，2.618…；2浪回调为1浪的0.382，0.5，0.618；4浪回调为3浪的0.382，0.5；5浪为1~3浪的0.618。在时间上同样呈现此原则（见图4-127）。

3. 交替原则

交替原则，即简单与复杂、上升与下跌、推动与调整、规则与不规则相互交替出现。修正波呈现交替现象，如2浪为锯齿型调整，则4浪可能为平台型或三角型调整，反之亦然。在时间上也存在此现象，如2

浪急剧回调，则 4 浪可能出现长时间的复杂调整，反之亦然。

复杂程度上，2 浪简单，则 4 浪复杂，反之亦然。若第 2 浪为“复杂式调整”，则第 4 浪很可能为“简单式调整”（见图4-128）。

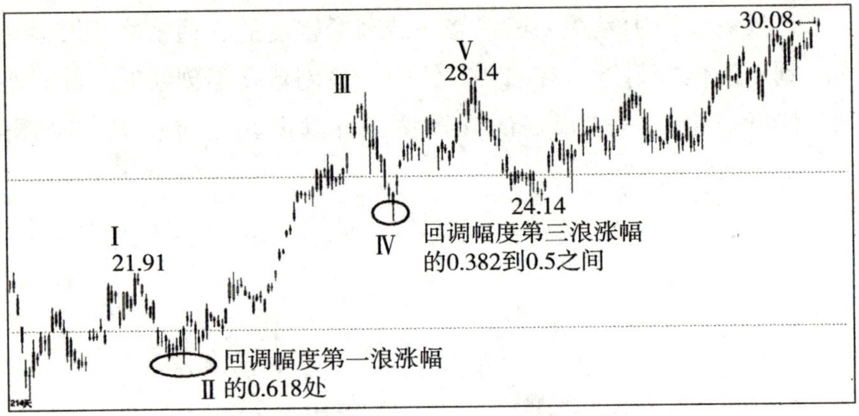

图 4-127　波浪理论各浪回撤幅度

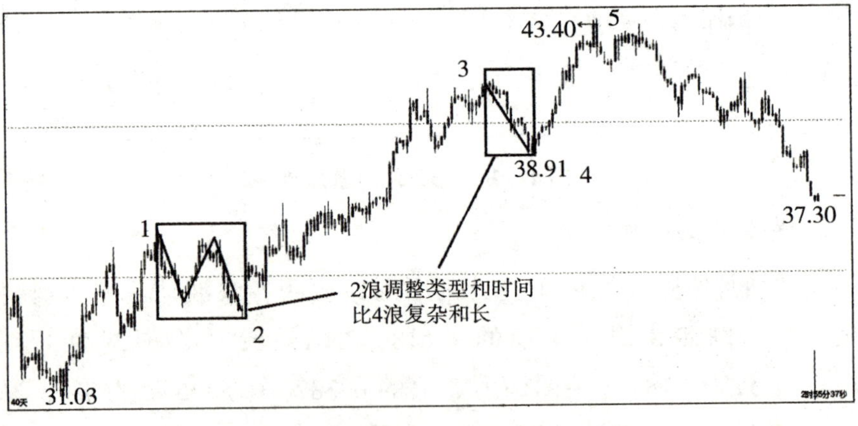

图 4-128　简单调整与复杂调整交替出现

（1）小的调整匹配着小的推动，中等调整也预示着中等驱动，大的调整则是在积蓄一波大幅的推动行情。眼前是一个小级别的调整，则做好小推动的操作打算；眼前是一个大级别的调整，则做好大推动的操作计划。

（2）如果2浪出现了简单性调整，则4浪多以复杂的调整出现。如果2浪调整的时间很短，基本可以判断4浪调整的时间不会很短。根据波浪理论，用已知的去预知即将到来的，可以提高操作胜算。如果2浪走出了很规则的形态，要注意4浪很可能走出不太规则的形态。

4. 波浪理论的缺陷

任何理论都有其优点和缺点，波浪理论也不例外。下面所述缺陷固然是真实存在的，但投资者过分执着对与错，争议起来没完没了就没有意义了。投资者只要从理论中找到自己所需的，能够指导自己在操作中获得盈利，就是成功的分析理论。

（1）波浪理论研究者对现象的看法并不统一。每一个波浪理论研究者，包括艾略特本人，很多时候都会受到一个问题的困扰，就是一个浪是否已经完成并开始了下一个浪呢。有时甲看是第1浪，乙看是第2浪，差之毫厘，谬以千里——看错的后果可能十分严重。一套不能确定的理论，用在风险很高的投资市场，运用错误足以让人损失惨重。

（2）怎样才算是一个完整的浪，波浪理论也无明确的定义。证券市场的升跌次数，绝大多数不是按照五升三跌这个模式机械地出现。但波浪理论研究者却曲解说，有些升跌不应该计入浪里面，导致数浪完全是随意和主观的。

（3）波浪理论有所谓伸展浪，有时五个浪可以伸展成九个浪。但在什么时候或者在什么准则之下波浪可以伸展呢，艾略特却没有明言，这一点也需要交易者自己去思考。

（4）波浪理论浪中有浪，每一浪都可以无限延伸，亦即是升市时可以无限上升，行情都是在上升浪之中，一个巨型浪持续时间可以达一百几十年。下跌浪也可以跌到无影无踪却仍然是在下跌。只要是升势未完，就仍然是上升浪；跌势未完，就仍然是下跌浪。这样的理论有什么作用，能否推测浪顶浪底的运行时间甚属可疑。利用波浪理论分析行情，等于纯粹猜测。

(5) 艾略特波浪理论是一套主观分析工具，毫无客观性。市场运行受情绪影响，并非机械运行，波浪理论套用在千变万化的证券市场，可以说十分危险，风险远远大于收益。

四、波浪理论实战应用

波浪理论一定要着眼于实战应用。投资者要明白，波浪理论是为您的交易服务，而不是您按照波浪理论来数浪。

图 4-129 是 2016 年 1 月份石油大幅反弹中的一段走势过程，下面用波浪理论进行实战分析。

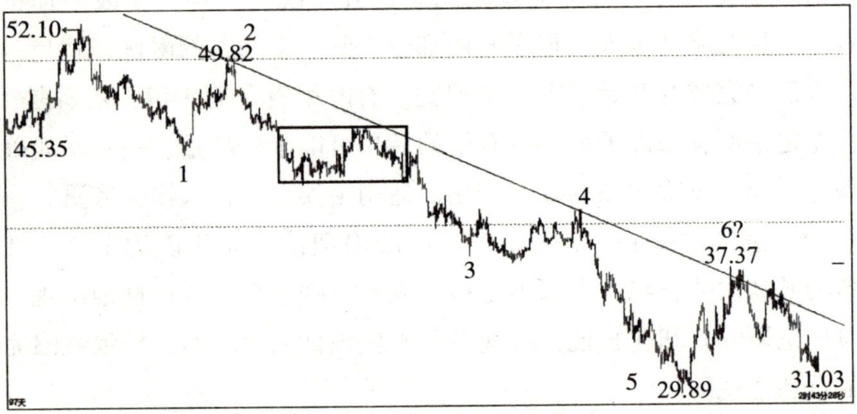

图 4-129　2016 年 1 月石油大幅反弹中的一段回调走势

图 4-129 为石油探底时的四小时周期走势，从图中可以看到价格呈五浪下跌走势。有投资者会问，方框内为什么不是 3 和 4 浪？注意，3 浪不是最短的浪，走出 5 浪之后，这是可以确定的。

油价完成 5 浪下跌之后反弹到趋势线附近，这段反弹是 A 浪还是第 6 浪，从波浪理论来分析无从得知。实战中笔者按趋势分析建立了空单，止损设于第 4 浪顶部位置。

建立空单后，油价震荡下跌，但随后进行了一个长时间的盘整，盘整的复杂性和时间远超前面的 2 浪和 4 浪，这最少应该是级别上的转变。结合风险率和基本面判断，其实这里可以建立多单。但只按技术面分析来看，在圆圈位置应该平仓出场。观察方框中的高位和低位，然后等待突破时买进做多（见图 4–130）。

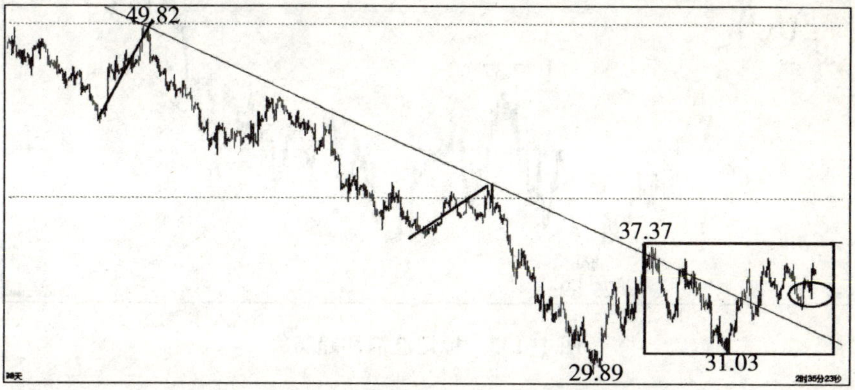

图 4–130　震荡下跌后出现一个长时间盘整走势

油价选择向上突破，突破后跟进多单，设置好止损，同时调整数浪。按照现在的走势，应判定为第 3 浪上涨（见图 4–131）。

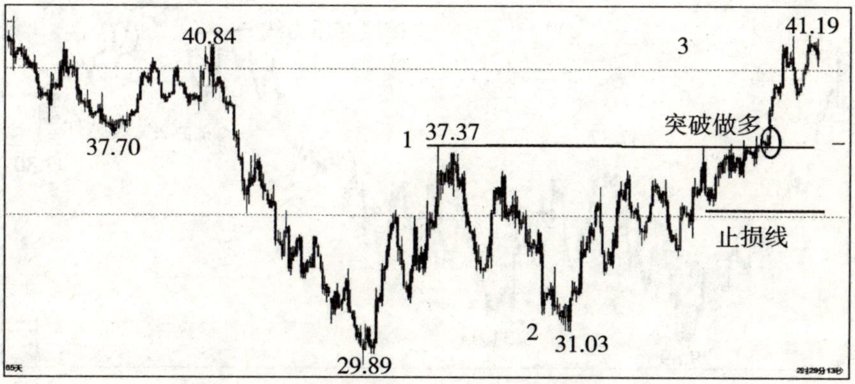

图 4–131　调整数浪，判定为第 3 浪上涨

随着行情的上涨，标记出波浪和趋势线，只要趋势线不被破坏就继续持仓。需要注意的是，在完成5浪上涨后，油价下跌的概率在6~7成之间，所以趋势线被破坏后，应该平仓反手做空（见图4-132）。

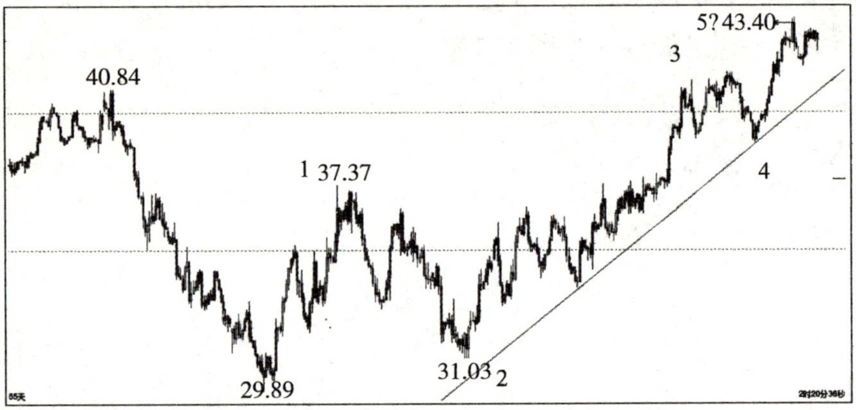

图4-132 标记波浪和趋势线

上涨趋势不久被跌破，此时平多单并建立空单，止损设于高位上方。这时可以观察到支撑线转变为压力线，这增加了持有空单的信心（见图4-133）。

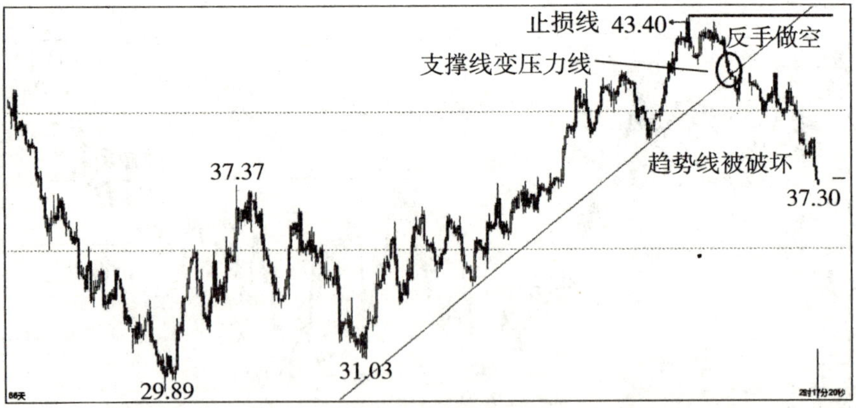

图4-133 上涨趋势被打破，反手做空

第五节　经典技术形态

形态分析是技术分析领域中比较简明实用的分析方法。现在广大投资者将形态分为两大类：反转形态和中继形态。反转形态又分为顶部形态和底部形态。

反转形态，顾名思义，意味着一个阶段性的趋势可能发生扭转。当市场出现此形态时，通常预示着行情走势将可能发生掉头。它与中继形态的根本区别在于：中继形态是依照顺势而为的思路操作，而反转形态则存在预测阶段走势顶部或底部的可能性，预示走势将发生扭转，是逆势思维的一种体现。

反转形态存在的基本前提是，市场中前一阶段的行情走势必须确定为单边趋势，没有趋势就没有反转。价格运行在一段单边趋势中，才能谈得上反转的问题。无趋势则无反转可言，就更没有反转形态的概念了。在一段横盘走势中，只有突破的概念，没有反转的概念。

这里提醒投资者，在认定反转形态时需要注意：出现双底（顶）、头肩底（顶）形态时，价格必须对反转形态的颈线形成突破才能确认形态成立，否则仅能预测形态有可能成立。

一、底部技术形态

底部形态有头肩底、V 底、双底和圆形底等 10 多种，最经典和最常见的是头肩底和双底形态，最难把握的是 V 底形态，圆形底在大宗商品走势中较少见。

1. 头肩底形态

头肩底是一种典型的趋势反转形态，是在行情下跌尾声中出现的看涨形态，图形由左肩、底、右肩及颈线组成。三个波谷上升力度逐步加大，价格有效突破颈线阻力后形态形成，价格反转高度一般都大于颈线与最低点之间的垂直高度。

（1）头肩底形态的认定。

构成头肩底形态的基本要素如下。

①前期存在明确的下行趋势节奏。

②右肩下跌表现无力，无法再创新低，且与左肩基本保持水平位置。

③价格有效上行突破颈线位置（见图4-134、图4-135）。

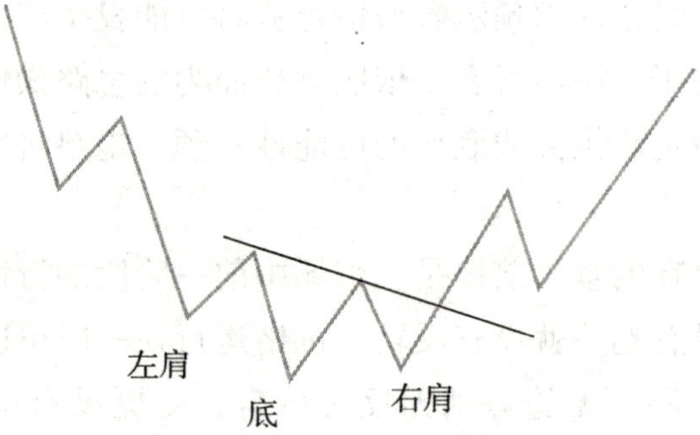

图4-134 头肩底形态示意图

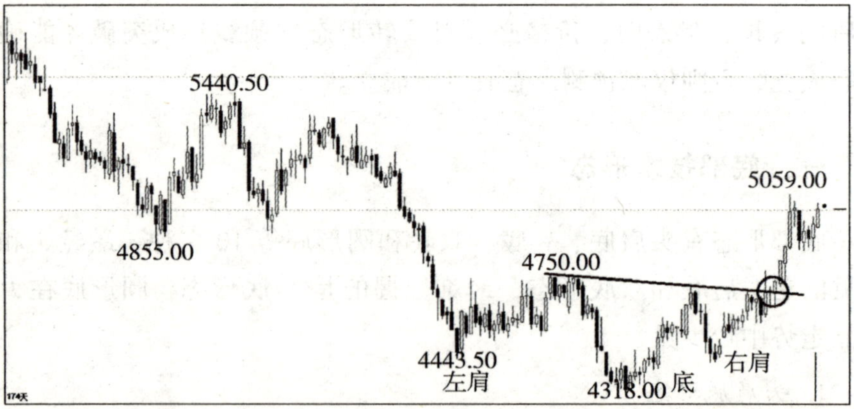

图4-135 价格走势中的头肩底形态

图4-135为铜价走势图，从中可以看到，铜价形成头肩底后向上突破颈线，突破之后止跌上冲。

（2）头肩底形态的操作要点。

头肩底形态演变过程中存在两个做多买入机会点。

①右肩买点。此时头肩底反转形态尚未确立，此点位为逆势交易，存在较大博弈性和风险，要即时做好止损保护。

②回抽买点。价格突破头肩底颈线位置后，下落回抽颈线位置为买入点位。此位置买入较为稳妥，止损设置在前期最低点位置即可。

③头肩底形态止损位及最小目标测算见图4-136、图4-137。

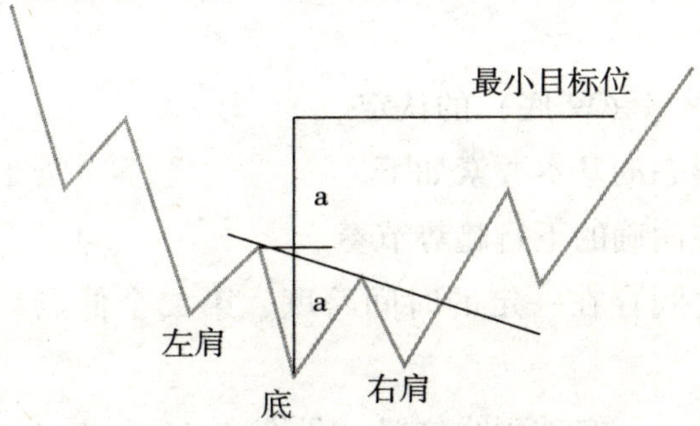

图4-136　头肩底形态做多买入点

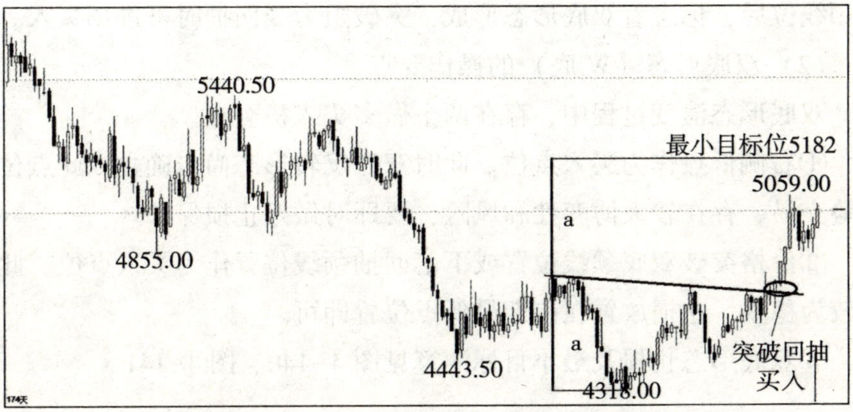

图4-137　铜价走势中的头肩底及介入点

图 4-137 是铜价走势图，图中走出一个头肩底形态。突破颈线后的目标测算是：(4 750-4 318) +4 750=5 182，即 a 段，这是本次上涨的最低目标位，目前铜价最高 5 059 元。实际操作中，止损位应随价格不断向上移动，以防止盈利变亏损。

2. 双底形态

双底也称 W 底。当价格在某时段内连续两次下跌至相同或相近的低点时，就会形成双底走势图形。当出现双底时，通常反映为向下移动的价格由下跌转为上升。一旦形成双底图形，必须注意图形是否向上突破阻力线。若突破阻力线，表示有强烈的上涨需求，阻力线也会变为价格支撑线。

(1) 双底形态（W 底）的认定。

构成双底形态的基本要素如下。

①前期存在明确的下行趋势节奏。

②两个底之间存在一定的时间跨度，第二个低点与前期低点基本持平。

③价格有效上行突破颈线位置（见图 4-138、图 4-139）。

图 4-139 中，油价形成双底前有个明显的下跌走势，在价格突破双底颈线位后，标志着双底形态形成，突破阻力线回抽时可进场买入。

(2) 双底形态（W 底）的操作要点。

双底形态演变过程中，存在两个做多买入机会点。

①右侧低点作为买入点位。此时双底反转形态尚未确立，此点位为逆势交易，存在较大博弈性和风险，要即时做好止损保护。

②价格突破双底颈线位置或下落回抽颈线位置作为买入点位。此位置较为稳妥，止损放置在前期最低点位置即可。

③双底形态止损及最小目标测算见图 4-140、图 4-141。

图 4-138　双底形态示意图

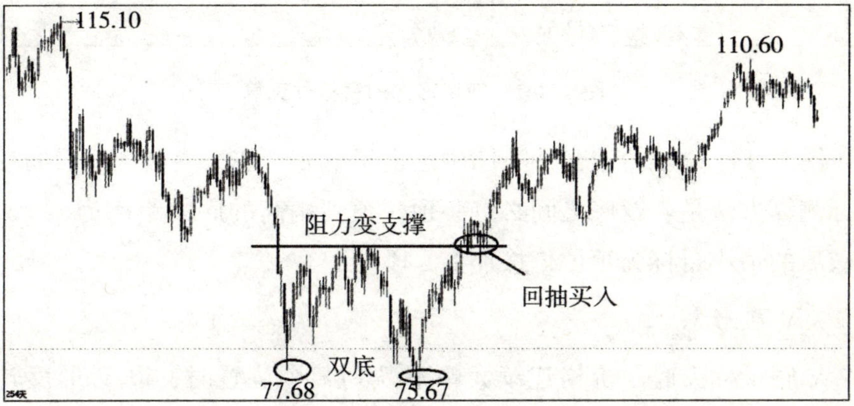

图 4-139　石油价格走势中形成的双底形态

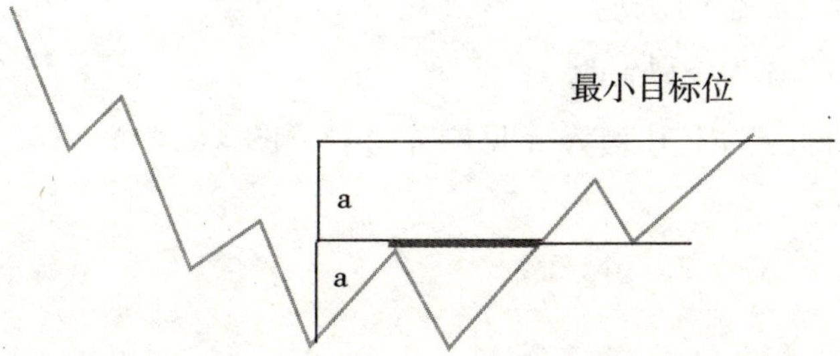

图 4-140　双底形态中的买入机会

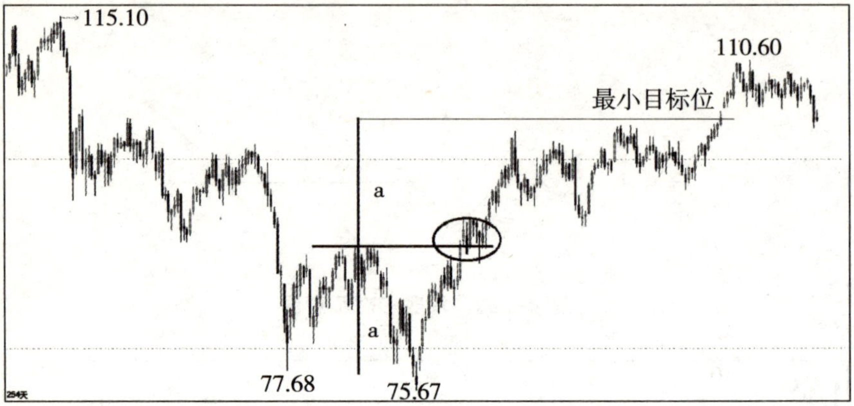

图 4-141　双底形态的目标位测算

图 4-141 是油价走势图，图中走出了双底形态。突破颈线后的最小目标测算方法是：双底之间必有一顶，顶到稍高的底的距离为 a，那么突破后的最小目标为顶位价格加上 a 段。

3. V 底形态

V 底又称尖底。价格连续大幅下跌到某个位置时，以 V 形反转方式连续大幅上涨，形成 V 形反转的底部样式。V 底是一种变化较快、转势力度极强的反转形态。

（1）V 底形态的认定。

①第一部分为下跌趋势。

②第二部分为上升趋势（见图 4-142、图 4-143）。

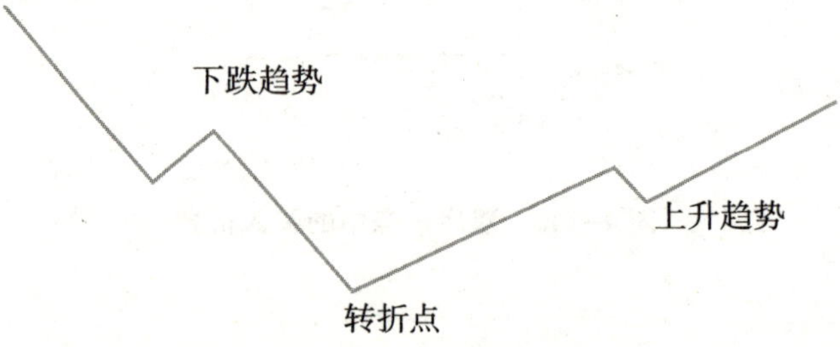

图 4-142　V 底形态示意图

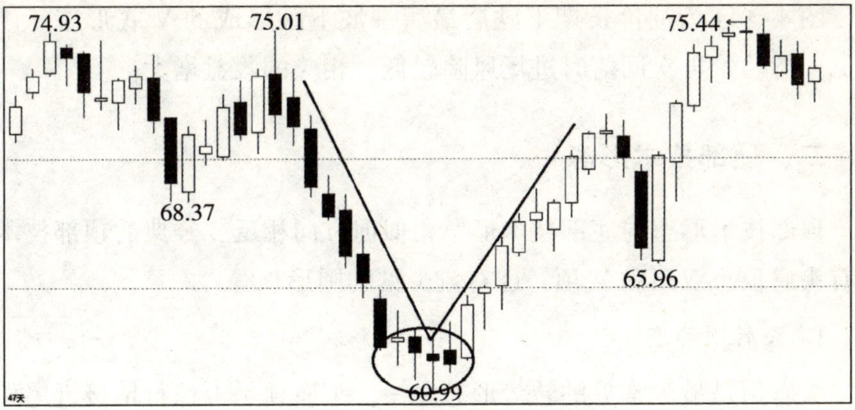

图 4-143　油价走势中的 V 底形态

图 4-143 为油价走势中的 V 底形态，价格在前期大幅下跌后突然转为连续大幅上升。这种形态又可转为双底或头肩底形态。

（2）V 底形态的操作要点。

①前期必须有大幅下跌，跌幅越大、跌速越快越好。

②V 底形态很难把握，最好等待演变成双底或头肩底时再进入。

③反转后的上涨目标为最后一段下跌的幅度。如果转变为双底或头肩底，则用转变后的形态测算（见图 4-144）。

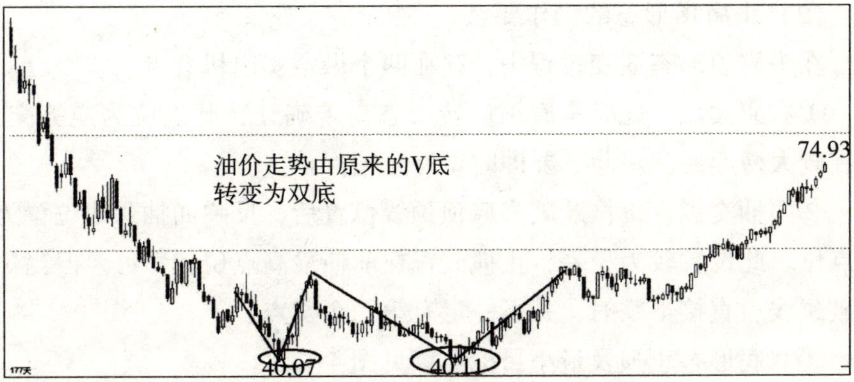

图 4-144　油价最后一波下跌形成的 V 底形态

图 4-144 为油价长期下跌后最后一波下跌形成的 V 底形态。谨慎起见，待油价再次回落时进场风险较低，相应的收益增大。

二、顶部技术形态

顶部技术形态与底部技术形态相似但方向相反，经典的顶部技术形态有头肩顶、双顶和 V 顶，还有较少见的圆形顶等。

1. 头肩顶形态

头肩顶是最为常见的转势形态之一。头肩顶是上涨行情接近尾声时的看跌形态，图形由左肩、头部、右肩及颈线构成。

（1）头肩顶形态的认定。

构成头肩顶形态的基本要素如下。

①前期存在明确的上行趋势节奏。

②右肩上升表现无力度，价格无法再创新高，且与左肩基本保持水平位置。

③价格有效下破颈线位置（见图 4-145、图 4-146）。

图 4-144 为石油价格走势中的一个头肩顶形态，油价在跌破颈线后形成了一个下跌趋势。

（2）头肩顶形态的操作要点。

在头肩顶形态演变过程中，存在两个做空卖出机会点。

①右肩卖点。此时头肩顶反转形态尚未确立，此点位为逆势交易，存在较大博弈性和风险，要即时做好止损保护。

②回抽卖点。价格跌破头肩顶颈线位置后，反弹回抽颈线位置为卖出点位。此位置较为稳妥，止损放置在前期最高点位置即可。但当价格突破颈线后直接下跌时，并不一定有第二个卖点。

③双底形态止损及最小目标测算见图 4-147。

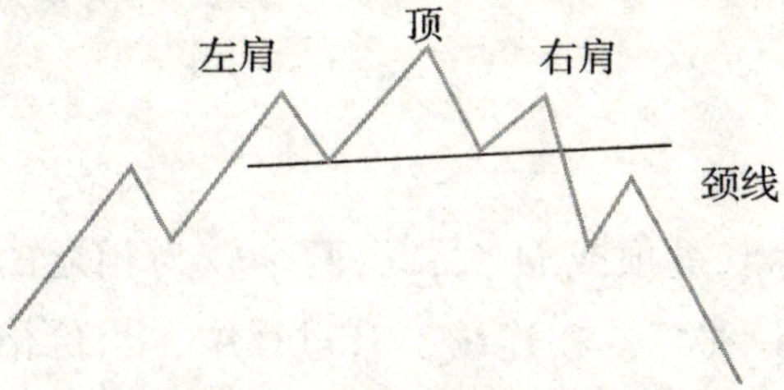

图 4-145 头肩顶形态示意图

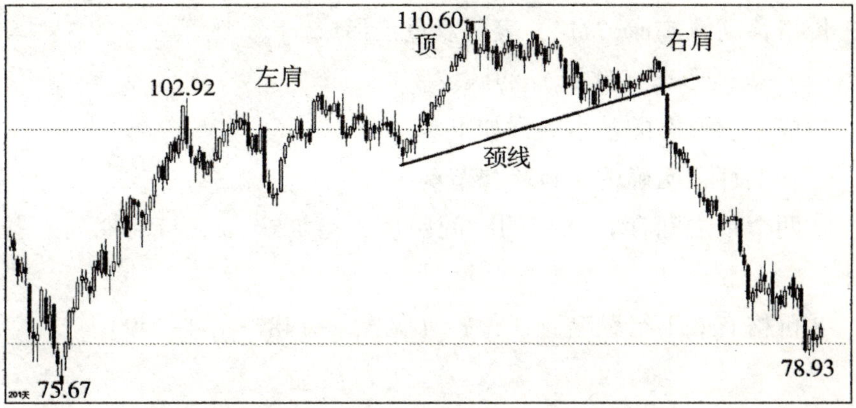

图 4-146 石油价格走势中的头肩顶形态

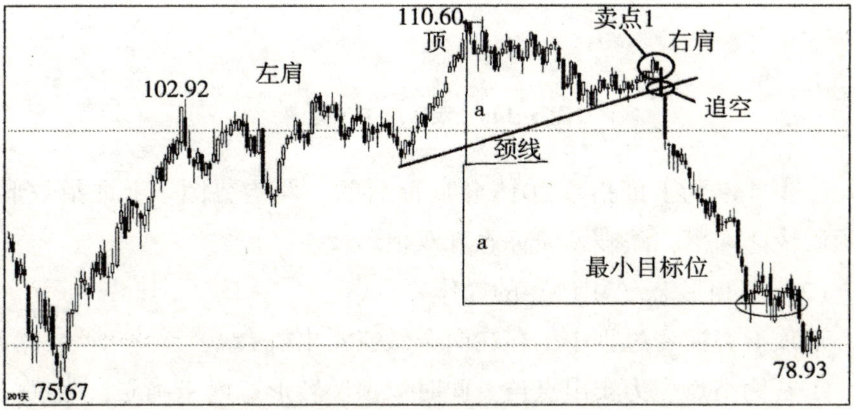

图 4-147 双底形态止损位及最小目标位测算

图 4-147 中并没有出现第二个卖点，因此在衡量风险时，只要在合理范围内，应该坚决入场。

2. 双顶形态

双顶形态又称双重顶或 M 头，由两个较为相近的高点构成，其形状类似于英文字母“M”。在连续上升过程中，当价格上涨至某一价格水平时，成交量显著放大，价格开始掉头回落；下跌至某一位置时，再度反弹上行，但反弹至前高附近后再次下跌，并跌破第一次回落的低点，价格移动轨迹像“M”，表明双重顶形成。

（1）双顶形态（M 形）的认定。

构成双顶形态的基本要素如下。

①前期存在明确的上行趋势节奏。

②两个顶之间存在一定的时间跨度，第二个高点与前期高点基本持平。

③价格有效下行跌破颈线位置（见图 4-148、图 4-149）。

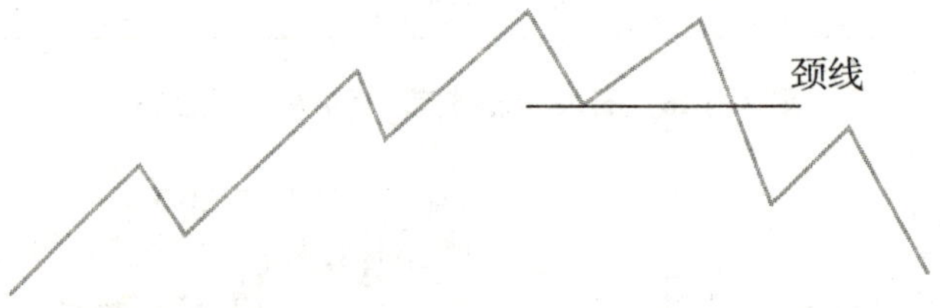

图 4-148　双顶形态示意图

图 4-149 为上证指数 2015 年底前后的一段走势图。上证指数形成双顶后快速回落，跌破颈线标志着双顶形成。

（2）双顶形态（M 顶）的操作要点。

双顶形态演变过程中，存在两个做空卖出机会点。

①右侧高点作为卖出点位。此时双顶反转形态尚未确立，此点位为逆势交易，存在较大博弈性和风险，要即时做好止损保护。

②价格跌破双顶颈线位置后，反弹回抽颈线位置作为卖出点位。此位置较为稳妥，止损放置在前期最高点位置即可。

③双顶形态止损及最小目标测算见图 4-150。

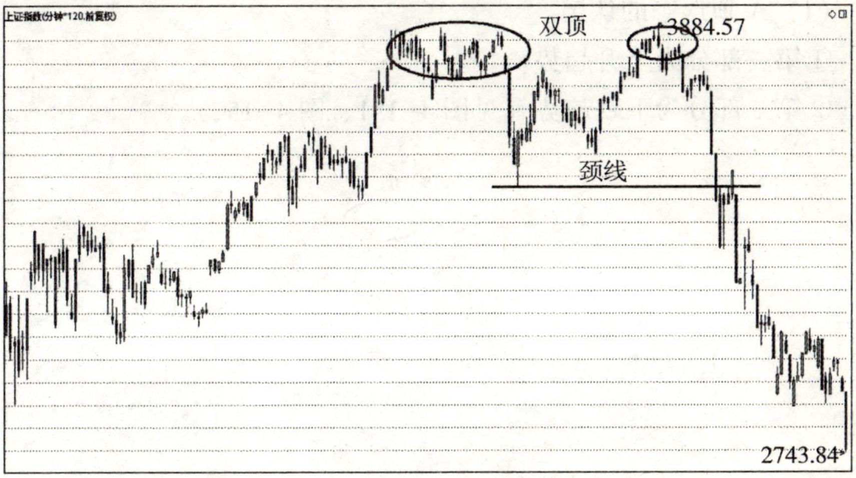

图 4-149　价格跌破颈线位置表明形态确认

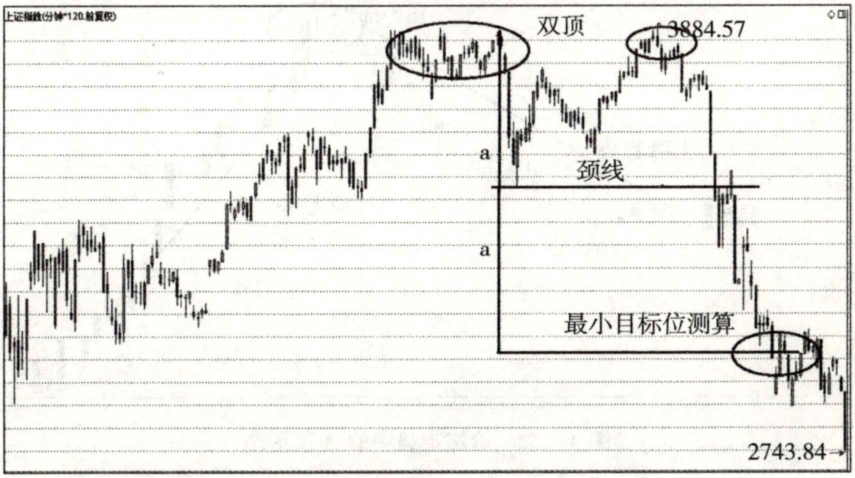

图 4-150　双顶形态止损位及最小目标位测算

3. Λ 顶形态

Λ 顶形态跟 V 底相对，是指在一段上升趋势后期，价格因某种原因不经过盘整而直接下跌形成的图形。

（1）Λ 顶形态的认定。

①第一部分为上升趋势。

②第二部分为下跌趋势（见图 4-151、图 4-152）。

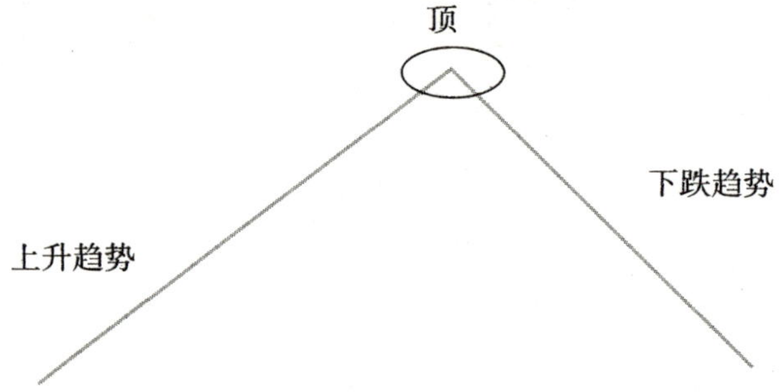

图 4-151　Λ 顶形态示意图

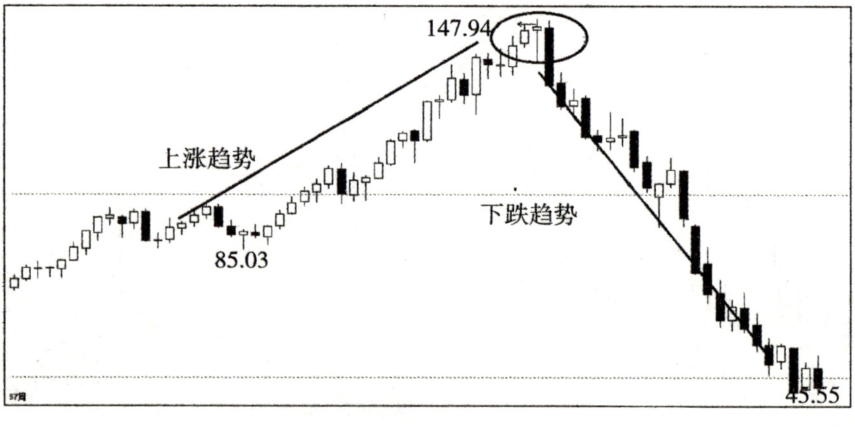

图 4-152　价格走势中的 Λ 顶形态

图 4-152 为一个 Λ 顶形态，前期有一个明显的上涨趋势，到达高点形成顶部后，直接发展成下跌趋势。

（2）Λ 顶的操作要点。

①前期须有一个较大幅度的上涨。

②出现高点后价格迅速回落并发展成下跌趋势。

③Λ 顶操作较难把握，后期如若发展成双顶或头肩顶，会更有利于投资者（见图 4-153）。

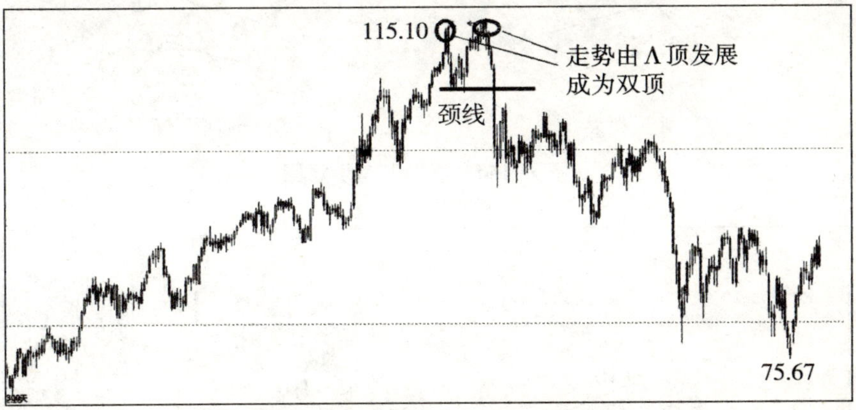

图 4-153 Λ 顶形态操作要点

图 4-153 中，油价在上涨过程中多次出现单顶，但每一次经过调整后均创新高。如果投资者只靠 Λ 顶来操作，将会亏损累累。油价形成双顶后再选择首次进入，价格跌破颈线后加大投入，这样操作将会更稳妥。

三、中继形态

在市场操作中，中继形态体现了顺势而为的核心操作思想，通过中继形态提供的风险控制模式，投资者可以把风险控制在有限范围内，同时还能够合理预测最小目标。合理控制风险盈亏比，再配合其他技术分析手段，能够明显提高交易的成功率。

下面为大家介绍几种市场中常见的中继形态。

1. 旗形形态

旗形中继形态是市场走势中较为常见的中继形态的一种，常规的调整以旗杆的方式出现，故称为旗形中继形态。旗形形态运行如图 4-154、图 4-155、图 4-156 所示。

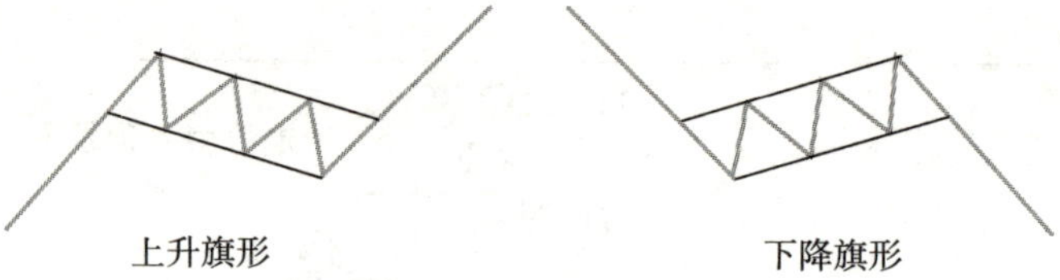

图 4-154 旗形形态示意图

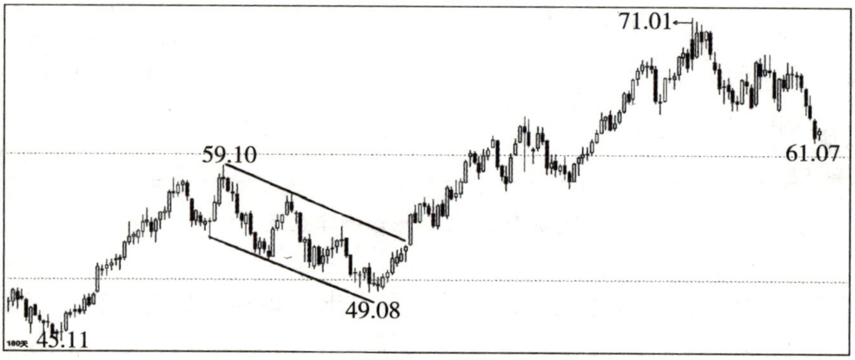

图 4-155 价格走势中的上升旗形形态

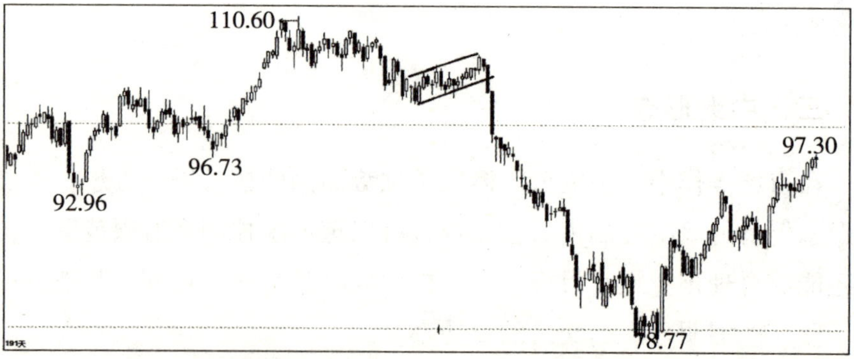

图 4-156 价格走势中的下降旗形形态

上升旗形出现在上升趋势中，但旗形形态与趋势方向相反，表现为向下调整走势。

下降旗形出现在下跌趋势中，但旗形内的价格走势总体上来看是向上的，与当下趋势相反。

旗形中继形态操作要点如下。

（1）入场信号。

以上涨趋势中的旗形中继为例，旗形中继存在两个入场机会参考点。

①旗形下沿的第二次及以后的触及点。

②突破旗形上沿或回抽再次触及旗形上沿的机会点。

（2）最小目标测算。

旗形中继的最小目标，即平行通道向上等距离平移为测算的最小目标位置，价格触及后可能会产生一定的阻力。或者也可以采取依据“旗杆”长度为初步的最小目标，这也是实战中经常用到的方法（见图4-157、图4-158）。

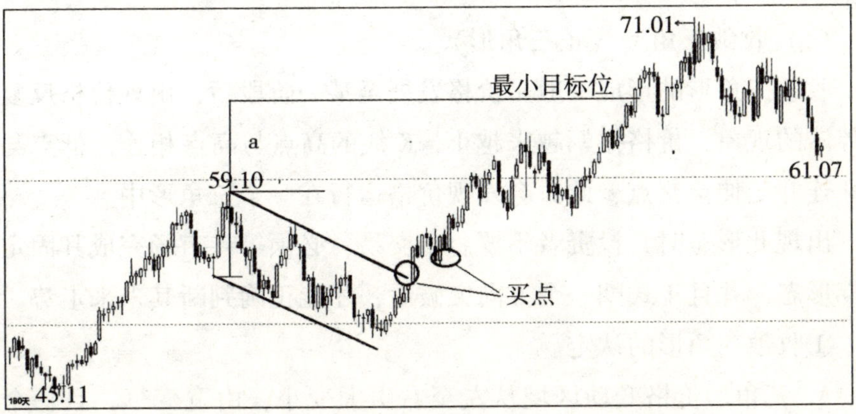

图 4-157 上升旗形买点及最小目标位（通道法）

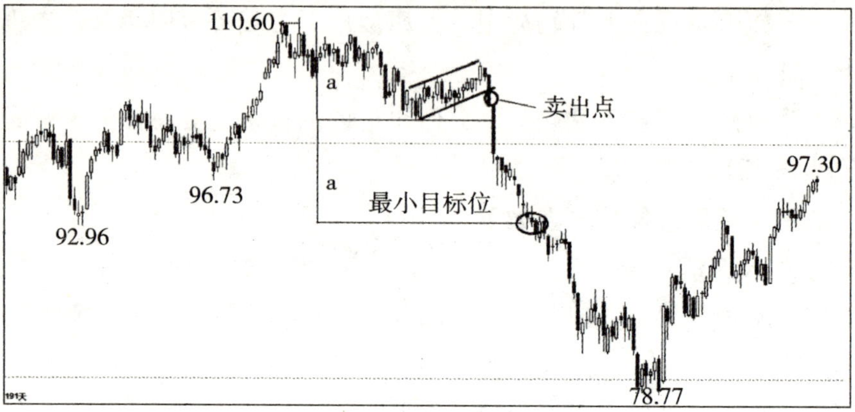

图 4-158 下跌旗形卖点及最小目标位（旗杆法）

2. 三角形形态

三角形形态在 K 线图中经常出现，分为收敛三角形（正三角形）和扩张三角形（喇叭形）两种，形态学派技术分析人士经常利用三角形形态来判断和预测后市。三角形态既可以是反转形态，也可以是中继形态，以后者出现次数居多。

（1）收敛三角形（正三角形）。

收敛三角形的形成一般是价格发展至某一阶段后，出现价格反复或者停滞的现象，价格振幅越来越小，K 线的高点与高点相连，低点与低点相连并延伸至交点，此时会发现价格运行在一个三角形中。

出现此形态时，投资者不要急于交易，必须等待市场完成其固定的周期形态，并且正式朝一个方向突破后，才能正确判断其未来走势。

①收敛三角形的认定。

A. 三角形价格变动区域从左至右由大变小，由宽变窄，且一个高点比一个高点低，一个低点比一个低点高。

B. 当三角形发展至形态的尾端时，其价格波动幅度变得异常狭小及平静，但这种平静不久便会被打破，价格将会发生变化。

C. 三角形上下两条斜边各由两个或多个转折点相连而成，这些高低点包含着“涨→跌→涨→跌”走势。每一次涨势的顶点出现后，会立刻引发下一波跌势；每一次跌势的低点出现后，又立刻引发下一波涨势，但价格的波动范围越来越小（见图 4-159、图 4-160）。

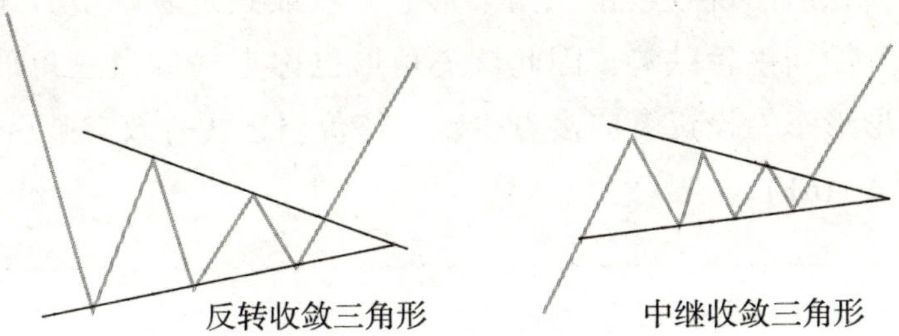

图 4-159 收敛三角形示意图

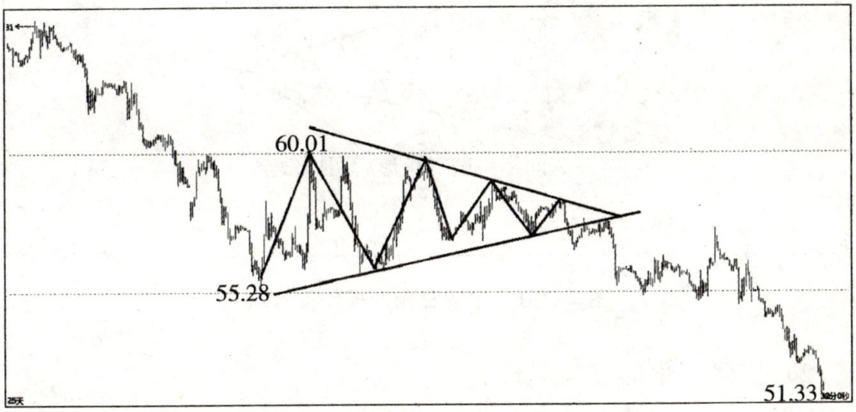

图 4-160 价格走势中的中继收敛三角形

②收敛三角形操作要点。

价格在收敛三角形中运行，如果价格发展到收敛三角形尾端才突破斜边，则其突破后的涨跌力道会大大减弱。这是由于多空双方长时间对峙，消耗过大引起的，故在三角形尾端短兵相接时，双方力量均不足以引起大幅波动。一般来说，价格在三角形斜边的 2/3 处突破时，涨跌力度最大。

收敛三角形向上突破斜边后，价格往往会出现短暂性的“回抽”，其回抽的终点大致在三角形尾部的尖端上，这里是多空双方力量的凝聚点。如果多方占优，后市将有一段不俗的涨幅。

经过大跌后出现收敛正三角形形态，一般只是表明空方稍作休息，不久又会开始新一轮跌势，因此该三角形也称为“逃命三角形”。对于收敛三角形形态，投资者应多看少动，待价格正式有效突破后再伺机而动（见图 4-161）。

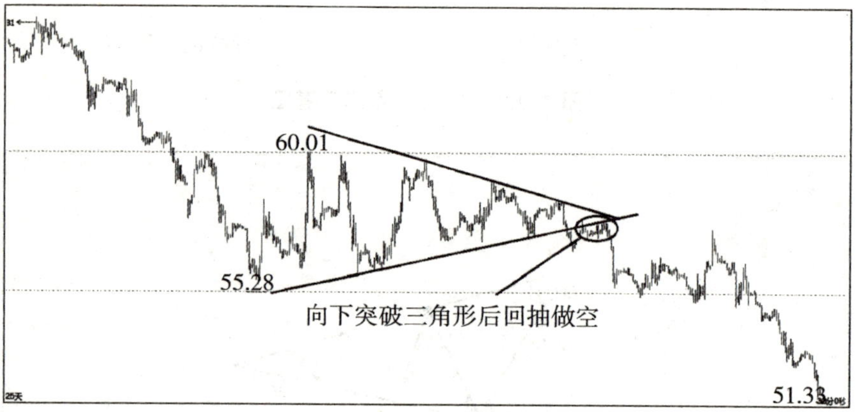

图 4-161　中继三角形操作买卖点

（2）扩张三角形（喇叭形）。

扩张三角形也叫喇叭形，由两条横向对称并相互分离的趋势线构成，既可能出现在市场顶部或底部，也可能出现在趋势持续过程中，扩张三角形一般属于看跌形态。

在收敛三角形形态中，价格波动幅度越来越小，但在扩张三角形形态中，情况恰恰相反，价格波动幅度越来越大。这种情况显示市场已经失去控制，变得极为情绪化（见图 4-162）。

扩张三角形的认定方法如下。

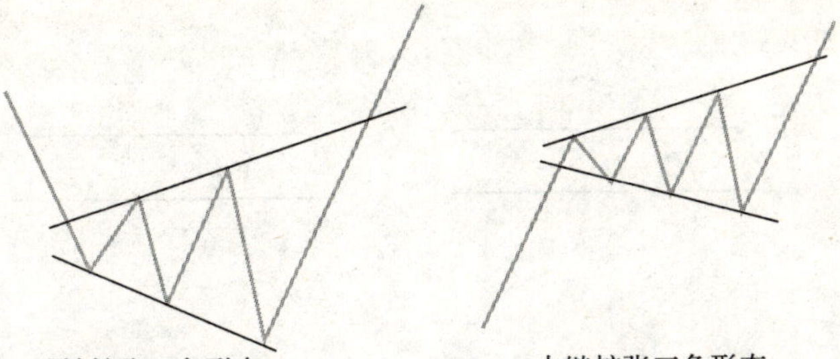

图 4-162　扩张三角形示意图

A. 标准的扩张三角形至少包含三个转折高点，两个转折低点。三个高点一个比一个高，两个低点可以在水平位置，或者右边低点低于左边低点。当价格从第三个高点回跌，其回落的低点较前一个低点为低时，可以假设形态成立。将高点与低点各自连结成颈线后，两条线组成的区域看起来就像一个喇叭形。由于其属于“五点转向”形态，故较平缓的喇叭形也可视为一个有较高右肩和下倾颈线的头肩顶。

B. 扩张三角形上升和下跌的幅度无法测量，也就是说并没有最小幅度的量度方法。一般来说，该形态出现后，后市涨跌幅度都较大。

C. 扩张三角形也有可能会失败，即会向上或向下突破。对于稳健保守的投资者而言，“宁可错过，不能做错”，不必过分迷恋这种风险大于收益的行情。

3. 矩形形态

矩形形态与旗形形态相比较，从形状上看，矩形形态为上下平行，水平无斜率；从趋势的指引上看，矩形形态通常对原趋势的支撑更强劲。矩形形态在市场中出现的频率一般要略低于旗形形态。矩形形态运行过程如图 4-163 所示。

矩形中继形态操作要点如下。

（1）入场信号。

以上涨趋势中的旗形中继为例，矩形中继存在两个入场机会参

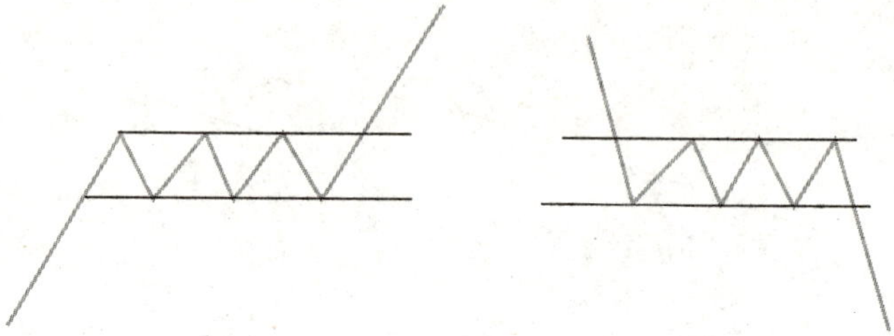

图 4-163 矩形形态示意图

考点。

①矩形下沿的第二次及以后的触及点。

②突破矩形上沿或回抽再次触及矩形上沿的机会点。

（2）最小目标测算。

矩形中继的最小目标测算，即平行通道向上等距离平移为测算最小目标位置，价格触及后可能会产生一定的阻力。也可以依据“旗杆”估测最小目标位置。

第五章
现货交易操作周期

第一节　操作周期划分

选择操作周期对现货交易者非常重要。市场有长线投资者，代表人物有巴菲特、罗杰斯和彼得·林奇。有长线自然有中线和短线，资本市场参与者众，而中短线投资者占据多数。

操作周期划分并没有固定的标准，主要是根据投资者本身的意愿及资金情况来衡量。对于大资金（比如千万元级别以上），采用中长期操作更合适，主要参考日线、周线甚至月线来作决策。对于几十万元以下的资金，可以采用中短线操作，主要采用日线级别（包括日线）及以下周期作为参考。

一、短线操作周期

短线交易一般是指日内交易，有时也指一两天内的交易。前者更适用于24小时交易的现货市场，后者较适合国内股票或期货交易市场。短线周期主要指60分钟及以下的周期，最低为分笔交易。

对于短线交易者来说，最希望在一日之内行情完成一个完整的涨跌周期，而完成一个涨跌周期是需要时间的。如果用30分钟周期，可能只完成了1/4左右；如果用1分钟，可能完成的周期不止两个。一般来说，日内交易主要参考1分钟、5分钟、15分钟等几个周期。

1. 时区划分

全球各交易市场被距离和时间所隔，它们各自独立又相互影响。这些交易市场以其所在的城市为中心，辐射周边其他国家和地区。由于所处的时区不同，各个市场在交易时间上此开彼关，但一个市场结束后，往往为下一个市场的开盘定下了基调。

这些市场通过先进的通信设备和计算机网络连成一体，市场的参与者可以在世界各地进行交易，由此形成了全球一体化运作、全天候运行的国际石油市场（见图 5-1）。

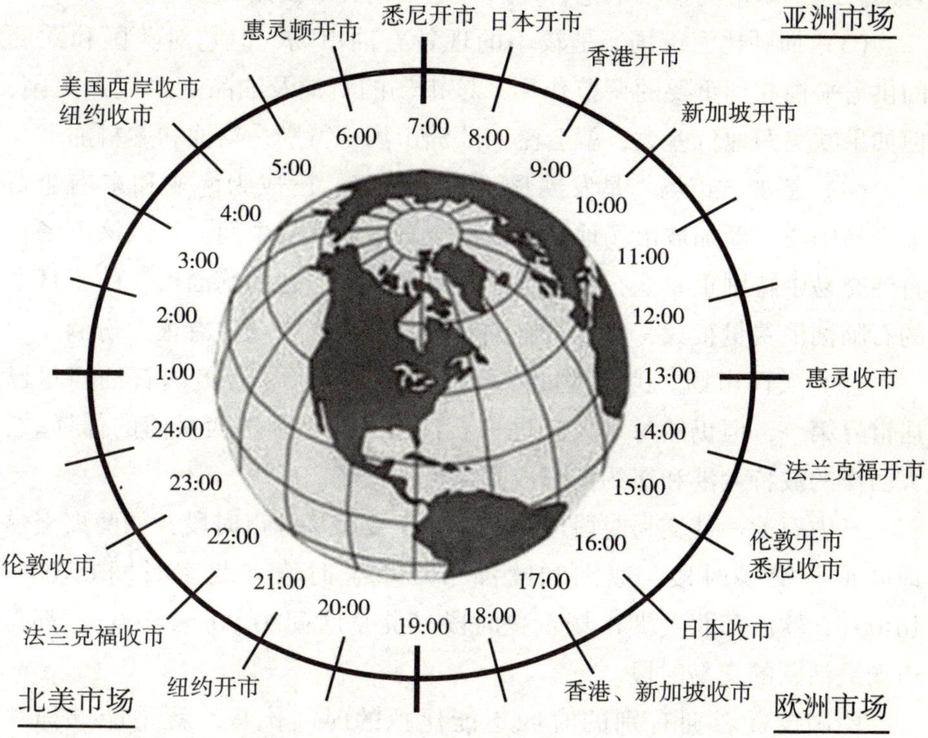

图 5-1 全球主要交易时间表（北京时间）

世界石油现货市场主要有以下几个国家或地区可以进行现货石油交易。

（1）西北欧市场。西北欧市场比伦敦市场大，主要分布在阿姆斯特丹—鹿特丹—安特卫普，鹿特丹是西北欧市场的核心。西北欧市场主要为德国、英国、荷兰、法国服务，这一地区集中了西欧重要的油港码头和炼油厂。石油主要来自独联体国家，其次是北海油田石油和 ARA 地区[①]独立炼油厂的油品。

（2）地中海市场。分布在意大利地中海沿岸，油品供应来自沿海岸岛屿的独立炼油厂，另外有一部分经由黑海运输的来自独联体国家的石油。地中海市场比较平稳，是这一地区重要的油品集散地。

（3）加勒比海市场。是较小的现货石油市场，但它对美国和欧洲的供需平衡起到重要的调节作用。该市场的石油及油品主要流入美国，但如果欧美两地价差大，就会流入欧洲市场，特别是柴油和燃料油。

（4）新加坡市场。是发展最迅速的市场，已成为南亚和东南亚石油交易中心。新加坡市场地处波斯湾至日本航线的中间，所以该市场在石油交易中特别重要。石油及油品来自中东和当地的炼油厂。由于日本的石脑油消费量很大，所以石脑油和燃料油在该市场占有很大份额。

（5）美国市场。美国是世界石油消费大国，尽管美国石油产量已居世界第一，但仍然每年大量进口石油，于是在临墨西哥湾的休斯敦、大西洋的波特兰港和纽约港形成了庞大的市场。

日内石油最佳交易时段应该选择在主要市场开市时段，如两大交易地区重叠交易时段。亚洲和欧洲市场重叠时段（北京时间15:00—16:00），欧洲和北美洲市场重叠时段（北京时间20:00—24:00），都是市场最活跃的交易时段。

中国投资者拥有别的时区不能比拟的时间优势，就是能够抓住15:00—24:00这个价格波动最大的时间段。一般投资者都是从事非专业的工作，下午17:00下班到24:00这段时间是自由时间，正好可以用来做交易，不必因工作的事情分心。

2. 解读分时图

分时图是指标的物（包括但不限于股票、外汇、期货）的动态实

① ARA 是阿姆斯特丹（Amsterdam）、鹿特丹（Rotterdam）、安特卫普（Antwerp）三个港口首字母的结合。其中前两个是荷兰港口城市，安特卫普是比利时港口城市。

时（即时）分时走势图，能准确即时反映价格的走势情况。

分时图是最直接、最准确、最真实地描述价格运行的工具，在实战研判中占有极其重要的地位，是即时把握多空力量转化即市场变化的根本所在（见图 5-2）。

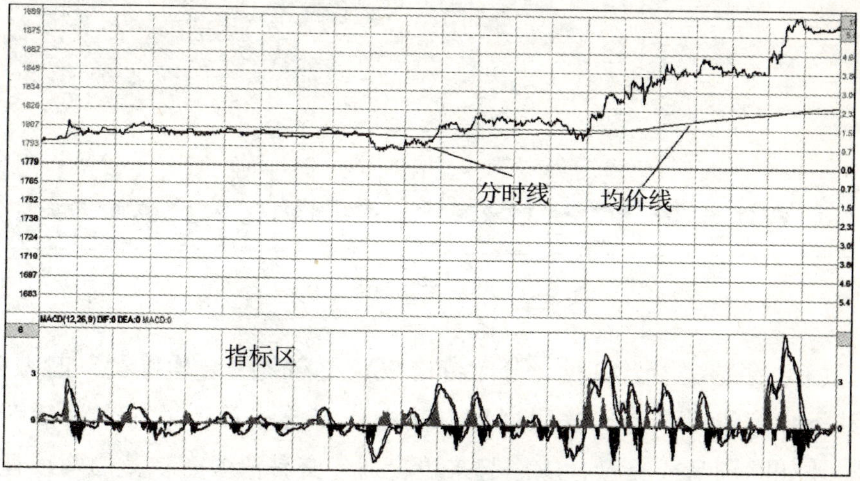

图 5-2　石油价格分时走势图

图 5-2 为现货石油价格的一个分时走势图。如果用电脑查看，分时图中的曲线是彩色的。图上有白色和黄色两条线，其中白色曲线是由连续价格组成的分时线，黄色曲线为均价线。现货石油分时图中没有显示成交量，画面下部用指标代替，指标可以由用户自己设定。

分时图走势向上运行，说明多头力量占优势。向上运行的速度越快，说明多头力量越强大。相反，分时图走势向下运行，说明空头力量占优势。向下运行的速度越快，说明空头力量越强大（见图 5-3）。

3. 分时图战法

经过投资者的不断总结，渐渐摸索出一些适合分时图操作的方法，这些方法需要一定的经验来把握分时走势的变化，初学者可以学习参考。

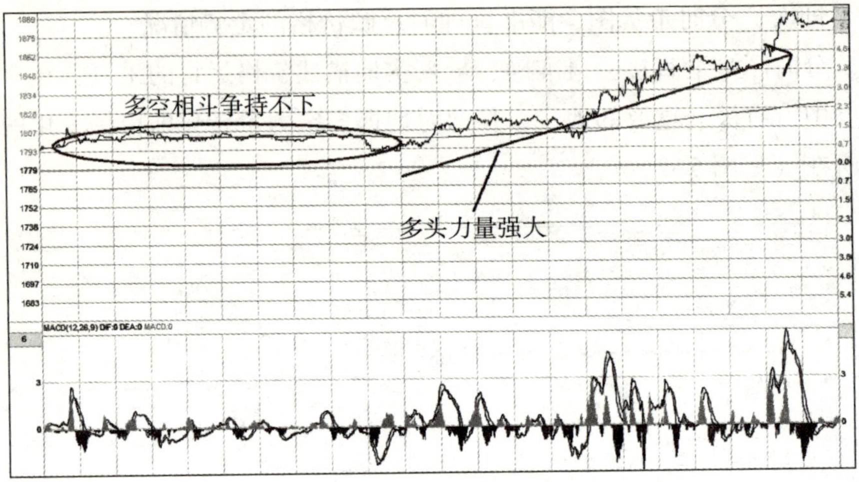

图 5-3 分时图走势向上运行

(1) 穿越法。当白线(分时价格线)上穿黄线(均价线)时做多，白线下穿黄线时做空。按照这种方法操作需要注意：①在交易活跃时段，比如欧洲盘或美盘，应用起来更合适。交易清淡时，黄白两线往往反复缠绕，无法给出有价值的操作信号。②顺势而为。在上升势时下穿不做空，在下跌势时上穿不做多(见图 5-4、图 5-5)。

(2) 调整法。走势为上涨趋势时，价格回落到均价线受到支撑反身向上时做多。走势为下跌趋势时，价格反弹至均价线受阻反身向下时做空(见图 5-6、图 5-7)。

(3) 区间突破法。向上突破区间做多，向下突破区间做空。区间的形成往往是亚洲盘成交不活跃造成的，且区间波幅较窄(见图 5-8、图 5-9)。

分时图战法还有很多，然而最基本的就是以上三种，只要掌握得好，最简单的方法就是最实用、最有价值的方法。投资者可以多学几种防身，但要知道最简单的也是最难把握的。如果投资者不习惯在分时图上操作，上述分时图战法在 K 线任意周期中也同样适用(见图 5-10、图 5-11)。

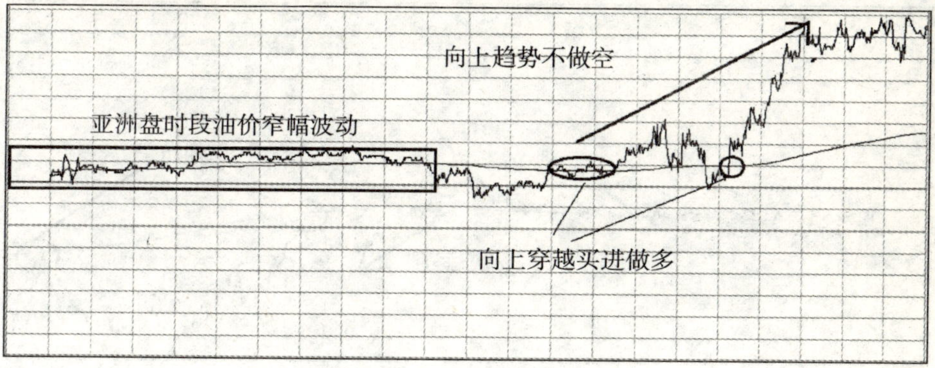

图 5-4　上升趋势中上穿做多

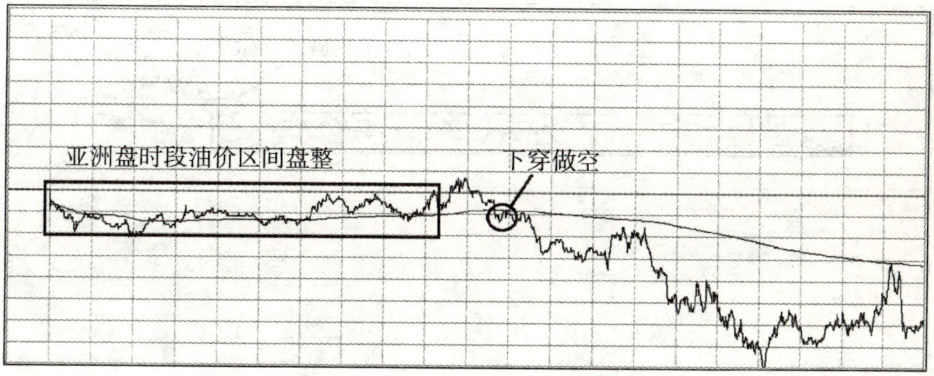

图 5-5　下跌趋势中下穿做空

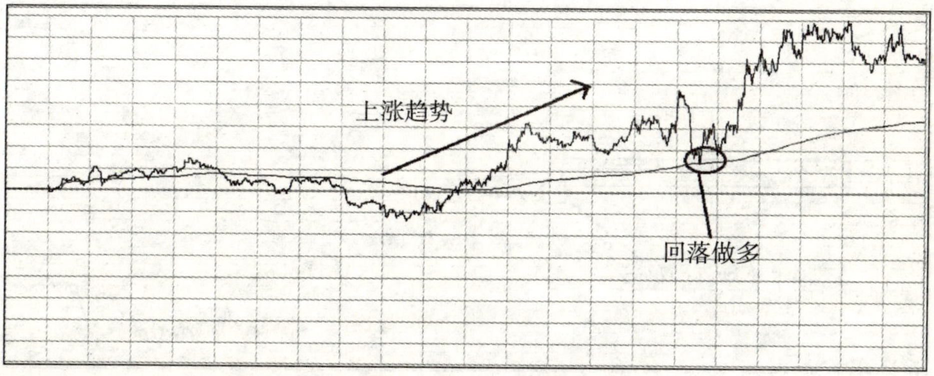

图 5-6　上升趋势中受均价线支撑时做多

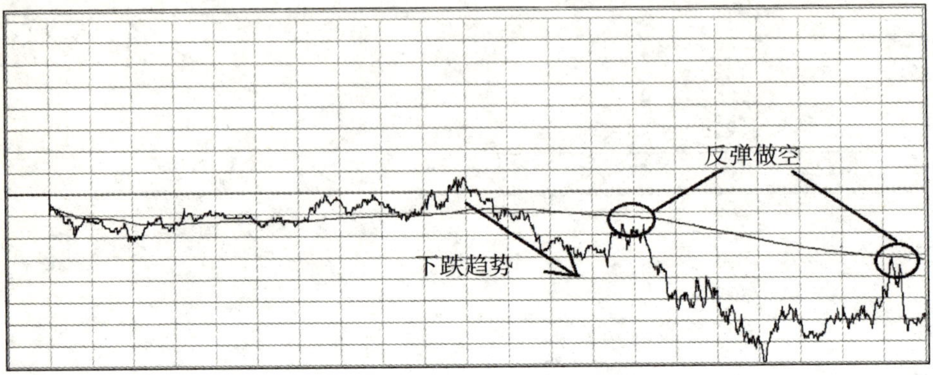

图 5-7　下跌趋势中受均价线压制时做空

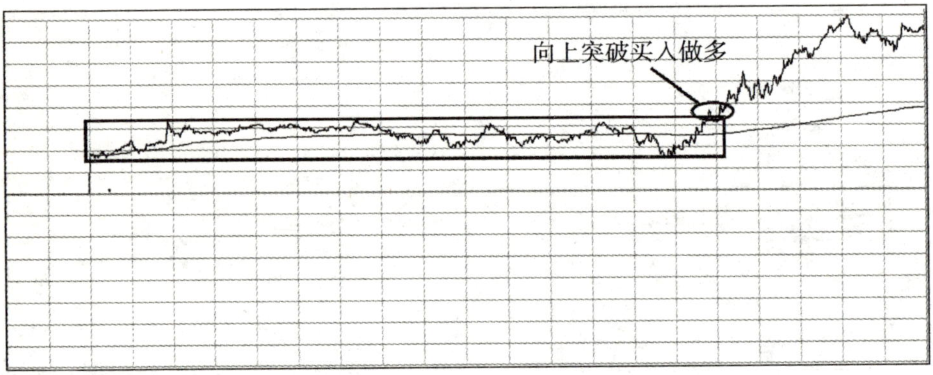

图 5-8　向上突破区间做多

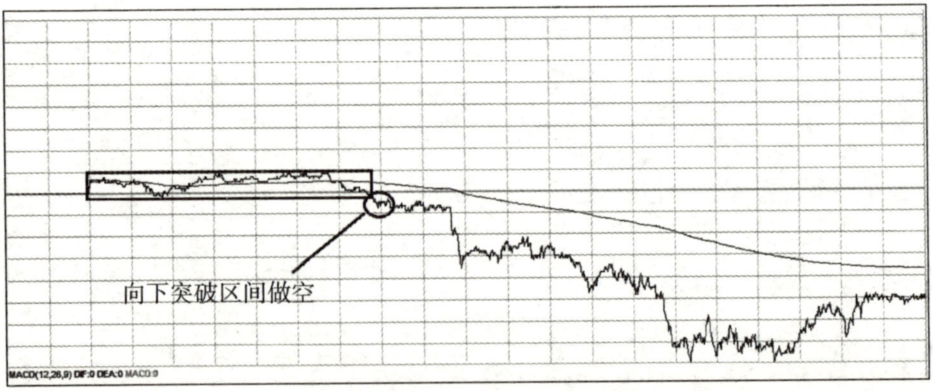

图 5-9　向下突破区间做空

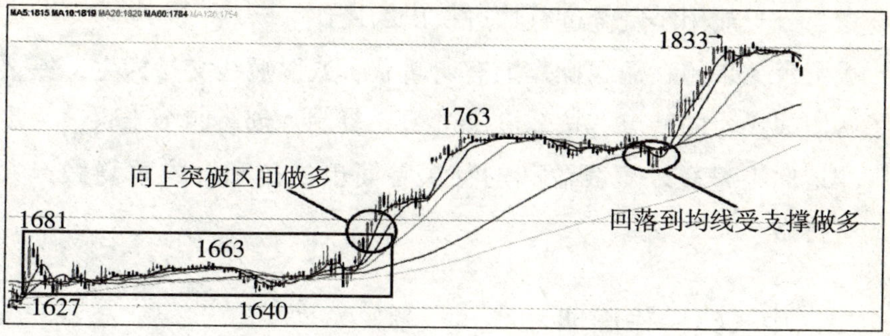

图 5-10　价格回落到均线受支撑做多

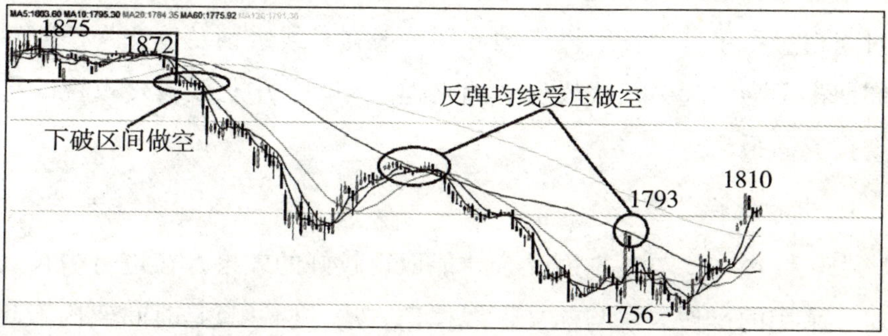

图 5-11　价格反弹受到均线压制做空

4. 短线操作的优点

短线操作讲究的是持仓时间短、操作频率高、盈利速度快，最关键的一点是短线能够帮助大家在市场面临风险的时候即时平仓，规避风险，不必像中长线那样，面对震荡只能选择忍耐，等待到达目标位后再选择止盈。短线操作由于频率高，资金周转率能够大幅度提升。

但是短线操作也有无法克服的缺点，短线操作对分析研判的专业化知识和临盘实战操作能力有非常高的要求。有一句话叫“短线高手万中挑一”，也就是说，一万人中才能产生一个短线专业高手。短线操作对知识和能力的要求是非常严格的，要求交易者必须掌握专业化、科学化和系统化的操作技能。

在投资规模上，短线操作也受到局限。短线操作不可能用大规模的资金参与，只能用小资金进行快进快出的操作。

投资者如果想在短线操作上有所斩获，或以短线交易为生，那么必须了解短线操作的特点，按知己—学习—复制—创新四个步骤，一步一个脚印地向上攀登。短线盈利的秘诀是简单的盈利模式重复做，大量做，坚持做。

二、中长线操作周期

中线持有的时间一般指一个月以上到半年以内，长线持有通常指持有时间超过半年。中长线操作的周期一般在日线级别及以上，任何较短的周期都不会引起中长线投资者的兴趣。另外，中长线投资重视的是中长期投资回报。

1. 中长线操作战法

中长线操作要与基本面配合才能取得较好的效果。在进行中长线操作时，采用的操作方法与前文短线操作方法一样，只是时间架构不同。

（1）穿越法。当价格由下向上穿越均线或趋势线时做多，当价格由上向下穿越均线或趋势线时做空。这一均线或趋势线可以是投资者根据经验或历史统计得出的，或是任意其他曲线和指标（见图 5-12）。

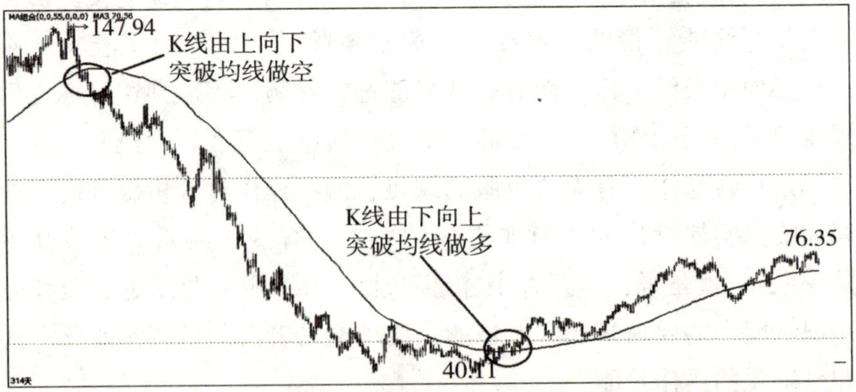

图 5-12 依据均线做多或做空

图 5-12 是比较流畅的一段价格走势图，投资者需要留意，在做多时 K 线围着均线反复穿越，这种情况屡见不鲜。如果前期已经有明显下跌趋势并且跌幅较大，那么做多时止损设于最低位，不破止损继续持有多单，跌破止损可以再顺势操作。当然情况有多种，后面还会再提及。

（2）调整法。当走势为上升趋势时，在价格回落到均线受到支撑时做多；当走势为下跌趋势时，在价格反弹至均线受阻回落时做空（见图 5-13）。

图 5-13 是石油价格的一段走势图，在上升趋势中，价格回落到均线附近受到支撑时买入。图中有三个买点，相信投资者能够理解。

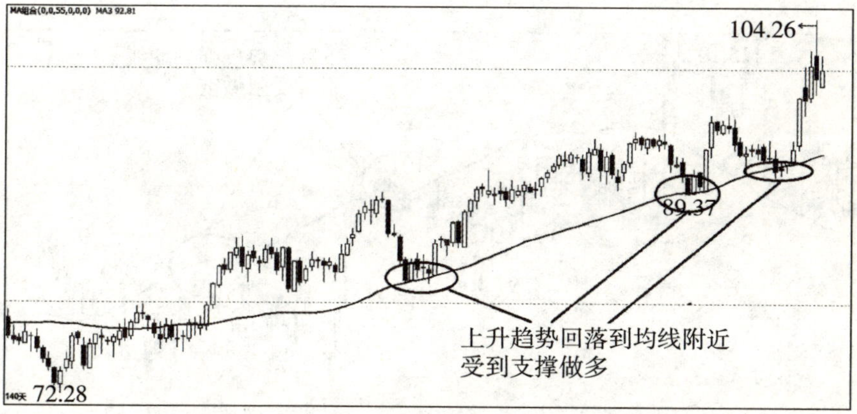

图 5-13　价格受到均线支撑或压制时做多或做空

如图 5-14 所示，根据回调法操作，图中有 4 个买点。后面 3 个买点是下穿均线后再次回升，投资者应该等到价格回升到均线上方再买入。

图 5-15 为下跌趋势中反弹做空。前一个位置冲破均线后反身下跌，后一位置还未接触均线即反身下跌，这两种情况在实战中经常遇到。

（3）突破法。向上突破横盘区间做多，向下突破横盘区间做空。

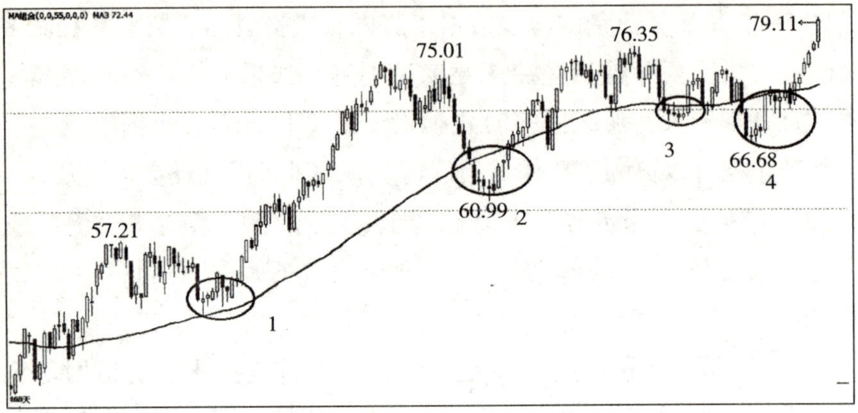

图 5-14　价格下穿均线后，重新上穿均线时做多

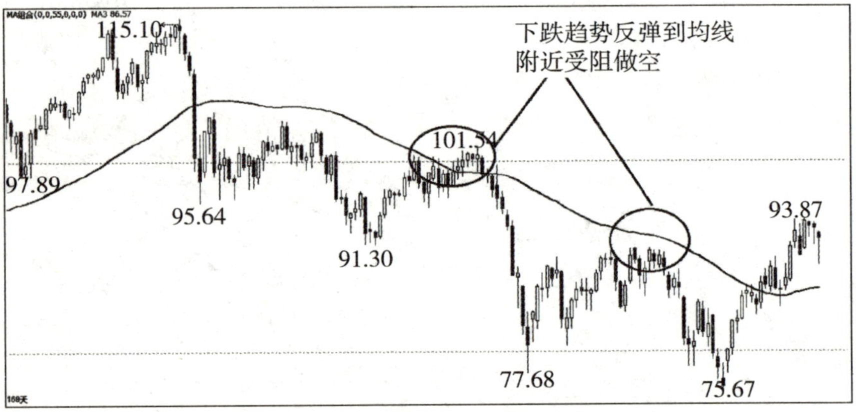

图 5-15　在下跌趋势中出现反弹时做空

由于是中长线操作，这种横盘区间往往波动幅度相对较大。

图 5-16 中，油价突破区间后震荡上行。在上行过程中，有 4 次价格回调到均线附近。一个上升或下跌行情，往往不是单一战法反复应用。

图 5-17 为区间下破时做空的例子。同前一个例子一样，这个区间的形成与回调法的卖空位置重合。另外，这个区间是矩形中继，经过综合分析，将大大增加卖空的胜算。

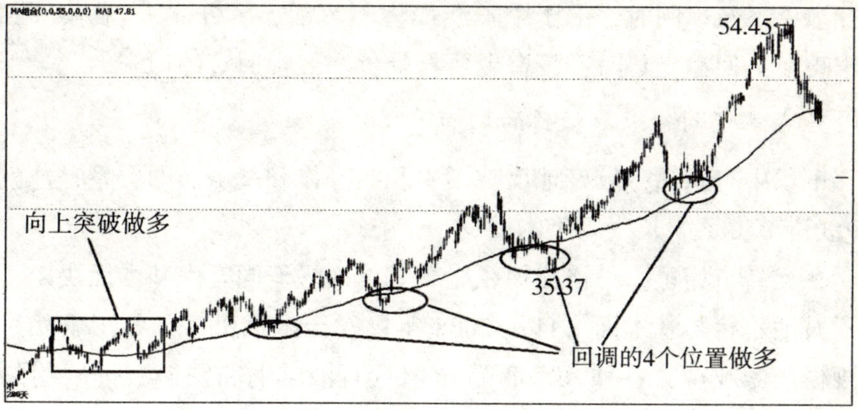

图 5-16　价格回调至均线做多

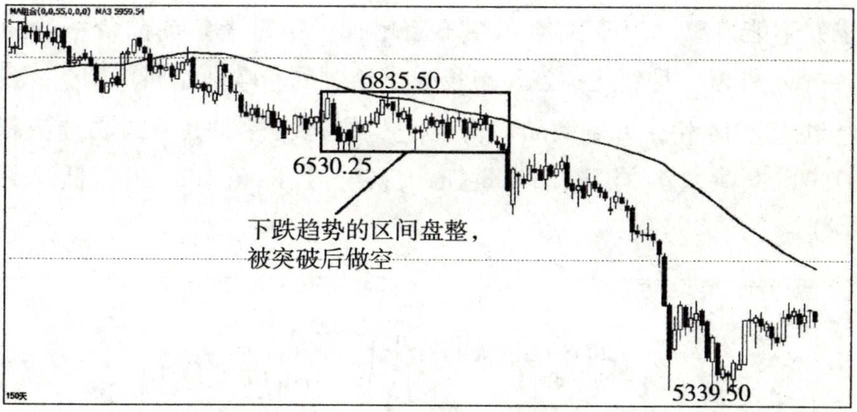

图 5-17　跌破区间下沿做空

2. 中长线操作的优缺点

中长线操作的优缺点刚好与短线操作的优缺点相反。中长线操作讲究的是顺势而为，并不关注价格的短期波动，因此它的操作稳定性比短线好很多。中长期走势往往是由基本面推动的，趋势一旦形成，短时间内不容易改变，趋势持续时间较长。

中长线操作不关注价格短期波动，意味着灵活性不够。大的变动是由小变动引起的，当某次小的变动导致趋势突然改变时，中长线投资者往往措手不及。同时，由于中长线操作不灵活，十分注重趋势，因此，当出现较大回撤走势时，投资者要忍受价格大幅回落的现实。

3. 基本面对中长线操作的影响

市场中有句话，较好地反映了中长线操作和基本面的关系，这就是“短线讲节奏，中长线讲基本面”。

在交易市场里，价格往往领先于基本面，但同时由基本面决定，比如说石油价格与基本面。自从 2008 年爆发金融危机后，各国争相采用大规模刺激政策，各种大宗商品（包括石油、铜和铁矿石等）纷纷触底回升，需求增加并持续回暖。

大规模的刺激造成资源需求大幅增加，然而这种靠刺激催生出来的需求并不能持续。由于供给还在不断增加，于是大宗商品价格纷纷在 2011 年 4 月至 5 月到达顶点，市场受供给过剩影响开始回落调整。

进入 2014 年，大宗商品供需进一步恶化，再加上美国通过控制油价打击俄罗斯，导致国际油价重挫，价格一度跌至 10 年来新低（见图 5-18）。

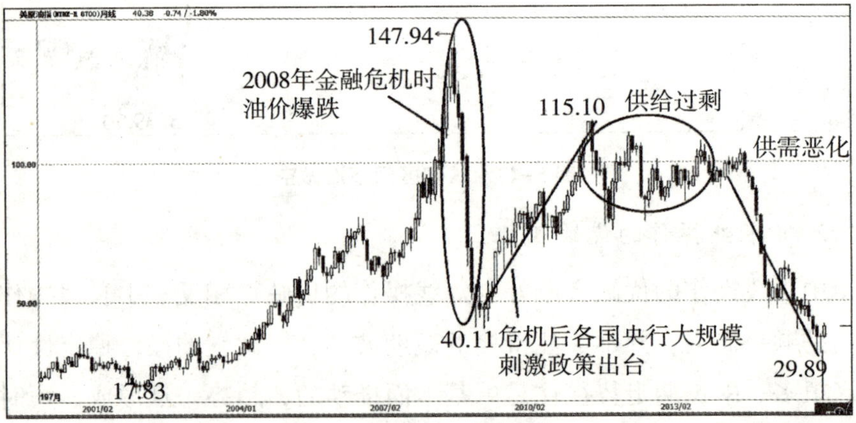

图 5-18　2008 年金融危机以来国际油价走势

第二节　趋势分析理论在各周期中的应用

前面介绍了趋势分析理论的内容，下面结合案例讲解该理论在长周期、短周期中的用法，方便投资者学习。开始学习之前，建议重新读一读趋势分析理论的内容，熟悉相关的定义，这样才能更快速地做出分析判断。

一、趋势分析理论在短周期中的应用

下面以连续的交易日走势来分析石油价格走势，采用的是 5 分钟周期。石油一天交易 22 小时，5 分钟周期一天有 264 根 K 线，一般会有 1 ~2 个完整的行情周期。

图 5-19 中，上升趋势线被破坏，但没有跌破 A 点，那么就在反弹到下跌幅度的 50%附近做空，止损设于 37.50 美元。如果不明白为何这样操作，请回看趋势分析理论的相关内容。

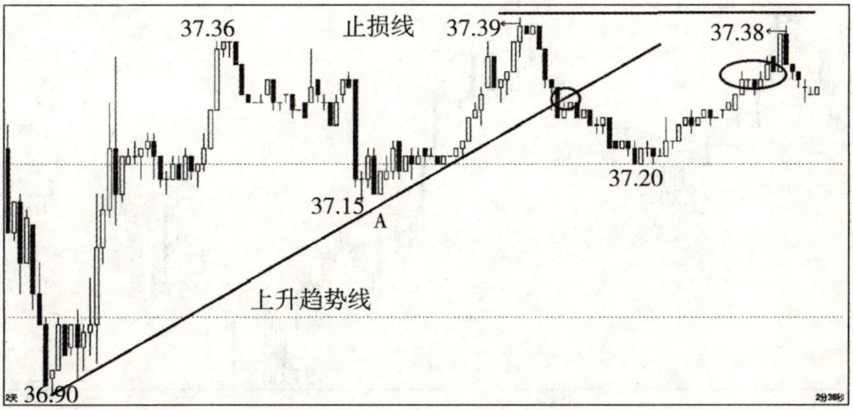

图 5-19　上升趋势线被破坏

油价如期向下突破，但由于此前回升的幅度太大，因此两相邻高点几近相等，所以下跌趋势线未能画出。在下跌幅度 b（垂直距离）等于 a 时，可以考虑平仓，因为这是日内短线单。当然也可以不平仓，持仓继续等待（见图 5-20）。

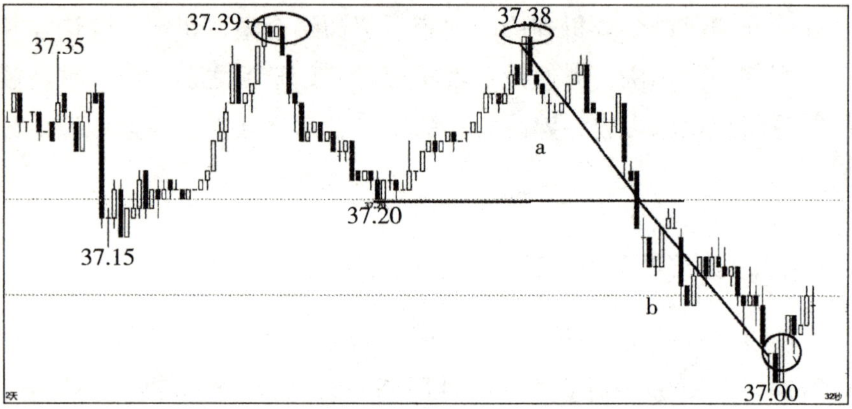

图 5-20 价格向下突破

油价开始反弹，且反弹的幅度较大。如果已经平仓，这时候可以重新介入；如果没有平仓，继续等待信号（见图 5-21）。

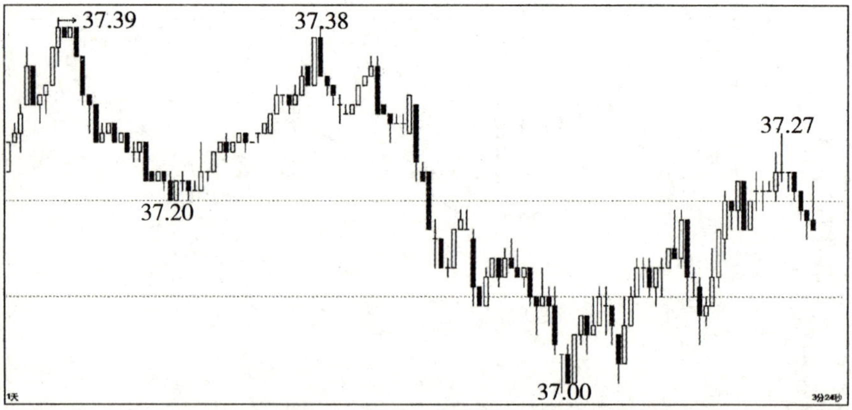

图 5-21 价格触底反弹

油价重新下跌并创新低，止损下移至 37.40 美元。同样，当 b=a 时可以平仓。如果没有平仓，当看到圆圈中突然出现强力阳线，就需要高度警惕了，因为这根强力阳线反映出市场发生了比较大的变化。根据交易规则，不能逆势而为，一方面要坚定设立止损，一方面在回落时了结所有空单（见图 5-22）。

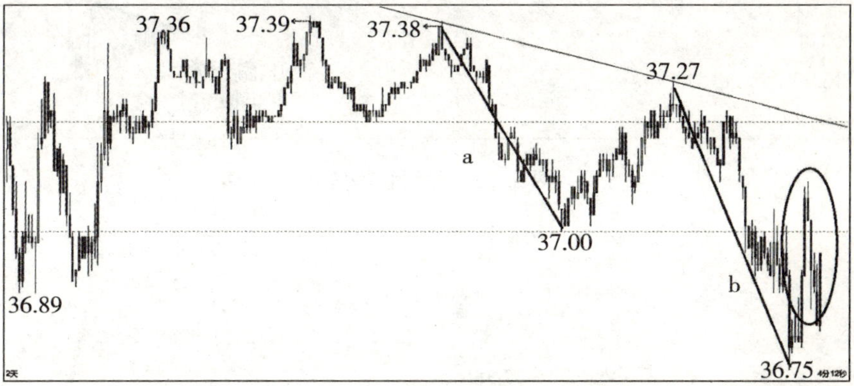

图 5-22　价格创出新低

油价不久后突然强势拉起，令空头措手不及。价格先后突破了下跌趋势线和 A 点，在突破时买入多单。由于前期拉升幅度太大，止损设于低位风险较大，可以设于突破 A 点的那根 K 线的最低位。这样操作当然成功率也会降低。如果不能及时入场，可以等待回落机会。由于油价拉升得太快且拉升幅度很大，因此在高位时就可以选择离场（见图 5-23）。

石油价格在快速拉升后大幅回落，这种走势在日内并不少见，短线操作需要注意力高度集中。价格回落 50%左右，可以按规则进多单，止损设置在最低点稍下方。细心的投资者会发现，前面突破的止损点和现在的进场点位差不多，而现在的止损反而往下调。

为什么这样操作？首先要明白，前面拉升的那波上涨，进场做多单是为了不错过行情而进行的博弈，现在则是按照趋势分析理论正常操作，操作的指导思想不同（见图 5-24）。

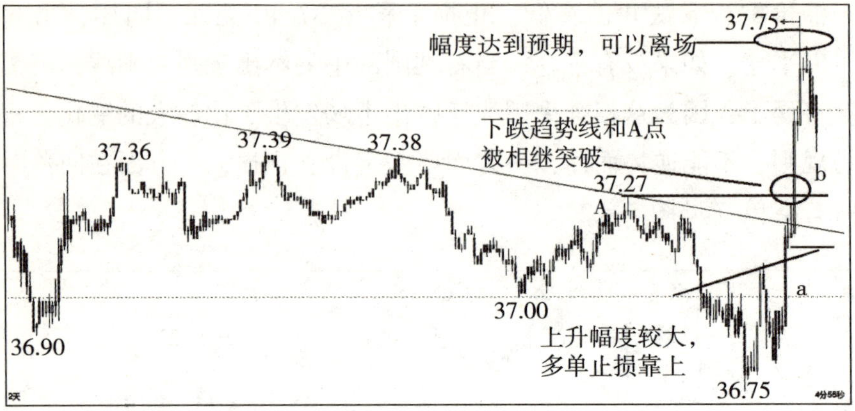

图 5-23　价格强势拉升

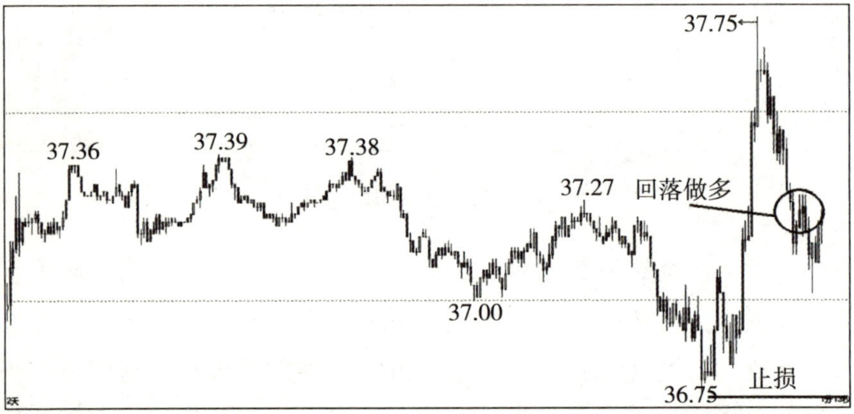

图 5-24　价格回落一半时做多单

不久后油价开始回升，但直到收盘再也没有再创新高，可以在收盘前平仓离场（见图 5-25）。

下一交易日平开后回落，在昨日开仓位置继续做多，因为此前看升的基础并未改变。价格创出新高后画趋势线，并上移止损（见图 5-26）。

价格回落后再次反身向上并创出新高，之后不断上涨，以当天最高价收盘，当天收盘前平仓，短线交易大获全胜（见图5-27）。

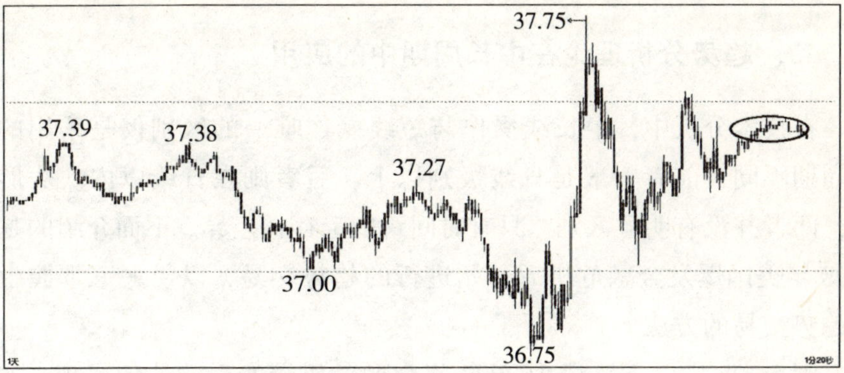

图 5-25　价格走出收敛三角形走势

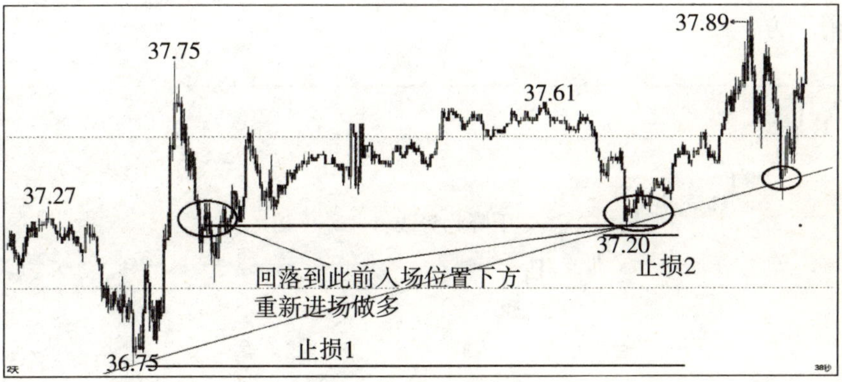

图 5-26　画出上升趋势线，在前期做多价位继续做多单

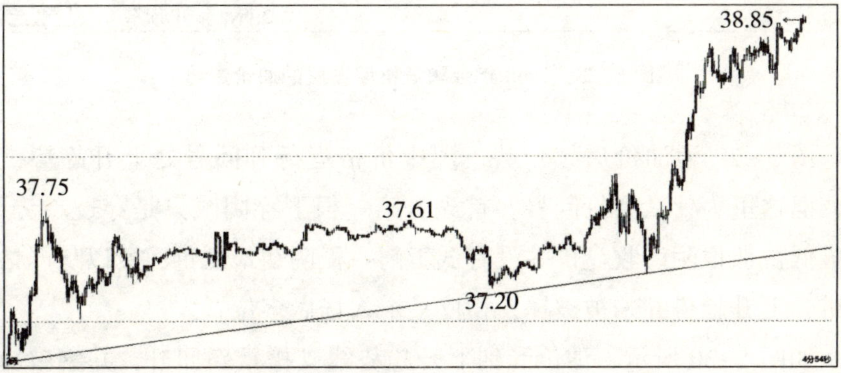

图 5-27　价格创出新高后不断上涨

二、趋势分析理论在中长周期中的应用

在技术分析中，中长线操作与短线操作唯一的区别仅是采用的 K 线周期不同，前者一般是日线级别以上，后者则在日线以内。从形态上，两者并没有明显区别，只有时间跨度上存在差异。下面介绍的是从 2008 年美国爆发金融危机后开始进行的趋势交易，以便大家掌握中长线趋势交易的方法。

图 5-28 中，下跌段为 2008 年金融危机爆发后的油价表现。2009 年 2 月 14 日价格向上突破下跌趋势线，此时入场做多，止损位于最低位稍下方。

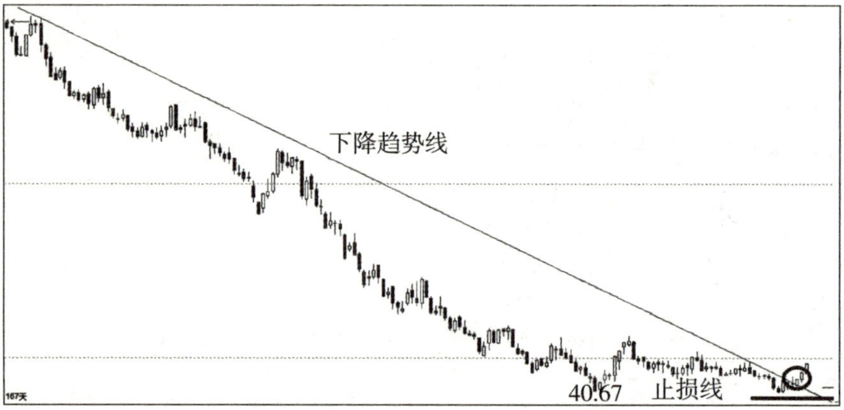

图 5-28　2008 年金融危机爆发后的油价走势

图 5-29 为油价后续走势。图中价格运行到问号处上升趋势被破坏，但这里为什么会打问号？首先，第一根下穿阴线只是穿过趋势线，而最低位那根阴线收盘价并没有低于前一根阴线最低价，所以从严格意义讲，上升趋势并未被破坏，相反是个入场做多位置。

如图 5-30 所示，油价受到上升趋势线支撑重新回升，并突破前期高点，形成双顶形态。之后上升趋势最终被破坏，可以在油价反弹时建

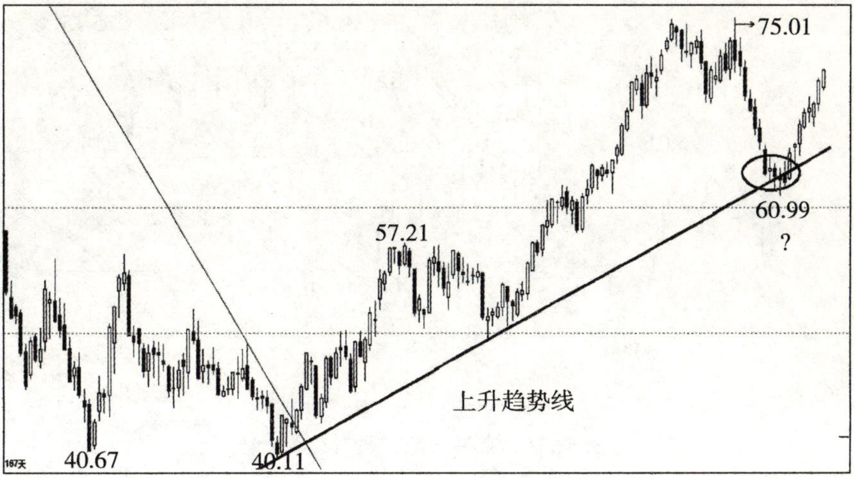

图 5-29　问号处上升趋势线是否被跌破存疑

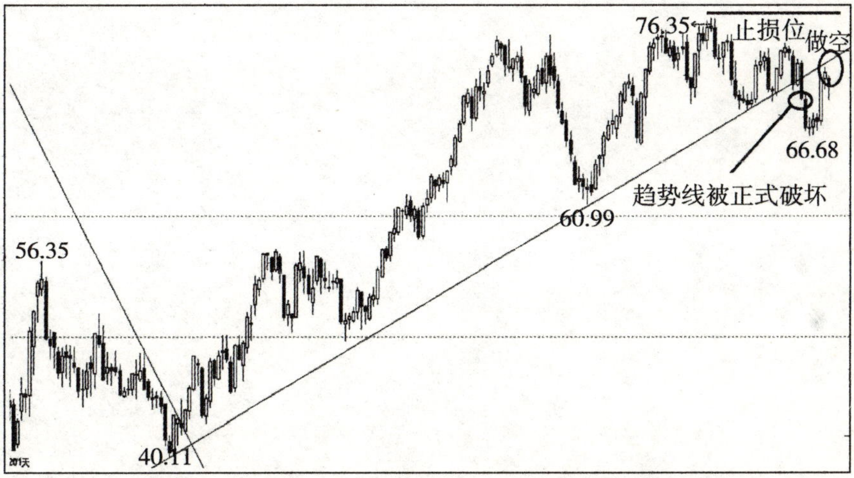

图 5-30　上升趋势线被有效跌破

立空单，止损设于最高位稍上方。

然而油价并未如预期般下跌，而是向上突破，空单被迫止损。之后在价格回落约 50%时进场买入多单，止损设于前一上升浪最低位下方。至此总共交易三笔，一赚一亏一平，盈亏比约为5:1（见图 5-31）。

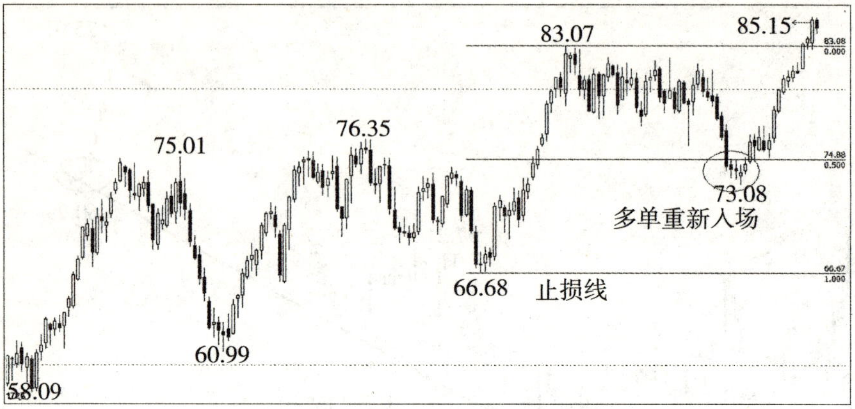

图 5-31　交易三笔，盈方比为5:1

第六章
建立自己的交易系统

第一节　交易系统概述

关于系统交易的定义，目前尚无统一的说法。所谓系统交易，是指交易者运用交易系统来帮助解决交易过程中的信息收集、信息处理、交易决策、交易计划、交易执行等问题的系统性交易方法。

交易系统（Trading System）这个词在20世纪70年代末期开始流行于华尔街（未做严格考证）。大约在20世纪90年代中后期，随着一批海归进入国内投资界。目前，国内关于交易系统的专著尚不多，其中波涛的《系统交易方法》公认为经典之作。其他还有一些，如王大毅的《赢家思路》，金石的《永久生存》，朴铁军的《波段赢金》。另外，雪峰的《股市技术分析实战技法》一书中也谈得很多，而且内容讲解得很实在。国外引进的图书有范·撒普的《通向金融王国的自由之路》，这本书主要从趋势跟踪交易系统的角度来谈，内容不是很全面。

一、建立交易系统的重要性

市场中经常出现这些现象：许多交易者在一波行情来临时不敢入场，行情快结束时又追高入场，当行情结束后又不肯离场，结果导致被套；受情绪波动、消息误导等影响，常常导致操作失误；有诸多技术分析高手能够经常性预测到价格波动的高低点，并且因此获利，但总体的交易成绩并不是很理想。

其实，这些投资者在交易中都有一些共性，即不知道当预测出现错误的时候应该如何处理；当得到一个买进信号的时候，应该使用多少资金；什么时间应该加仓，什么时间应该获利了结。另外，他们使用的交易方法是否适合自己，是否有能力驾驭自己的交易方法等，也是很多人面对的问题。

这些问题可以用客观完整的交易系统来解决。为何要建立自己的交易系统呢？原因主要有以下两点。

(1) 自我控制的需要。

自我控制分为如下两个方面。

其一是对人性的控制。当一次交易获利达20%时，您是否期待更大的获利空间；当您做多而市场一片看空时，是否会影响您的后期交易。

其二是对风险的控制。在任何一次交易中，都有可能出现亏损。但在任何一次亏损交易中，都不能承担过多的亏损。事实上，大多数亏损的交易者刚好相反，或者说没有充分重视风险控制。

(2) 市场的不可预测特性。市场的不可预测性，决定了没有任何人能够在一个相对较长的时期内准确判断每一次市场波动。一个真实的数据是，美国华尔街的顶尖交易员，10 年中的交易成功率平均在 35%左右。

对于大多数投资者来说，不要期望自己的获利能达到多高，也不要期望用一个指标、一个形态或者一个机械的交易系统就能获得巨大成功。笔者曾经见过售价 20 万元的一个公式，据说可以百战百胜，但这种可能性非常低！

二、建立交易系统的误区

证券投资领域，很多人都知道交易系统这个概念。虽然人们常常把交易系统挂在嘴边，但事实上真正能够正确认识交易系统，了解交易系统的组成部分，以及参与设计交易系统的投资者并不多。相当一部分投资者对交易系统存在各种各样的误解，对交易系统缺乏全面的、正确的认识。

交易系统是一套完整的交易规则，这一交易规则是客观的、唯一的、量化的。交易系统严格规定了市场交易的各个环节，要求投资者完全按照交易系统制定的规则进行操作。

交易系统主要包括预测分析、风险管理和投资策略三大模块。预测分析模块的功能是给出入场、出场信号；风险管理的作用是保护资金和利润；投资策略的作用是指示在不同的市场环境下如何操作。

对交易系统存在的认识误区有以下几个方面，出现这些误区的根源是对交易系统缺乏全面、深入的认识。

1. 理解方面的误区

（1）交易系统的功能是为了节约时间。

一套设计完整的交易系统，确实能够大大节约交易人员的时间，但这只是交易系统给交易人员带来的若干便利中的一项，甚至可以说只是附带的一个优点。一套完整的交易系统，给投资者的操作行为作出了严格的原则约定，投资者必须完全按照交易系统给出的指示进行操作，不允许投资者对出入场以及头寸控制进行灵活处理。只要机械地按照交易系统操作，投资者甚至不需要每天盯盘。

事实上，投资者每天盯盘花费的时间非常多，尤其是一些盯外盘的投资者。使用交易系统，盯盘这项操作就交给了交易系统来处理，投资者只需按照交易系统给出的信号执行即可。但节约时间并不是交易系统的目的所在，交易系统的目的在于稳定地获取利润。

很多投资者认为自己获利的能力很强，没必要设计一套交易系统来限制自己的灵活性。其实这些投资者是错误地将获取利润的经验当作获取利润的能力了。可以说，绝大多数投资者都有过盈利的经验，但他们并不一定具备盈利的能力。如果能够给这些投资者提供一套功能良好的交易系统，对他们来说重要的不是节约了时间，而是使他们赚了钱。

（2）交易系统是一个预测系统。

交易系统的重要组成部分是给出买入和卖出的信号，每一个买入卖出信号必然对应着对未来一段行情的研判。一个买入信号意味着交易系统发现行情走势符合一个既定的特征，这个既定的特征代表调整已经结束，或者价格出现了根本性的突破，行情已经从熊市转变为牛市，交易系统认为可以买入。

交易系统发出交易信号，并不意味着行情100%发生转变，有时候信号也会出错，甚至出错的可能性在某一时间段还很高。如果投资者按照这一信号大举买入，重仓甚至满仓操作，其风险将无法得到控制，一旦做错方向，很可能使投资者损失惨重。

其实，分析预测功能只是交易系统的一部分，交易系统还有其他两个重要的组成部分：风险管理和投资策略。交易系统的三个模块是相辅相成的，缺少任何一部分，交易系统都是残缺不全的，都不能很好地管理投资。

如果只把交易系统作为一个预测系统，不注重风险管理和投资策略，投资者即便有较好的买入或卖出机会，也可能会亏损出局。只有良好的风险管理、投资策略与预测系统相配合，在信号正确的情况下尽可能扩大盈利，在信号错误的情况下及时止损退出，这样的交易系统才是完整的交易系统。

(3) 交易系统就是电脑程序。

认为交易系统就是电脑程序的人很多。事实上，人们在电脑上看到的交易系统，只是交易系统的一个主要的物化表现形式，人们称之为程式交易系统。其实交易系统并不一定需要通过电脑程序来体现，如果人们可以将预测分析、风险管理、投资策略定量化、原则化、唯一化，并形成一个人工识别的组合（不通过电脑实现），这样的组合也是一套交易系统。

人们在设计交易系统的过程中，需要进行大量的数据统计和分析工作，这些工作如果由人工来做既费时又费力，使用电脑就可以极大地改善设计交易系统的制作效率，可以及时地将系统制作人的思想体现出来。

将交易系统放到电脑上，由电脑给出各个信号，这样的信号更加客观，可以促使交易者更好地执行交易系统，避免情绪波动对投资产生影响。因此，大多数交易系统都是程式化交易系统。由此可以看出，程式交易系统并不仅仅只是一个电脑程序，它是行情预测、风险管理、投资策略这一组合在电脑中的物化，是很复杂的一套体系。

2. 设计方面的误区

（1）很多交易系统的设计者认为，设计交易系统就是优化各项指标，交易系统就是优化之后的指标组合体。

这些交易者热衷于使用分析家、SUPERCHAT 等股票分析软件的指标优化功能，每天对每个指标进行计算并赋予特定的参数。

其实这些人犯了以下两个错误。

一是将交易系统的预测分析部分误认为是交易系统的全部，忽略了风险管理和投资策略的重要性。实质上，这两部分内容有时候比预测分析更重要。

二是交易系统的预测分析部分除了优化指标之外，还包括投资理念。

首先，设计预测分析部分时，交易者必须对目标品种的走势非常了解，并已经具备了良好的技术分析能力。即使预测体系没有经过优化，交易者也能比较准确地进行分析。

其次，交易者必须将若干条件组合在一起，不仅仅是对已有的指标进行优化，更重要的是将自己的分析思路程序化，或者说是编出一个新的复合指标。这些复合指标经过调试之后，再通过优化来提高性能，这样才能构成交易系统的预测分析部分。

（2）交易系统的利润总额是最重要的，能够获得最大利润的交易系统就是最好的交易系统。

获得利润的多少确实是衡量交易系统好坏的重要依据，但绝对不是最重要的。通过历史数据检验，如果将能够获得最大利润的交易系统应用在实践之中，会发生很多问题。

首先，这一利润总额与用来计算利润的历史数据的年份有关，可能某一年份的利润额特别高，从而导致几年内的利润额也很高。这样的交易系统在实践中是不可取的，因为我们不知道未来的行情是否与该交易系统历史中获得高利润的行情相似。如果未来的行情走势与历史不一致，使用这套交易系统就无法获得高利润，甚至可能会赔钱。

其次，实践操作中应该避免市场风险，在此基础上再追求获取稳定的收益。如果将追求高利润放在首位，很可能就要承担较大的风险，这偏离了设计交易系统的目标。有效的交易系统应该是安全的，有能力避免或降低市场风险。交易系统还应该是稳定的，能够保证在不同的情况下都能盈利，然后再去追求获取尽可能多的收益。

3. 使用方面的误区

（1）使用交易系统的人很多，因而不能盈利。

有人认为，如果使用交易系统的人多了就会不准确，影响收益，这种观点其实是将交易系统与普通的分析软件混为一谈了。交易系统是很个性化的，它是交易思想的物化体现，因为每个人的交易思想都不可能是相同的，因而这些交易系统在使用过程中并不会产生一致的行为。

使用某一交易系统的人多了，确实会让其与常用分析软件没什么区别，实战中会降低利润，但这本质上还是因为交易系统的质量存在问题，好的交易系统完全可以从市场中获得高额利润。

（2）交易系统比较机械，只能作为交易的参考。

有这种看法的人，实际上对交易系统的本质还没有认识清楚。交易系统的本质是帮助投资者提炼自己的交易思想，形成一个标准化的规范并约束投资者按照规范进行投资操作，避免情绪波动产生损失。

交易系统是投资者设计的，投资者的交易思想如果比较机械，那么形成的交易系统就会比较机械；如果投资者的交易思想比较灵活，那么形成的交易系统就会比较灵活。当然，并不是所有投资者都能将自己的思想提炼出来并形成交易系统，只有成熟的交易思想才能转化为交易系统。

事实上，大家平时看到的交易系统都是一些指标优化或没有体现风险管理和交易策略的预测分析体系，这些所谓的交易系统并不是真正成熟的交易系统，在指导操作的过程中确实比较机械。

（3）交易系统的收益率是理论上的，实际中做不到。

有一些交易系统确实存在这些问题，这些交易系统大多数是盘中发出交易信号的交易系统。在实际操作中，这些信号出现后，如果不能通过计算机及时下单，每次都要在信号出现之后人工下单，就会产生一定的滞后效应，造成成交价格不利，因而在实际操作中的收益总是没有电脑模拟盘的收益高。

出现这种问题的根源，并不在于交易系统的收益率是理论化的，而在于这些交易系统的设计存在问题。交易系统是为了给投资者提供直接的交易支持，帮助投资者遵守既定的交易原则。如果在实践中无法实现盘中出现的即时信号指导操作，那么投资者应该按照他能够实现的某一特定时间的信号进行操作，比如收盘时按照是否有交易信号实施尾盘价操作。

事实上，盘中给出的信号常常是虚假的，比如盘中价格向上突破某一关键阻力位，交易系统因此发出一个买入信号，但随后价格又跌回该阻力位之下，导致该交易信号消失。如果按照这种虚假的信号进行操作，将会导致不必要的损失。

（4）交易应该保持连续性。

很多交易者有了经过测试能稳定盈利的交易系统，但是实战中仍然不能实现盈利，从而怀疑交易系统的正确性。其实有时候无法盈利可能是自己的交易不连续引起的。

一个交易系统的准确率不可能达到百分之百，所以出现操作错误，就要做好止损。如果连续出现几次止损行情，交易者都进场了，但是遇到盈利的行情，交易者却因为各种原因未能进场，那么长期积累下来，总体收益也可能是亏损的。

正确的做法是：把握住每次进场的机会，因为你不知道下次交易机会是赚还是亏。

三、交易系统的设计原则

价格瞬息万变，用复杂去描述复杂只能适得其反，而且也不利于投资者即时做出快速有效的反应。用机械化、条理化、一切数据都经过量化的原则和精确而高效的交易系统去跟踪市场，才能不被市场中的大量随机因素所蒙蔽。

（1）交易系统是否完整和客观，必须经过长期的统计与实践，证明其能够稳定地实现盈利。系统交易方法属于科学化的投资交易方法。

（2）交易系统是完整的交易规则体系，必须对投资决策的各个相关环节作出明确的规定。这种规定必须是客观的、唯一的，不允许有任何不同的解释。

（3）交易系统的特点在于它的完整性。一个完整交易周期中的各个决策点，包括进场点、退场点、再进场点、再退场点等，都有明确具体的规定，从而形成一个完整的决策链。

（4）一个没有观望和回避的交易系统，不是一个完善的交易系统。优秀的交易系统不限制盈利，只限制亏损。系统交易强调的是长期稳定的收益，而不是强调一时一地的得失。

在投机市场上长期拥有概率优势，而不是孤注一掷，是设计交易系统的目的之一。成功的交易者，只是将每次交易看作一连串可能性和概率中的一个。由于统计样本分布的不均衡，不利事件的发生又具有集束性，因此任何交易系统都必须面对连续失败的时期。在这种逆境中，面对强大的心理压力，交易者要深刻理解交易系统依据的投资理念，这对于逆境时期保持心理平衡具有至关重要的作用。

当交易产生相当大的盈利时，也是交易者最容易产生心理动摇的时期。这时交易者容易产生强烈的平仓欲望，不愿等待交易系统给出平仓信号。但是从交易系统来说，百分之百客观的系统平仓方法，要远远优于个人主观决定的平仓点。交易系统可以帮助交易者克服心理动摇，坚持已有的持仓，不被强烈的市场波动震荡出局，直至获得更大的盈利。

交易中，最大的敌人不是市场，而是交易者自己。每一次失败的经历都说明：不是市场太聪明，而是我们太自以为是。我们总是在交易中被自己的主观情绪、个人欲望击败。为了避免被主观情绪困扰，必须用机械的交易系统来规范交易者的交易行为。

用交易系统约束操作行为，就是规定在什么位置买卖，实战中就在什么位置买卖，一点误差都没有，否则就决不入市。交易中不关心所谓的基本面、技术面、小道消息，因为无论是什么因素影响到价格的变化，都最终要通过盘面反映出来，而交易系统只对盘面负责。

四、交易系统要解决的问题

（1）如何处理判断失误。在判断失误后，应该毫不留情地清仓，因为在第一个错误的影响下，交易者很容易做出第二个错误的决定。

（2）如何设置止损价位，最大亏损应控制在什么范围。在每一次交易前，交易者都应该提前做好这项工作，根据自己的资金量大小和心理承受能力制定自己的止损位。

（3）什么时间加仓或减仓。什么时间获利了结，什么时间继续持有，这是交易中经常面对的一个问题。要解决这一问题，对交易者的基本功要求比较高，同时交易者还应当对照自己的性格和分析能力，经过长时间的交易总结来摸索规律，作出判断。

（4）当市场出现不确定因素时，如何处理。金融市场的魅力在于不确定性，面对风险，交易者必须在第一时间内严格执行止损。

（5）预期的获利目标是多少。对于价格的变动，要从成交量的变化中积极思考。对于看到的支撑位和压力位，也要突破自己的心理障碍，但预期目标不宜定得过高。

（6）随着市场价格的变化，如何修正自己的交易计划。事物总是在不断地发展变化着，在价格变化后，应重新研究您的交易品种，制定新的交易计划。

第二节　交易系统的类型

一、趋势跟随交易系统

在高频交易曝光前，趋势跟随交易系统是最流行也是最热门的交易系统类型。最早的趋势跟随交易策略成形于20世纪早期，当时主要利用移动平均线指导买入、持有、卖出，后来有了计算机生成的开仓以及平仓信号，当今的趋势跟随交易系统更为完善和成熟。但是，无论交易工具或交易手段怎么发展，趋势跟随交易系统都会在某些市场情况下失效。

趋势跟随交易系统的盈利假设是股票或者期货市场正在形成一个较强的上升或者下降趋势。通常情况下，我们认为较强的上升或者下降趋势是指价格沿着大于35°角的上升或者下降通道运行，并且回撤幅度比较小。比如在上升趋势中，调整幅度较小并且获利平仓盘不明显。

从历史数据来看，市场在30%~35%的时间内处于趋势行情中。在趋势行情中，通常有某些因素导致投资者更为贪婪（在上升趋势中），或者更为恐惧（在下降趋势中）。投资者的这些极端情绪和行为，往往导致市场价格快速变化。趋势跟随交易系统就是利用这样的市场走势，在较短的时间内获得丰厚的利润。

为了抓住市场的大趋势，交易者研究开发出了相应的趋势跟随系统。这些趋势跟随系统很受交易者的欢迎，因为每一个交易者都希望简单、快速地赚到钱。

趋势交易的劣势是什么呢？作为一个趋势交易者，需要在趋势性强的市场或者是成交活跃的投机市场中进行交易，振荡行情或者是无趋势的市场，将会是这些交易者的噩梦。

趋势跟随交易系统主要有摆动系统、当日交易系统、动能系统和其他节奏较快的交易系统。在各种趋势跟随交易系统中，止损往往伴随着每一次交易，因为趋势跟踪交易系统的理念就是不断亏小钱以捕捉几次赢大钱的机会。作为趋势交易投资者，交易者必须具有承受频繁止损的心理压力，并且有足够多的资金去抵消这些交易损耗。

如上所述，趋势跟随交易系统的最大制约因素，就是它只能应用于市场出现趋势时，但市场大概只有30%的时间处于趋势状态。如果交易者尝试将趋势跟随交易系统应用于快速震荡行情中，一定会连续亏损直至退出市场交易。假设交易者不能认识到市场是否适合趋势交易，将会损失大量的金钱和时间。

二、反趋势交易系统

反趋势交易系统是与市场主流趋势、长期趋势相反的交易系统。通常认为，最佳判定主流趋势的方法是利用周 K 线而不是利用日 K 线。反趋势，顾名思义就是相反方向的交易策略。反趋势交易系统存在的历史已经超过几十年，但并未在中小投资者中流行开来，它被冷落是由于投资者的本性所导致的。

反趋势交易是在较短的时间周期或者中级时间周期做与主流趋势相反的交易。本质上，是在市场进入超卖或者超买状态下持有与趋势方向相反的头寸。

作为一个反趋势交易者，通常需要在市场中有长期丰富的交易经验。一般来说，震荡交易者、日内交易者和短线交易者是反趋势交易的主体。反趋势交易成功的关键在于反趋势指标、特殊的 K 线图以及相当充足的交易经验。反趋势交易者通常在趋势转换前做出预判。

与趋势跟随交易系统或者突破交易系统相比，由于反趋势交易系统是逆向交易，因此通常伴随更大的交易风险。作为反趋势交易者，必须具备更好的止损素质或者止损策略，这是因为主流趋势往往势不可挡，而反趋势的交易机会瞬间即逝，并且带有更为严重的投机倾向，很有可能存在连续做错方向的情况。统计表明，反趋势交易系统在20%的情况下是奏效的。

三、突破交易系统

20 世纪 50 年代，突破交易系统首次出现在市场中。1929 年美国股灾刚刚过去，加上第二次世界大战的原因，股市走势表现极为疲软。区别于美国 1900 年投机氛围浓厚的股市，1950 年到 1960 年的股市更倾向于股票价值投资，突破交易系统在当时的市场条件下几乎是最优策略。

突破交易系统适用于市场建立调整平台之后，在没有任何先兆的情况下价格突然向上（或者向下，但是向上突破的交易系统使用更为广泛）运行的市场情况。

在投机氛围并不浓厚的情况下，市场基于本身的内在价值，往往会构筑一个平台或者说箱体。之后，交易者尤其是大户，会根据基本面的突变抢入很多筹码，这就使得价格突变上升并且加速上扬。

突破交易系统与趋势跟随交易系统相比，优势在于突破交易系统可以应用于无趋势或者剧烈震荡的市场中。作为突破交易系统的应用者，理解跳空缺口并且知道它的影响显得尤为关键。跳空缺口往往是突破交易系统巨额利润的开始。

突破交易系统的缺陷是什么呢？该系统区别于趋势跟随交易系统，它在具有强烈趋势的市场中表现并不尽人意。因为在强烈的趋势市场中，并不存在很明显的箱体形态。

根据无趋势市场或者箱体市场的特性，一般把空单止损点设置在箱体的上方（如果向上突破的话）。与趋势跟随交易系统相比而言，这样的设置有较好的支撑位。趋势跟随交易系统很可能存在连续交易错误的情况，而突破交易系统较少存在这样的情况。根据统计，突破交易系统在 40%~50%的时间中都是有效的。

四、区间交易系统

区间交易系统是 20 世纪后半叶发展起来的交易系统，当时市场是在一个大的区间内上下波动。该交易系统在 1970—1980 年间是美国股票市场最为流行的交易系统之一。

适用于价格区间交易系统的市场，通常发生在经济停滞的时间段中。从历史情况来看，一般市场出现崩盘后，会进入到一个价格区间中，此时市场处于经济转型期。

价格区间市场有别于无趋势市场，处于该状态的市场震荡幅度较大，并且有明显的最低和最高值，因此既不适用趋势跟随交易系统，更不适用突破交易系统。通常认为最小波动区间达到 10%，才能称为价格区间市场。

区间交易系统利用价格在区间内波段循环的特点，持有头寸直到最高价被触发，然后卖空头寸，等待股票价格下跌。价格区间交易系统的交易者在价格上升时买入，在价格下跌时卖出。在市场处于价格区间波动循环的状态下，这是一种完美的盈利模型，并且能为有经验的投资者带来丰厚的利润。

区间交易系统的局限性表现在以下两点。

首先，市场通常不处于一个价格波动区间内，除非正处于一个特殊的经济时期。

其次，价格波动区间不总是精确的，可能本次的高点比上一次高，也可能比上一次低。

价格区间交易者总是默认价格走势会重复之前的波段走势，因此这种类型的交易者需要有大量的市场交易经验。统计表明，价格区间交易系统在20%~25%的时间内是有效的。

第三节　如何建立交易系统

一、选择合适的交易周期

前文已经阐述了周期的相关内容，投资者可以根据自己的资金状况和个性特点选择合适的周期，这是建立交易系统的第一步。

如果投资者资金有限，空闲时间较多，对数字和走势敏感度高，那么更适合选择短周期。相反，如果投资者资金量大，盯盘时间有限，那么选择中长线周期更佳。

二、交易系统四要素

一个最简单的交易系统，至少包括四个部分内容：买进、卖出、止损、头寸控制。作为交易者，我们是在利用市场的价格波动来获得收益。只有当市场出现能够把握的波动情况时，才有可能获利——这一点看起来很简单，但是非常重要。

上面那句话的意思是说，市场中的一些波动您能够把握，另一些波动您不能把握，或者根本不需要，比如向下的波动（股票市场）或者幅度非常小的波动。交易是参与自己的交易系统能够把握的波动，而不是所有的波动。

一次交易是一个完整的操作过程，不是一次简单的预测。简单地说，要判断何种情况买入，买多少；如果市场没有按预期发展，应该如何处理手中的头寸；如果市场按照预期发展，应该如何处理。

例如，在笔者的交易系统（杠杆操作法）中，关于买入有四个原则。

（1）在简单的上升趋势中买入。

（2）在复杂上升趋势的回调中，出现向下分形的时候买入。

（3）向上突破前期高点的时候买入。

（4）在横盘趋势停顿的下沿买入。

这四条原则是买入的基本原则，卖出原则相反。当市场没有出现这四种情况之一的时候，只能选择观望。交易原则在交易过程中不能改变，当然，建立这些原则也要因人而异，适合自己的才是最好的。

当市场按照预期发展时，交易者必须明白，持有仓位不动才是唯一需要做的。下面是20世纪华尔街最伟大的股票作手杰西·利弗莫尔关于持有仓位的一段精彩总结：

在华尔街摸爬滚打多年，赚了几百万美元（相当于现在的几千万美元），也赔过几百万美元之后，我要告诉您这些话，我能赚那么多钱，靠的不是我的想法，而是我的做法。听得懂吗？我一直坐着纹丝不动。看对市场正确的一面，根本不算什么大本领。我们总是能看到多头市场里面有很多人很早就做多，空头市场里也有很多人很早就放空。我知道有很多人在恰到好处的时间做了恰到好处的事情。他们开始买进和卖出的价位，正是能赚最多的地方。可是，他们的经验总是跟我一样，也就是说他们根本赚不到什么钱。能够做对事情而且能守住的人不多见，我觉得这是最难学的一件事，市场操作者只有真正懂得这件事才能赚大钱。

最后是关于资金管理。这是一个基础的，同时也是交易系统中非常重要的一个内容。一般来说，交易者根据市场风险程度来确定投入资金的比重，也可以根据市场变化方向的“概率”来确定投入资金的比重。

根据风险来确定投入资金的比重，就是说如果您能够将风险控制在一个您可以容忍的范围内，那么可以使用较多的资金，否则应该减少资金的投入。

比如现在大宗油价格 1 300 元/吨买入，止损 1 250 元/吨，资金总额 10 万元，每手合约为 100 吨，交易保证金 53%，同时交易系统原则要求是单次交易亏损不能超过总资金的 5%，仓位大小 = 100 000×5%÷［（1 300−1 250）×100］=1 手。

这是在各个投资品种中的资金使用原则。当然，在实际交易中，交易者应该有不同的操作策略，比如可以增加头寸。不过增加头寸一般不要加在已经持有的品种上面。

三、海龟交易系统分析

1. 海龟交易系统的由来

著名的商品投机家理查德·丹尼斯想弄清楚伟大的交易员是与生俱来的还是后天培养的，为此，他在 1983 年招募了 13 个人，教授他们期货交易的基本概念，以及他自己的交易方法和原则。

学员们被称为“海龟”。对于“海龟”这个词，丹尼斯先生解释说，这项计划开始时，他刚刚从亚洲回来，他解释了自己向别人说过的话，“我们正在成长为交易员，就像在新加坡，它们正在成长为海龟一样”。

海龟成为交易史上最著名的实验，因为在随后的 4 年中，海龟们取得了年均复利 80%的收益。丹尼斯证明用一套简单的交易系统和法则，可以使仅有很少或根本没有交易经验的人成为优秀的交易员。

当时海龟们认为应当对理查德·丹尼斯负责，他们商定甚至在他们议定的 10 年保密协定 1993 年终止后也不泄露这些法则，但是有个别海龟在网站上出售海龟交易法则谋取钱财。两个原版海龟科蒂斯·费思和阿瑟·马多克为了阻止个别海龟偷窃知识产权、出售海龟交易法则赚钱的行为，决定在网站上将海龟交易法则公之于众。

2. 海龟交易系统的内容

海龟交易系统是一个完整的交易系统，其交易法则覆盖了交易的各个方面，并且不给交易员留下一点儿主观想象和决策的余地。它具备一个完整的交易系统所有的成分，包含了成功的交易所需的每项决策。

（1）市场——买卖什么。

海龟交易的是美国芝加哥和纽约交易所交易的具有流动性的期货。海龟确定能够参与交易的期货品种的主要标准，是构成市场基础的流动性，通常海龟在除谷物和肉类以外美国所有具有流动性的市场进行交易。

（2）头寸规模——买卖多少。

买卖多少既影响多样化，又影响资金管理。多样化就是努力在诸多投资工具上分散风险，并且通过增加抓住成功交易的机会而增加盈利的机会。

正确的多样化要求在多种不同的投资工具上进行类似的（如果不是同样的话）下注。大多数交易新手在单项交易中冒太大的风险，即使他们拥有其他方面有效的交易风格，也大大增加了他们破产的机会（概率问题：顺势组合比单一品种容易分散风险，提高成功率）。

（3）入市——何时买卖。

海龟用两个相关的系统入市，这两个系统都以唐奇安的通道突破系统为基础，突破定义为价格超过特定天数内的最高价或最低价。系统1——以20日突破为基础的偏短线系统（价格超过前20天的最高价或最低价）；系统2——以50日突破为基础的较简单的长线系统（价格超过前50天的最高价或最低价）。

（4）止损——何时退出亏损的头寸。

关于止损，最重要的是在建立头寸之前，已经预先确定退出的点位。如果市场波动触及止损价位，必须每一次都毫无例外地退出。在这一立场上摇摆不定，最终会导致灾难。海龟以头寸风险为基础设置止损，任何一笔交易都不能出现2%以上的亏损风险。

（5）离市——何时退出盈利的头寸。

海龟离市的标准如下。

系统1离市对于多头头寸为10日最低价，对于空头头寸为10日最高价。如果价格波动与头寸背离至10日突破，头寸中的所有单位都会退出。

系统2离市对于多头头寸为20日最低价，对于空头头寸为20日最高价。如果价格波动与头寸背离至20日突破，头寸中的所有单位都会退出。

海龟在入市时一般不会设置离市止损指令，但会在日间盯住价格，一旦交易价格穿过离市突破价，就打电话下离市指令。何时退出盈利头寸的问题，对于交易系统的收益率是至关重要的。任何不说明盈利头寸离市标准的交易系统，都不是一个完整的交易系统。

有一个古老的说法："落袋为安，您永远不会破产。"海龟不会同意这种说法。过早地退出盈利头寸，即过早地落袋为安，是采用趋势跟随系统交易时最常见的错误之一。价格从来不会直来直去，如果您想赶上一段趋势，就有必要让价格背离您运动。

在趋势早期，这通常可能意味着眼看着10%～30%可观的利润逐渐成为小幅亏损。在趋势中期，这可能意味着眼看80%～100%的利润下降为30%～40%。减轻仓位"锁定利润"的诱惑可能会非常巨大。

对于大多数交易员，海龟系统离市标准或许是海龟系统法则中最难执行的部分。等待10日或20日新低出现，通常意味着眼睁睁地看着20%、40%甚至100%的可观利润化为泡影。

人们具有一种想要早点离市的强烈倾向。交易员需要具有极强的纪律性，才能为了继续持有头寸而眼看着利润化为泡影，直到真正的大幅波动到来。在大幅盈利的交易中，遵守纪律和坚持原则，是成功老道的交易员的特征。

(6) 策略——如何买卖。

入市指令：理查德·丹尼斯和威廉姆斯·埃克哈特建议，海龟在下指令时不要使用止损。他们建议观察市场，并且在价格触及止损价位时再下指令（盘中止损而非收盘价定止损）。海龟还被告知，比较好的做法是设置限价指令而不是市价指令。

买强卖弱：如果信号突然出现，总是在最强的市场买入，在最弱的市场成批卖空。

同时，交易员也可能只在一个市场上建立头寸。例如，挑选最强的具有足够成交量和流动性的合约月份，而不是同时买入2月份、3月份和4月份的石油。这一点非常重要！

在相关的一组合约中，最佳的多头头寸来自最强的市场（该市场在同一组合约中几乎总是胜过较弱的市场)。相反，空头方面最大的盈利交易来自于相关的一组合约中最弱的市场。重要的是持有最强市场（或合约）的多头头寸，在最弱的市场（或合约）上持有空头头寸。知道这些法则并不足以使您致富，但您必须遵循这些法则。

记住理查德·丹尼斯说过的这段话：

> 我总是说，你们可以在报纸上发表我的交易法则，没有人会遵循它们。关键在于连续性和纪律。几乎任何人都能罗列一张交易法则的清单，其中80%与我们教授给学员的一样。他们做不到的是带给他们自信，甚至在情况恶化时仍坚持那些法则。（摘自约翰·施瓦格《华尔街点金人》）

遵循海龟法则是非常困难的，因为海龟法则依赖于捕捉相对罕见的大级别趋势。结果是两次盈利之间可能包含许多月份，有时甚至要经过一两年。在这期间，很容易找到理由来怀疑这套系统，进而停止遵循法则。

学会成为好的交易员（甚至是出色的交易员）是有可能的，但是需要付出大量艰苦的工作，并具有一种健康的怀疑主义精神。对于选择了这条道路的人，这段旅程永远没有尽头。那些继续保持成功的人，将永远不会到达目的地，但是他们将在旅程中学会找到乐趣。

第七章
交易计划和交易习惯

第一节　交易计划的重要性

在交易过程中，不少投资者操作之前都没有制定详细的交易计划，甚至根本没有交易计划的概念。打开电脑软件，看到有行情就即兴交易，或是凭感觉或经验交易。一旦操作错误，刚下了单就马上止损，止损后行情却又开始按预期运行。止损来止损去，心烦意乱之下一扛到底，结果惨遭套牢。亏损越来越大以至积少成多，最后发现无力挽救。

盘感或者直觉，对于长期在市场中摸爬滚打的投资者来说非常重要。盘感和直觉往往领先于行情，在行情发动或结束前，已经在投资者大脑中发出信号，这是异常珍贵的。但是，如果只是依靠它，往往结局并不好，原因就在于，在人性面前它显得异常矮小。

华尔街历史上最伟大的股票作手杰西·利弗莫尔，对市场的直觉无人能比，但他的交易生涯仍然三起三落，最终吞枪自杀。曾经拥有亿万财富，在做空股市时被当时总统劝告放过股市，利弗莫尔当时何其风光，但最终败在人性的弱点之下。

投资者一定要明白，即便是辛苦积累起来的经验和盘感持续发挥作用，也需要在交易之前制定详细的交易计划，然后凭借经验和盘感决定出入点和对行情纵深发展的判断。没有计划就急匆匆地入市交易，不会取得什么好的成绩。

一、如何制定交易计划

制定交易计划的基础，是交易者对未来趋势的基本判断，然后是选择适宜操作的投资标的。交易计划明确了入场点位、出场点位、止损位，以及持有时间长短（短线中线长线）和意外情况下的保护策略等。

交易计划不是一成不变的，必须根据实际情况作出修改。当一个交易计划制定的基础发生变化，计划也要随之变化。例如上升趋势确立时，制定的交易计划是围绕上升趋势进行交易。当上升趋势转为震荡或下跌趋势时，交易计划也要随之围绕震荡或下跌趋势来制定。

1. 交易计划的特点

（1）要有预见性。制定的交易计划是对未来作出预见，所以在制定计划前，必须对各种可能出现的情况有清醒的认识，对交易的目标、措施、方法有一个正确的设想。没有预见性就没有计划，预见性是计划的主要特点。

（2）要有程序性。在制定的交易计划中，先做什么，后做什么，要有周密的时间安排与要求。执行交易计划时，要有阶段性和轻重缓急。制定交易计划，必须有每个阶段的时间要求及相应的安排，要体现计划的周密性和程序性。

（3）要有个性。每个投资者的交易计划都有自己的特点，不可能存在两个一模一样的交易计划。

2. 制定交易计划的步骤

交易前，必须明白投资者采用的是什么交易系统，投资标的有哪些。下面以石油交易为标的，介绍交易计划是如何一步步制定出来的。

（1）对趋势作出基本判断，并决定操作周期是短线还是中线。

图 7-1 中，石油突破均线上涨了一段，走势判断为上升趋势。

（2）选择入场点和止损位。

根据交易战法中的回调法，在价格回落到均线附近并回升时做多，止损设于当时最低价下方（见图 7-2）。

（3）仓位大小。仓位大少取决于资金量的多寡，按比例建仓较佳。如果少到不能运用比例去建立仓位，将是风险比较大的事。一个好的交易系统，仅仅由于资金量太少就足以令您无法盈利。

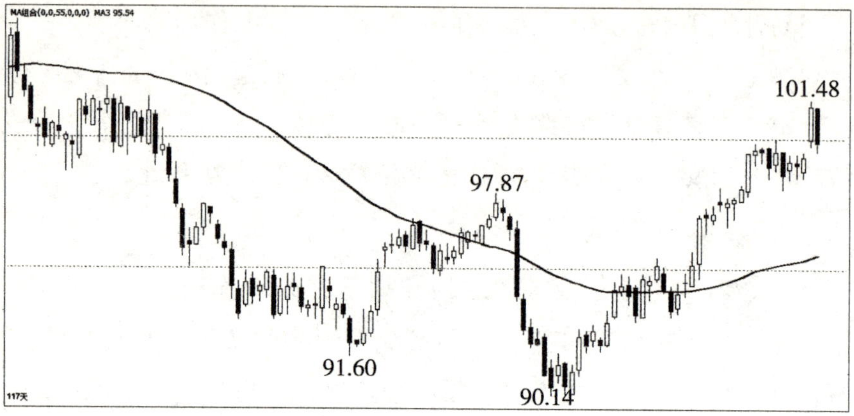

图 7-1　石油价格走势

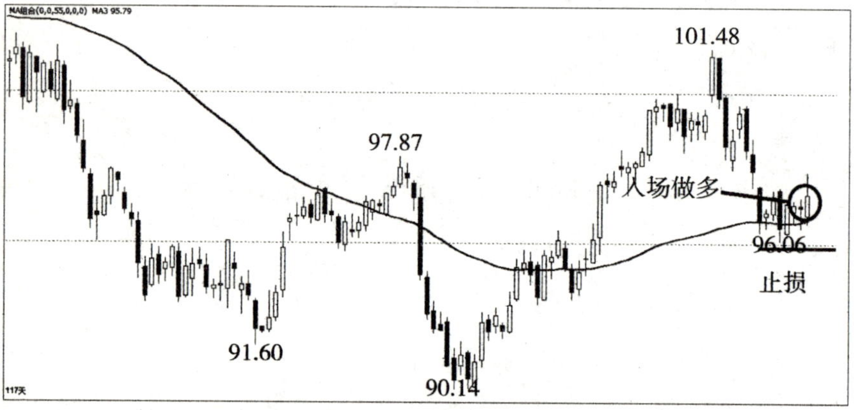

图 7-2　回调受到支撑时做多

一般来说，每次交易面对的风险不能超过总资金的 3%，笔者的要求是 2%。这样在发生罕见的连续 10 次亏损时，总亏损也只有 30%。仓位=总资金÷（每点波动值×每次最大亏损额度）。

（4）选择出场点。选择出场点主要根据投资者所采用的交易系统确定，以均线交易系统为例，通常是在突破均线后平仓。如果只是中短线交易，可以设置出场目标位。图 7-3 的走势应该会发展成头肩底形态，最小目标将会是 105. 69 美元（97. 87-90. 14+97. 87=105. 69）。

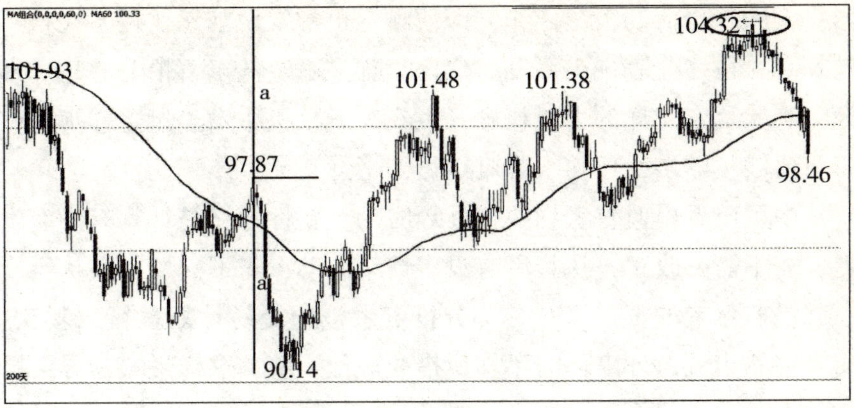

图 7-3　头肩底形态最小升幅

油价震荡上行，在目标位相差 1 美元的位置反复震荡。连续尝试突破均不能成功，出现高位震荡走势时，这是个危险信号。投资者不能因为差一点没达到目标而拒不平仓，毕竟投资没有百分之百正确的。

二、如何有效执行交易计划

前文论述了交易计划的重要性，以及如何制定交易计划。笔者认为，有效执行交易计划决定交易的成败。即便您拥有全世界最完美的交易系统和最好的交易条件，如果不能严格执行，也会成为空谈。

1. 交易计划的监督执行

制定好交易计划后，就需要定位角色，主要分为监督者和执行者。也就是说，做交易最好是两个人以上组成一个小团队。只有一个人操作时，执行难度会大大增加。有的投资者认为执行很简单，一个人就可以完成，这个前提是投资者有强大的控制力和执行力。实际情况是，个人的思想活动变化是无法衡量的，小小的改变就可能毁了整个投资计划，事后也难以总结失败的原因。

执行者的任务是按照交易计划进行操作，操作过程中抛弃个人主观色彩。人的思想活动很难停止，即便睡觉也常常做梦。执行者在执行交易计划时，往往会表现出激动、焦虑、犹豫不定甚至害怕等心理。即使杰西·利弗莫尔这样的大投机家，也在大量投机中发生过这样那样的意外。只要钱足够多，任何人都难以做到平静交易。

从中可以看出监督者在执行计划时的重要性。交易计划有没有发生偏差，需不需要改正，执行者有没有情绪波动，需不需要更换执行人员等，都是监督者的责任。有一部分投资者按照交易计划执行入场交易，在交易突然出现意外事件时不知所措或放任不管，这样最容易导致账户出现重大亏损（见图 7-4）。

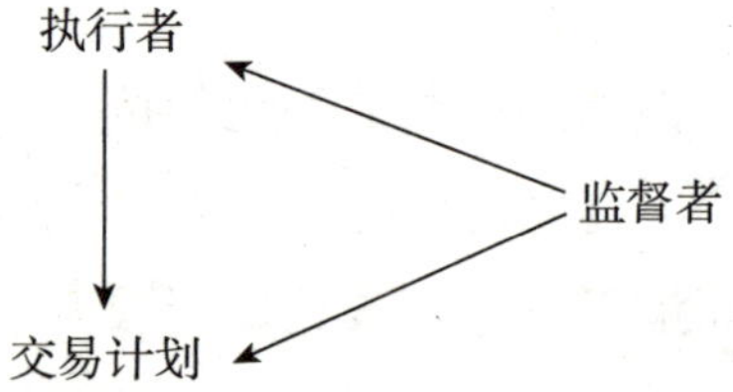

图 7-4 交易计划的监督和执行

2. 记录交易日志

记录交易日志是为了方便投资者对过往交易进行总结，对交易过程存在的问题进行分析，从而更好地指导投资者的交易。交易日志是整个交易过程中不可或缺的一环，它可以清楚地告诉投资者交易时发生的情况，无论交易结果成功与否，都应该忠实地记录下来。

写交易日志时，重点不在于盈利或亏损，更重要的是观察投资者在执行交易计划时是否发生偏差，心理活动是否发生变化。不断分析总结，积累成功的经验，总结失败的教训，将会在交易上取得快速进步。

交易日志一般由买卖品种、操作时间、买卖内容、持有时间、交易结果和交易总结组成。在交易日志中，一幅品种走势图必不可少，它能令投资者对当时市场发生的情况印象更深刻，即便时间过去 10 年，看到日志内容及走势图，也能想到当时的情形。

(1) 买卖品种。买卖品种通常在交易计划中已经写得很清楚，但在采用机械操作系统的许多品种中（例如均线金叉选股），并不能事前确定交易品种，这时就需要盘后记录。

(2) 操作时间。准确来说是品种操作买卖的时间点，它反映的是投资者在执行交易时发生的时间。例如投资者买入铜合约的时间是10:30:21，投资者在记录时应细分到分钟。

(3) 买卖内容。买卖内容主要指操作的方向，分为买升和卖跌。买升和卖跌有初始建仓、加仓、减仓、止损和止盈几个内容，在日志上记录得越详细越好。

(4) 持有时间。持有时间是指品种从买入到当下的时间长度。如果是当天买入而没有平仓，持有时间则是一天，依此类推，直到平仓。日内交易以分钟作为记录单位。

(5) 交易结果。交易结果一般是完成或部分完成（减仓）交易周期（从开仓到平仓）才会出现，这项内容需要写清楚交易的亏损或盈利。如果是亏损，需写出亏损的金额和比例，以及剩下的总资金额。如果是盈利，同样需要写出盈利的金额和回报比例，增长后的总资金额。

(6) 交易总结。交易总结主要是对当天的交易作出一个总结评估。它反映当天交易的执行情况，执行的时候是否存在问题，交易计划是否出现漏洞，以及对交易过程的思考。

第二节 如何养成良好的交易习惯

一、良好交易习惯的重要性

交易习惯是投资者在交易过程中逐渐养成的，交易习惯的好坏影响到交易计划的制定和执行。一个人养成了良好的生活习惯，生活起居时间有规律，生活工作井井有条，那么他的行为就具有较强的预见性。当他起床后，就会下意识地整理床褥。当他突然丢失了钱包或是其他物品，马上能够回忆起可能存放的地方，而且这种回忆并不是杂乱的回忆。

如果投资者养成良好的交易习惯，自然而然地就知道盘前准备什么，盘中该做什么，盘后记录什么，非常清楚交易中的每一件事，这种思维习惯和行为习惯无形中也会提高个人的综合能力。一旦发生突发事件，就算交易计划没有写明相应的对策，他也能从容应对。如果交易者是独自交易，那么良好的交易习惯必不可少。

二、培养良好交易习惯的步骤

下面简单介绍养成良好交易习惯的步骤。这些只是笔者个人的浅见，如若读者有更好的建议，请务必联系笔者。

第一步：建立极强的责任心。市场走势不受某个人左右，它是市场参与者合力作用的结果，市场并不会在意您是买涨还是卖跌。当交易发生亏损时，应该直面亏损，勇于承担。只有负起责任，才能更好地作出决策。

第二步：从日常生活习惯中观察和分析自己。在日常生活中，好的习惯都是在不经意间养成。每次水龙头关得不严，结果一年下来水费令您意外。每次吃饭总和汤搅在一起吃，几年下来就会吃出胃病。只要您留意生活中的自己，多分析自己的行为，就会发觉这是个既有意思也有收获的方法。

第三步：严格执行交易计划，坚持写交易日志。

第八章
交易心理分析

第一节　交易心理的重要性

要想在交易中获得成功，尽可能多地了解市场和交易工具固然重要，但同样重要的是，交易者也需要了解自身性格。人性对交易的影响非常大，大到足以决定交易成败。

一个交易员水平即使再高，交易系统再完善，也不可能做到百分之百正确。从事过交易实践的人都有一个共同的体验，那就是“纸上谈兵”与“真刀实枪”是两回事。

不交易时，判断市场走势的准确率往往较高，这时自我感觉良好，心态不错。到了真正交易的时候，人性的另一面便暴露了出来，“想赢怕输”的思想充斥着大脑，导致交易屡屡出错。即便事先制定了交易计划，交易时也早已抛到九霄云外，结果往往赚小钱，赔大钱，最终导致失败。

为什么越来越多的交易者会把焦点从技术分析转到自己的心理分析？关键是交易心理出现了偏差。

一、亏损交易心理分析

1. 交易的羊群效应

羊群效应也叫从众效应，是指个人的观念或行为由于受到群体性的影响或压力，其观念或行为随之改变，这种改变使个人的观念或行为符合群体的观念或行为。即使个人意识到群体的行为或观念不合理，个人也不得不屈服于群体的压力而随波逐流。

羊群是一种很散乱的组织，平时在一起也是盲目地左冲右撞，但一旦有一只羊动起来，其他羊就会不假思索地一哄而上，全然不顾前面可能有狼，或者不远处有更好的牧草（见图 8-1）。从众心理很容易导致盲从，盲从往往会陷入骗局或遭到失败。

投资市场上，有很多投资者深受羊群效应的影响，在上涨末期价格高涨的看多气氛中盲目买入，下跌末期的恐慌气氛中杀跌卖出，不断进入追高—套牢—杀跌—亏损的恶性循环中。

图 8-1　羊群效应

注：图片来源于《动物行为》。

2. 交易的二八定律

二八定律也叫巴莱多定律，由 19 世纪末 20 世纪初意大利经济学家巴莱多发现并提出。他认为，在任何一组东西中，最重要的只占其中一小部分，约 20%，其余 80%尽管是多数，却是次要的。这一定律被广泛应用于各个学科和领域，例如全球 80%的财富掌握在 20%的人手里；全球 80%的资源集中在 20%的土地上（见图 8-2）。

二八定律之所以受到重视，就在于其提倡的“有所为有所不为”

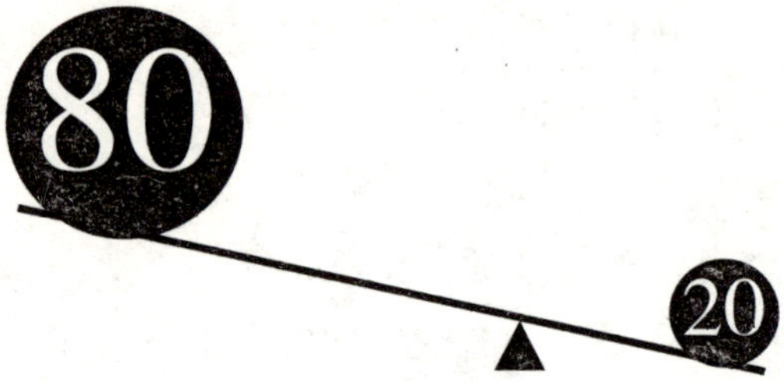

图 8-2 二八定律

的经营方略。企业 80% 的利润来自于 20% 的产品，企业会更注重这 20%产品的生产和经营。

投资领域同样如此，在股市、期货和基金等投资市场，80%的投资者受到不同程度的亏损，20%的投资者获得不同程度的收益。券商 80%的佣金来自于 20%的短线客交易，投资者 80%的收益来自于 20%的交易。成功的投资者用 80%的时间学习研究，用 20%的时间实际操作。失败的投资者用 80%的时间实盘操作，用 20%的时间后悔。

二八定律是普遍存在的，任何人都无法改变。大部分投资者一开始进入市场时，都认为自己是那 20%的盈利者。经过一段时间的操作后，账户会告诉您其实您属于 80%那部分人。不断跟随市场追涨杀跌，或者入市规则变换不定，是普通投资者的通病，在 80%的投资者身上都会找到一种或多种这样的毛病。

二、交易专家心理分析

1. 交易专家的心理特征

交易专家不做没有计划的交易，对于看不懂的市场走势，从来不会勉强去操作。交易专家决不让情绪左右自己的交易，即使受到情绪的影响也能有效控制。无论割肉认错多么痛苦，他们决不迟疑。他们明白，让这样的情况延续下去，只会带来更大的痛苦和损失。

交易专家深知墨菲法则：如果桌子上有一块面包，面包的一面有奶油，当面包从桌子上跌落到名贵的地毯上时，一定是有奶油的那一面向下。

亏损是投资过程中不可或缺的一部分，任何投资行为都存在亏损的风险。如果投资者总是想用各种办法回避亏损，那么他将会很快出现亏损，甚至是大亏损。交易专家从来不回避亏损，而是坦然接受，因为他们明白有回报必然有风险。

交易专家从来不与市场重仓对赌，只会随着趋势的发展有计划地逐渐增加仓位，因为他知道市场走势常有出人意料之处，长久获利才有胜算。财富的积累是和时间成正比的，这是国内外期货大师的共识。靠小资金赢取大波段的利润，资金曲线大幅度波动，本身就是不正常的表现，只有进二退一，稳步上升，方为成功之道。

交易专家对市场始终保持谦虚的态度。美国证券史上有名的资深分析师卡费罗，曾创下连续 22 个月盈利的纪录，但最后卡费罗死时身上只有 5 美元。越是自我感觉良好，充满自信，就越不容易承认自己在市场上会犯错，就越难以说服自己及时断臂止损，结果就是总会有一次交易让您败在市场的滚滚车轮之下。

交易专家明白，成功是一种智慧，成功是一种习惯，成功是一种品格，成功是一种观念，成功是一种追求，成功是一种信念，成功是一种决心。成功有秘诀，但成功永远没有捷径。

2. 交易专家甘愿接受风险

大部分交易者总是渴望实现持续一致的成功，但总是体验不同的挫折，最后他们极度愤怒，这中间只有极少数人能成为赢家。当您想到社会上最聪明和最有成就的人组成的大部分交易机构也会失败时，您就知道聪明和更好的分析等理由都是似是而非的。

在交易市场中，最大的持续一致的输家基本由这些人组成：医生、律师、工程师、科学家、首席执行官、富有的退休人员和企业家。还有，这个行业大部分最好的分析师是想象不到的最差的交易者。

根据笔者的经验，没有任何一笔交易是肯定赚钱的，因此判断错误和亏钱的概率永远存在。当您交易时，您是否把自己当作一个冒险的人？如果我参与的活动天生就有风险，那么我一定是个爱冒险的人，这是交易者完美合理的假定。实际上，不但几乎所有的交易者认同这个假定，而且大部分交易者会很骄傲地把自己当作冒险的人。

问题就在于这个假定无法用事实深入解释。当然了，每个交易者在交易时都承担了风险，但这不代表您相应地接受了风险。换句话说，所有的交易都有风险，因为结果只是没有保证。但大部分交易者是否在交易时都接受了风险？他们是否真的接受了交易是没有保障的这一现实？更严重的是，他们是否完全接受了可能的后果？

答案是，大部分交易者不是像成功的交易者那样思考风险，他们根本不知道冒险意味着什么。最优秀的交易者不但接受风险，他们还会承受和拥抱风险。冒险的人和承认自己是冒险的人之间有一个巨大的心理落差，因为您要交易，需要接受每笔交易天生蕴含的风险。一旦您完全接受了风险，您对自己最差的表现会有更深刻的理解。

最优秀的交易者在交易时没有一丝一毫的犹豫或冲突，很轻松地承认也许这笔交易不行。即使有亏损，他们在退出交易时不会有一点点不舒服。换句话说，交易天生的风险不会让最优秀的交易者失去纪律、专注和自信。如果您不能做到不带情绪（特别是害怕）地交易，那么您就没有学会接受交易天生的风险。这是大问题，因为不接受风险等同于您会避免风险。总是想避免无法避免的风险，对您的交易能力会产生灾难性的影响。

在任何行业，完全接受风险都是困难的，对交易者则是超级困难，尤其是想到承受风险的后果是什么时。我们最害怕什么（除了死亡）？亏钱和犯错肯定是比较靠前的答案。承认我们错了，承认我们亏钱了是极度痛苦的，肯定也是我们想极力避免的。然而作为交易者，我们时时刻刻都要面对这两个可能。

您可能会对自己说："除了特别大的伤害，避免犯错和亏损是很自然的，因此我尽力避免它们是合理的。"我同意您的观点。但是就是这个自然倾向导致交易（看起来很简单）极度困难。

一旦您学会了接受风险，不管市场怎么走，您都不会感到痛苦。如果市场没有能力让您痛苦，您就不用避免什么了，这时您的眼里只有概率。根据概率进行交易，这叫客观交易，你的交易行为不会因为害怕而发生倾斜或扭曲。

第二节　培养交易潜意识

一、认识潜意识

1. 潜意识

人类的心理活动有些是能够被自己觉察到的，只要我们集中注意力，就会发觉内心不断有一个个观念、意象或情感流过。这种能够被自己觉察到的心理活动叫做显意识，通常被称为意识。

潜意识是指潜藏在意识层底下的一股神秘力量，是相对于"意识"的一种思想，又称为"右脑意识"。潜意识是人类原本具备但是却被忽略和忘了加以使用的能力，这种能力我们称为"潜力"，也就是原本存在但却未被开发与利用的能力。潜能的动力深藏在我们的深层意识当中，也就是我们的潜意识（见图 8-3）。

身体的大部分功能都是由潜意识控制的。例如，刚开始学习开车时，各项行为是由意识控制的，注意力都集中在方向、转向灯、档位、离合器、后视镜上。此时您自己都会感觉到如此的"笨拙"，因为此时您的潜意识中没有熟练驾车的信息，因此您很难协调好所有的驾车

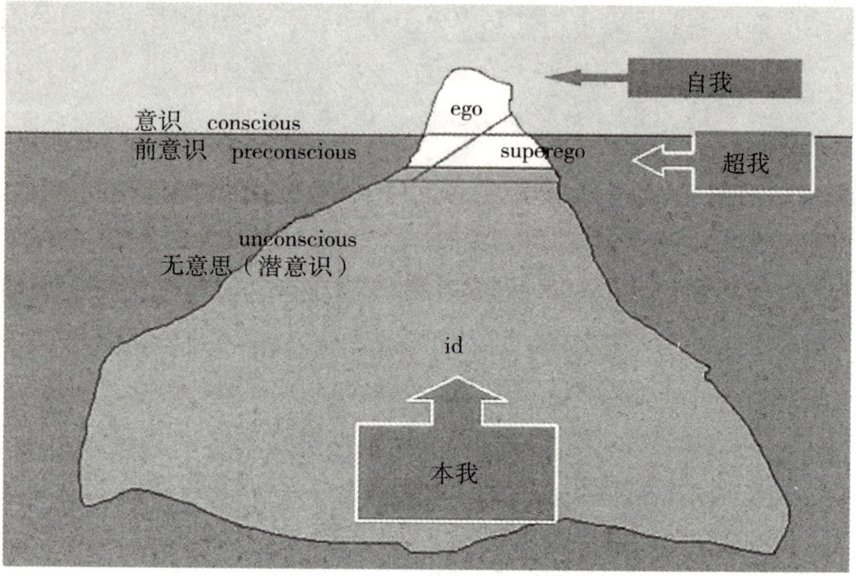

图 8-3　意识与潜意识

动作。

等您熟练了驾驶技能之后，这个驾车过程大部分就由潜意识接管和控制了，它的任务就是保证您的驾车行为能够顺利进行。当您遇到红灯时，就会不自主地将右脚放到刹车踏板上，停车摘档。绿灯亮起，您又会不自主地将右脚抬起，转到油门踏板上，挂档起步。

"潜意识"就是这样在"意识"的不知不觉中，引导您完成了各种正确的驾车动作。即便您驾车时脑中正在思考一个问题，此时的意识在您思考的问题上，但是您依然能够准确无误地完成"红灯停、绿灯行"的驾车过程。事后您甚至根本无法回忆起驾车的整个过程，其实这个过程就是由潜意识在控制。

当您走路时，起步是由您的意识控制的，起步后，您就可以把思想完全放在与走路无关的其他事情上，因为您的潜意识已经接管和控制走路的工作了。即使您安静地坐着，您的身体也仍然处于不停的工作状态，其中的过程远非大脑的意识部分所能控制。

人身上有上百块肌肉，各自处于不同的伸缩状态，用以控制人体的运动或保持各种姿势。每秒钟大脑发出的信息有 500 万～1 000 万条之多，其中许多信息是人的意识无法控制的。这些信息中的绝大部分直接深入潜意识，只有极少数传递到意识中，能够让我们感知。

当意识与潜意识相互冲突，二者不能和谐共处、协调作用时，就会产生心理障碍，表现为有意识但意识控制不了潜意识，不由自主地陷入一个荒谬的念头。或者没有道理地反复做同一种行为，自己心里明白不能这样做，却就是左右不了自己的想法和行动。理性丧失，完全由潜意识自发冲动支配，意识失去了作用。在交易过程中，表现为无法控制自己的行为。

例如，明明知道看错方向了，仍然加码操作，并且每次都重复同样的错误行为。明知道移动止损是危险的，但是每当价格接近自己的止损位置时，就不自觉地要将止损移动至更远的位置。明明知道市场已经由牛市转向熊市，操作上就是无法完成方向的转变，眼看着一个大的下跌行情结束，却无力挽救自己的多头头寸。这些都是主观意识与潜意识不协调造成的。

交易中，如果您的意识不断给出错误信号，不相信自己能够盈利，潜意识就会首先放弃，放弃盈利的努力。失败的交易结果就是因为您的意识给出了的错误信号，要想成功，首先要在意识中给出正面的信息。利用潜意识不分真假的原理，在大脑中展现出您所希望的成功场景，从而达到替换您潜意识中负面思想的目的，通过反复的心理暗示，树立成功信念，使自我产生积极的行动，就可以达到预定的目标。

2. 潜意识的特征

（1）容量很大。

潜意识是隐藏在人脑物质体系中的容量无限的广大信息系统，其间充满了许多神奇、独特的特性。潜意识包括大量的观念、欲望、冲动、想法等，好比漂流在大海上的一座冰山（弗洛伊德冰山理论），被认为是人的心理活动的主体。

（2）影响持久。

潜意识往往对人的影响更持久，有时甚至比显意识更强大。据内隐学研究，在潜意识状态下进行内隐方式的学习，能够使人更加牢固地储存知识和经验。不受或很少受个体情绪的影响，能够对个体生存与发展具有更为稳定持久的影响作用（如骑自行车技术）。

潜意识有时可持久控制一个人的行为。一个人的行为与习惯有关，如果习惯于某一行为，那么他就会无意识地按照习惯去行动。这种行动可能是受人欢迎的，也可能是令人反感的；可能是正义的，也可能是非法的。

（3）作用面广。

潜意识往往对人的心理和行为的很多方面甚至是全方位产生重要影响，尽管其影响方式是默默无闻的，相对平静的，但却是一股“暗流”，对人的性格倾向、认知方式甚至世界观、人生观以至行为模式产生全方位的影响。

博恩·崔西说：“潜意识是显意识力量的3万倍以上。”潜意识可以控制一个人的性格。在我们日常生活中可以发现，不同的人有不同的性格，大多与潜意识行为模式有关。

（4）不具备识别能力。

潜意识不具备“好与坏、对与错”的识别能力。它思维简单，就像一个机器人，给它什么信号，它就按什么信号行事，特别是对于语言符号的理解。例如，您说“我这个人真笨”，本来是用来自我解嘲的，但它却认为“我就是愚笨的”，接下来就让您说一些笨话，办一些笨事，让您莫名其妙，不可思议。

（5）半意识状态最活跃，放松状态才能沟通。

放松时，人最容易进入潜意识。当我们的头脑处于“一半清醒一半糊涂”时最活跃，最容易接收信息。日本一位心理学家这样说：“当我们的头脑处于半意识状态时，是潜意识最容易接受愿望的时刻。因此，利用快要睡着和早晨刚刚醒来，也就是意识迷迷糊糊的时候，进行潜意识的接受工作是最理想不过的了。”

(6) 最喜欢愉悦而自信的人。

追求愉悦是潜意识的本能，潜意识最喜欢带感情色彩的信息。在愉悦自信的心情下，潜意识更容易充满活力。这时如有一个目标在前面召唤，不用告诉它采用什么方法去追求，潜意识也会想办法，尽其所能地去达到目标。许多科学家就是利用潜意识的这一功能进行发明创造，突破科学难关，解决日常生活中的难题的。

例如，当一个人为某事困扰，百思不得其解时，如果到河边或公园散散步，放松一下，有时会突然出现一个闪念，答案有了，正是解决问题的办法。这就是潜意识在发挥作用。

二、如何培养投资潜意识

1. 坚定投资信念

成功不需要非凡的才华，但需要坚定的信念。作为投资者，如果没有坚定的投资信念，很容易在遭受挫折时放弃，或者改变方向。威廉·卢恩就是一个典型的例子，卢恩在一生的投资中始终全力投资于伯克希尔·哈撒韦公司，该股票使得卢恩从普通投资者变成了一位传奇的投资者。

巴菲特是格雷厄姆最出色的弟子，他在投资生涯中始终坚持买入并持有的策略，绝不涉足自己看不懂的行业，从而避开了 2008 年的科技股泡沫，至今仍持有大量可口可乐、美国运通、IBM 等大公司的股票。

“在别人贪婪时恐惧，在别人恐惧时贪婪”，这是巴菲特的至理名言，被奉为投资经典语句。巴菲特个人财富始终保持在世界富豪排行榜前三位，而在投资界的个人财富榜则保持第一位。

2. 反复心理暗示

美国网球明星阿加西 1990 年在法网首次打入大满贯决赛，但却输给了考瑞尔。几个月后，阿加西在美网再次杀入决赛，负于桑普拉斯。之后他始终难以攻克桑普拉斯这座堡垒，开始变得沮丧，竞技状态逐渐下滑，世界排名一度跌至第 31 位。

1992 年，他拜见了世界闻名的潜能激发大师安东尼·罗宾先生，从此彻底改变了自己的网球生涯。1992 年，阿加西在温网夺得第一个大满贯冠军，成为温网历史上种子排名最低（第 12 号）的冠军。1994 年在战胜了包括张德培、穆斯特在内的 5 名种子选手后，阿加西首次举起美网奖杯。

1995 年澳网比赛，阿加西依靠出色的接发球和底线技术战胜了桑普拉斯，拿下首个澳网冠军。1999 年，阿加西拿下了法网和美网两个大满贯冠军，并在温网打入决赛。2000 年连续杀入四大满贯决赛。2001 年澳网，阿加西拿到了第 7 个大满贯冠军。2002 年，32 岁的阿加西在迈阿密大师赛决赛中击败了费德勒，取得了职业生涯的第 700 场胜利。2003 年，阿加西成为继 1987 年以来最年长的前五选手，一度登上世界第一的宝座，并在澳网拿到了他职业生涯第 8 个大满贯。

2006 年，阿加西宣布在美网结束后退役。在退役后接受采访时，阿加西首先感谢的人是安东尼·罗宾而不是他的教练。没有安东尼·罗宾，阿加西就不可能有今天这样的成就。那么安东尼·罗宾对阿加西做了什么，能够让阿加西获得如此成绩？

安东尼·罗宾给阿加西提供的核心帮助是：展现之前阿加西成功的场景，让他每次比赛都表现出最佳的状态，在潜意识里相信没有任何人能够战胜他，让他处于不可战胜的最佳状态。任何对手看到他都会惧怕三分，对手就很难发挥出他的真实技术水平，此消彼长，赢得胜利也就在情理之中了。

如果您想要成为一名成功的交易员，就要不断地暗示自己：我是一名成功的交易员，我每天都可以实现盈利，我是最适合做交易的人。

潜意识分不清是亲自经历的景象还是自我想象产生的图像。潜意识是以图像的形式来运行的，它不容易接收抽象的词汇，但是却对图像很敏感。当您把想要输入的信息以图像化的形式在大脑中展现出来时，潜意识就会信以为真，认为这是您真实经历的场景，于是就在大脑中有了“经历”和“经验”。这样不断地反复朗诵，反复输入，当潜意识可以接受这样一个指令的时候，所有的思想和行为都会配合这样一个想法，朝着我们的目标前进，直到达到目标为止。

参 考 文 献

[1] 王震,许娟,王鸿雁．欧佩克对国际油价的影响力——基于博弈论的分析[A]．第一届中国能源战略国际论坛论文集[C],2006 年．

[2] 史蒂夫·尼森．日本蜡烛图技术[M]．北京:地震出版社,2003.

[3] R. N.艾略特．艾略特波浪理论全集[M]．北京:法律出版社,2011.

[4] 杨绪．美国对外石油政策研究(1944—1954)[D]．东北师范大学,2012 年．

[5] 舒先林．美国军事介入中东石油战略利益之透析[J]．阿拉伯世界研究,2007(5).

[6] 陈继文,郭永玉．人格心理学中的潜意识研究[J]．湖南师范大学教育科学学报,2004. 3(1):121-125.

[7] 胡雅泉,薛倚明．波浪理论及其实践特征[J]．管理评论, 2002(2):33-34.

[8] 蚂蚁财经社区．K 线经典图解大全[EB/OL]．http://www. mayicd. cn/thread-129901-1-1.

[9] 767 股票学习网[EB/OL]. http://www. net767. com/book/kxianxingtaisz/.

[10]腾讯财经．移动平均线,灵活运用八法则[EB/OL]. http://finance. qq. com/a/20120813/005393. htm.

[11] MBA 智库百科．平滑异同移动平均线(MACD 指标)[EB/OL]. http://wiki. mbalib. com/wiki/MACD.